重庆理工大学优秀著作出版基金资助

西部地区技术创新战略联盟运行机制研究

谭建伟　孙金花　徐　刚　著

科学出版社
北　京

内 容 简 介

本书以西部地区产学研合作的技术创新战略联盟运行机制为研究对象，首先对技术创新战略联盟的相关研究成果进行了梳理，进而在此理论分析的基础上，科学地构建了联盟绩效评价指标体系；其次，依据联盟绩效评价指标，获取实证调研数据，并采用模糊积分综合评价方法对西部地区产学研合作的技术创新战略联盟整体运行绩效进行了评价，找出了联盟运行过程中存在的共性问题；然后，以上述实证方法计算得到的联盟整体绩效与联盟成员的主体效用数据为依托，采用灰色关联分析法分析两者之间的关联程度，通过对联盟绩效综合指标模拟出联盟最优条件下各个主体的最优效率，并根据联盟最优值和主体单独最优值，实现分配机制的设计；最后，在结合产学研合作的技术创新战略联盟的实证分析结果的基础上，从内外部两个角度构建了技术创新战略联盟的运行机制，并提出了相应的政策建议。

本书可作为高等院校经济管理领域研究生的参考书，也可作为企业管理人员的培训教材，对于有志于促进技术创新战略联盟发展的行政管理人员和企业家们也具有重要的参考与借鉴价值。

图书在版编目(CIP)数据

西部地区技术创新战略联盟运行机制研究 / 谭建伟,孙金花, 徐刚著. —北京：科学出版社, 2017.2
　　ISBN 978-7-03-051708-1

Ⅰ.①西… Ⅱ.①谭… ②孙… ③徐… Ⅲ.①技术革新-产业联盟-研究-西北地区②技术革新-产业联盟-研究-西南地区 Ⅳ.①F124.3

中国版本图书馆 CIP 数据核字 (2017) 第 024847 号

责任编辑：张　展　黄　桥 / 责任校对：韩雨舟
责任印制：罗　科 / 封面设计：墨创文化

科 学 出 版 社 出版

北京东黄城根北街16号
邮政编码：100717
http://www.sciencep.com

成都锦瑞印刷有限责任公司印刷
科学出版社发行　各地新华书店经销

*

2017 年 2 月第 一 版　　开本：787×1092　1/16
2017 年 2 月第一次印刷　　印张：10
字数：240 千字
定价：70.00 元

前　言

随着经济全球化和科技的快速发展，技术创新已逐渐成为增强一个国家或地区，乃至企业竞争力的关键，特别是在我国提出建设"创新型国家"口号后，国内不同创新主体开始高度关注创新。然而，这些创新主体在开展创新过程中逐渐意识到，在我国整体创新实力不强的前提下，仅依赖个体实力难以在激烈的市场竞争环境中立足。在这种背景下，各创新主体纷纷开始寻求合作伙伴，以获取共同技术创新目标，产业技术创新战略联盟应运而生。它作为一种更高层次的产学研合作组织形式，已成为各个国家和地区解决产业共性技术、提升产业竞争力的有效途径。2008年12月，我国颁布实施了《关于推动产业技术创新战略联盟构建的指导意见》，将建立以产学研结合为基础的技术创新战略联盟作为推动技术创新体系构建的主要措施。截至2013年末，在政府推动下，产学研技术创新战略联盟数量已超过1000家，其中重庆地区成立的产学研技术创新战略联盟数量已达到40家。

然而，随着我国产业技术创新战略联盟不断发展，作为产学研结合的一种创新组织形式，它在促进地区经济发展，推动技术创新体系形成方面产生了至关重要的作用，不仅有效促进了不同创新主体的科技成果转化，而且有利于科学有效地配置其创新资源在创新过程中的不同环节。尽管产学研技术创新战略联盟的有效运行会产生较高效益，但同时也存在着较高的风险和不稳定性。据麦肯锡的研究报告显示，约有50%以上的联盟以失败告终(西部地区产学研合作的技术创新战略联盟的失败率约为60%)，其根源在于联盟发展过程存在运行障碍，例如资源共享和利益分配机制不合理、监管机制缺失等，这些问题已经严重影响了联盟运行的稳定性和可持续性。可以说，产学研合作的技术创新战略联盟运行机制仍存在诸多尚需完善的地方，严重制约了联盟的可持续发展。基于此，构建一套科学的产学研合作的技术创新战略联盟运行机制，已成为促进西部地区技术创新战略联盟的可持续发展，提升地区不同产业核心竞争力的关键与重点。

尽管国内外的有关学者对产学研合作的技术创新战略联盟相关研究已取得了一系列成果，但我国产业技术创新联盟的发展还处于初级阶段，远远落后于发达国家。如何有效治理产业技术创新战略联盟以提高其联盟绩效，已成为学者们关注的焦点，特别是对技术创新战略联盟运行机制的研究还存在诸多尚需完善的地方，亟待从学理上进行科学研究。因此，建立和完善西部地区产学研合作的技术创新战略联盟的运行机制和绩效评价体系，对于有效治理产业技术创新战略联盟，提高技术创新战略联盟运行绩效，促进联盟的可持续发展具有重要的现实意义。

基于此，本书以西部地区产学研合作的技术创新战略联盟运行机制为研究对象，首先通过对技术创新战略联盟的相关研究成果进行梳理，从主体效用视角，界定了产学研合作的技术创新战略联盟及运行机制的基本内涵，深入剖析了产学研技术创新战略联盟及其运行机制的相关理论；其次，在理论分析和深入访谈的基础上，运用探索性因子分析法对反映产学研合作的技术创新战略联盟绩效的评价指标进行了测度分析，科学构建了相应评价指标体系；然后，依据联盟绩效评价指标，获取实证调研数据，并采用模糊积分综合评价方法对西部地区产学研合作的技术创新战略联盟整体运行绩效进行了评价，找出了联盟运行过程中存在的共性问题，为后续的联盟运行机制设计提供决策依据；再次，以上述实证方法计算得到的联盟整体绩效与联盟成员的主体效用数据为依托，采用灰色关联分析法分析两者之间的关联程度，通过对联盟绩效综合指标模拟出联盟最优条件下各个主体的最优效率，并根据联盟最优值和主体单独最优值，实现分配机制的设计；之后，在结合产学研合作的技术创新战略联盟的实证分析结果的基础上，基于不同产学研合作成员主体效用与联盟整体绩效的双赢目标，运用 DEMATEL 方法分析联盟运行的主要影响因素，并从内外部两个角度构建了由联盟组建机制、治理机制、利益分配机制和推进机制组成的运行机制框架，从决策与执行、成果分享与利益保障、风险分担、冲突协调与信任等方面得出技术创新战略联盟的运行机制，并提出了相应的政策建议。

在撰写本书过程中，本书参阅了大量国内外学者的研究成果。在此，谨向该领域的各位专家表示诚挚的谢意。因为本书撰写时间较为紧迫，且笔者水平有限，尽管作了最大的努力，书中也仍然会不可避免地存在一些缺点或不足，恳请各位读者提出宝贵意见和建议，以使得本书可以不断修正、补充和完善。

谭建伟

2017 年 1 月

目　　录

第1章 总 论

1.1 研究背景提出

当今世界经济呈现出知识化和全球化的趋势，知识和技术对于企业乃至国家经济社会的发展都有着决定性的作用。世界知识和技术创新速度的加快使得单个企业的创新速度难以追赶技术发展的总体步伐，这就要求企业通过多种途径的联合创新提升自身技术的更新换代速度。作为一种创新组织形式，产学研合作的技术创新战略联盟在整合不同创新主体的创新资源和提升技术创新效率方面发挥着极大的促进作用。

产业技术创新战略联盟最早出现于英国，之后传播至德国、法国等欧洲国家。20 世纪 70 年代产业技术创新战略联盟经历了高速发展，以美国为例，联盟数量以每年 25% 的速度增长，有效地提升了美国在电子、计算机、制药等行业的技术水平。我国顺应世界产业技术创新发展趋势，结合经济技术发展实际情况，引入了产业技术创新战略联盟这一组织形式。1992 年，原国家经贸委、国家教委和中科院实施了"产学研联合开发工程"，至此初建了我国首批产学研技术创新战略联盟。在《国家中长期科学和技术发展规划纲要》于 2006 年颁发后，2007 年产业技术创新战略联盟的试点工作得以正式启动，它对推动我国产业技术创新战略联盟发展起到了至关重要的作用。2008 年，我国颁布实施了《关于推动产业技术创新战略联盟构建的指导意见》，将建立以产学研结合为基础的技术创新战略联盟作为推动技术创新体系构建的主要措施。与此同时，政府科技投入也较向以产业技术创新战略联盟为主的政策导向。截至 2013 年末，基于政府推动的产学研技术创新战略联盟建立数量已达到一千多个。

重庆市作为我国西部唯一的直辖市，是长江上游经济中心，也是西部重要的技术创新中心之一。提升重庆市产业技术创新水平对于西部大开发有着重要的推动作用。近年来，产学研技术创新战略联盟在重庆遍地开花，涵盖不同行业的技术联盟达 40 家。截至到目前，重庆市政府高度重视产学研技术创新战略联盟的发展，将其市政府科技投入中的 40% 以上用于支持产业技术创新战略联盟。然而，产学研技术创新战略联盟在高速发展过程中也出现了一些问题，如资源共享问题和利益分配机制问题等。尽管有关本项目的研究由来已久，成果也较为丰硕，也积累了很多案例和数据，但其中涉及产学研技术创新战略联盟内部运行机制的证据显示，对其研究还处于协调和探索阶段，亟待从学理上进行科学研究。因此，如何完善西部地区产业技术创新战略联盟的运行机制对于西部地区乃至全国的产学研联合创新都有着极为重要的现实意义。

基于此，本项目在现有国内外关于产学研技术创新战略联盟研究的基础上，针对我国，尤其是西部地区产学研技术创新战略联盟的特殊性，构建基于主体效用的技术创新战略联盟绩效评价体系，并通过实证方法探索"效用绩效"与"联盟运行机制"之间的关系，为改善西部地区产学研技术创新战略联盟运行机制提供一定的决策依据，为国家及西部地区各级政府、企业、科研院所的产学研技术创新战略联盟的发展提供决策参考。

1.2　国内外研究现状

1.2.1　国外研究现状

产学研技术创新战略联盟是一种联合创新的组织形式，其创新主体主要由企业、高校和科研院所等多个成员组成。

学者对产业技术创新战略联盟的研究是源于战略联盟。战略联盟的概念最早是由美国人简·霍普兰德和罗杰·奈格儿提出的，他们认为战略联盟是指由两个或两个以上的有着共同战略利益和相似实力的企业，在市场共存性、创新资源共用性和竞争力提升的战略目标的驱动下，所形成的一种较为宽松的组织合作形式。该合作形式是利用联盟协议或契约的方式来使合作各方能达成优势互补、风险共担和利益共享。在此之后，国外学者从不同角度对战略联盟进行了定义。一些学者从社会学角度分析，认为战略联盟是一种社会网络，企业通过契约关系进入这种网络并逐渐形成排他性壁垒，同时追求同盟成员的共同利益和目标。也有其他学者认为，战略联盟是企业间以互利互惠和利益共享为前提，以各自异质性资源合作来追求共同利益的组织。Porter(1988)提出，战略联盟是联盟内部主体基于成本、效率、竞争优势等多种因素而建立的一种优势互补、风险共担、要素双向或多向流动的松散型关系网络组织。Teece(1992)则认为，战略联盟是指两个或两个以上的企业为实现资源共享、优势互补等战略目标而进行的承诺和信任为特征的合作活动，其中包括排他性合作生产、技术成果共享、共同营销等超越正常市场交易的活动。Kale(2007)指出，战略联盟是两个或两个以上独立的企业为获得共同的利益而进行交换、共享和合作发展资源和能力的有目的的关系。

直到20世纪90年代，学者们的关注重点开始从传统的企业战略联盟转向了产业技术创新战略联盟。Caldeira认为，技术创新战略联盟是基于某一产业的技术研发、技术产业化、市场拓展等共同目标，通过适当的组织形式和运作制度，多家具有相同或相似产业背景的企业(包括企业、高校、科研机构等组织)联合起来的具有战略意义的组织形式。Verspagen和Duysters对技术创新战略联盟给出了新的定义：是由两个或者两个以上具有独立法人地位的企业及其他组织联合致力于技术创新的合作行为，是为了适应技术快速发展和市场竞争需要而产生的优势互补或加强性组织。Elumuti认为产业技术联盟是基于某一产业的技术研发及推广全过程的共同目标，多家具有相似产业背景的企业或科研所联合起来，建立合适的组织形式，选择相应的运行机制的一种基于战略层次的产业组织形式。

可以看出，无论采用哪种定义，产业技术创新同盟的目的是大致相似的，即通过单个企业与其他组织间的合作，实现资源共享、优势互补，从而达到技术创新和竞争力提升。产业技术创新联盟最早起源于 20 世纪 20 年代的英国，当时出现了英国技术创新战略同盟雏形，在随后的 20 世纪 70 年代中期，美国、日本等国家也开始相继出现了技术创新战略同盟，直到 20 世纪 80 年代，技术创新联盟开始迅速发展并成为发达国家企业加强市场竞争力的重要组织形式。自此之后，国外对产学研合作的技术创新战略联盟研究的学者和研究机构开始逐渐增多，技术创新同盟所涉及的产业也越来越多。据统计，目前在全球 500 强企业中，平均每家就拥有 60 个战略同盟关系，美国、欧洲和日本公司组建的战略同盟每年以超过 30％的速度增长。

技术创新战略联盟是市场竞争、科技发展和企业国际化的必然趋势，是企业为了减少投资、降低风险、获取竞争优势而结成的一种相互依存的战略合作伙伴关系。由于企业、高校和科研院所存在着资源互补性，这种互补性是三者合作的关键动力，它也成为产学研技术创新战略联盟成立的主要动力。通过合作，企业可以提升自身技术水平和科技创新能力，进而提高企业的市场竞争力，高校和科研院所也能够通过联盟提升自身的学术地位。Harrigan(1988)认为企业参加产业技术创新战略联盟是为了获取其未能够掌握的技术。而 Clarke 提出企业参加技术创新战略联盟是为了学习新的技术。Hatrigan 的研究表明企业参加产业技术创新战略联盟是为了能够适应技术的快速变化。此外，社会、法律和政策环境等外部环境也是产业技术创新战略联盟成立的动因之一。

产业技术创新战略联盟具有联合开发、优势互补、利益共享、风险共担的机制优势。但是每一样事物都具有两面性，产业技术创新战略联盟在拥有单个个体无法比拟的创新优势的同时也面临着风险，即由于联盟结构的结构刚性、长期和短期目标以及成员之间合作和竞争关系矛盾等原因，造成联盟的稳定性不强，失败率较高（Das and Teng，2000）。Narayana 认为，联盟中主要存在知识产权风险、竞争风险和组织风险。Anderson 从联盟目标的角度，将联盟风险划分为战略目标风险、财务报告风险、运营风险、合规风险。Bruhn 研究发现联盟中的不稳定性主要来自于联盟内部的冲突和不协调，表现为权责不明晰、期望不明确等，这些冲突引发联盟内部的矛盾，造成联盟的不稳定甚至是解体。Harrigan 曾经对 880 个联盟组织进行了研究，结果表明只有 45％的联盟能够使得所有的成员满意，此外，60％的联盟合作时间超过 4 年，超过 10 年的更是只有 14％（Hatrigan，1988）。为了更好地发挥联盟的作用，需要通过完善联盟运行机制等措施来保证联盟运行结果达到预期目标。

1. 技术创新战略联盟的类型

技术创新战略联盟的类型是国外学者研究的内容之一，根据不同的研究对象，联盟的分类也各不相同。美国学者根据企业在研发阶段选择伙伴的性质不同，将技术联盟分为 5 类：与产品用户组成的技术联盟、与零部件供应商组成的技术联盟、与以往竞争对手企业组成的技术联盟、与本企业关联密切的企业组成的技术联盟、与政府有关部门和学校等非企业组织组成的技术联盟。例如，日本国内资源稀缺，所以大多数日本企业更加想要通过战略同盟来获取更多它所稀缺的资源，这种特性使得日本企业更青睐资源互补型的合作伙伴。日本学者首藤信彦根据企业在技术资源方面互换方式的不同，将企业技术联盟也分为 5 个类型：交叉型联盟、竞争战略型联盟、短期型联盟、环境变化适应性联盟、开拓新领域型联盟。其中，交叉型联盟方式是被采用最多的方式之一，该方式更加有利于创建融合的战略同盟文化。除此之外，美国国家研究理事会（NRC）根据技术联盟发生的创新阶段的不同，将技术联盟分为 4 类：研究开发阶段的技术联盟、生产阶段的技术联盟、销售阶段的技术联盟、全面性的技术联盟。最具有代表性的是伯纳德·L 赛蒙因（Bernard）的五分法。他根据有无股权参与将企业技术创新联盟的组织形式划分为非正式联盟、股权参与型联盟、合资型联盟、契约式联盟以及国际联合型联盟等五大类。

2. 技术创新战略联盟组建模式

学者通过对美日欧国家的产业技术创新实例分析，得出美日欧战略联盟的组建模式多种多样，并没有固定的组建模式，但是不同的合作形式都有着各自的典型特征。其中，政府引导型联盟模式是旨在通过政府引导来调动企业、高校和研究员的产学研合作形式，工程研究中心模式是政府部分在高校内设立的联盟形式，其主要目的是加强跨学科的技术研究，战术整合模式重在分担研究费用、共享研究成果等等。

3. 技术创新战略联盟运行机制

技术创新战略联盟运行机制是学者研究的重点，包括伙伴选择机制、知识转移和协同创新机制、利益分配和风险机制、绩效评价机制等。其中技术创新战略联盟绩效一直是国外学者所研究的重点，包括对联盟绩效评价指标体系的构建原则、如何构建联盟绩效评价指标体系、联盟绩效评价方法的研究。

联盟绩效的探讨主要集中在两方面：一是主张通过由 Cyert 和 Goodman（1995），Santoro 和 Chakrabarti（2000）提出的"投入－产出"模型来评价联盟绩效，二是支持联盟伙伴关系对联盟绩效有影响的论点。Irwin 和 Klenow（1996）通过真实案例发现美国半导体制造技术战略联盟的成员在引入合作技术创新后，在研发投入下降的情况下，联盟的整体收益依然上升，公司利润也反而上升。Senthil 通过研究发现，合作伙伴之间的相互作用对联盟绩效有重要影响。

绩评价指标效评价体系的构建大体上符合科学性、整体性、独立性和可操作性的原则。科学性要求评价指标体系构建时要充分考虑联盟中多个主题的这一特性，逻辑严谨，结合实际。系统性则强调评价指标体系的各个指标要以联盟整体性为前提，评价指标间要有关联，有横有纵，多角度的反映联盟运行绩效。同时，在指标的选择上还要注意选取相对独立的指标，正确取舍，避免重复和信息较差，确保绩效评价的结果正确和精确。可操作性是为了方便研究和分析计算，尽量借鉴前人已有的比较规范、易于实施的指标来选取。

国外学者大多通过构建指标体系对联盟绩效进行评价，构建的指标体系可以分为三类：一是单一的非经济指标，主要通过联盟成员战略目标实现的感知来评价联盟绩效（Parkhe，1993；Yan and Gray，1994；Zaheer et al.，1998）；二是单一的经济指标，如 Tomlinson 等采用收益性、成本和收益增长等衡量联盟绩效；三是多种指标综合评价，如 Anderson（1990）创造的五因素综合评价表等。此外，部分学者还对联盟运行的其他机制做了深入研究，在此将不予以直接列举。联盟绩效需要综合评定其成果水平、经济效益、社会效益、产业竞争力、集成效应等评价指标，不但需要考虑财务指标，还应包括非财务指标，比如资源投入产出比、风险管理、联盟稳定性等。

4. 技术创新战略联盟中政府的作用

技术创新战略联盟的发展分为筹备阶段、成立阶段和运行阶段，由于不同国家所实施的经济体制不同，各国政府在相应阶段所发挥的作用也不尽相同。美国政府在联盟筹备和成立阶段起主导作用，并提供主要的经费来源，但是经过一定时间的探索，战略联盟发展成熟后，联盟内各组织信任度提升，责任分工明确，资源共享度大，这种战略联盟慢慢由政府主导转变为企业主导，在联盟的运行阶段，政府的作用更多是维持外部环境稳定，并在适当时机给予宏观协调管理，欧盟政府在联盟中的角色也与此类似。日本政府却与此不同，在联盟的整个发展阶段中，日本政府始终处主导地位，给予资金，主导筹建，直接管理。

不同国家政府所扮演的角色有一定的差异，但是可以看出为了促进技术创新战略联盟的发展，各国政府在联盟的筹备阶段都会给予大量的资金支持，在成立和运行阶段，各国政府也会制定有利于战略同盟发展的相应政策，为其发展提供良好的外部环境。总的来说，国外学者在产学研技术创新战略联盟的研究起步较早，相对理论体系也较为健全，这为我国产业技术联盟的发展提供了理论借鉴和实践依据。

1.2.2　国内研究现状

尽管我国产业技术创新战略联盟的研究和实践起步较晚，但相关领域的研究学者也对产业技术创新战略联盟展开了一系列研究，国内的研究成果主要集中在产业技术创新战略联盟的内涵、动因、合作模式、治理研究以及运行机制等。

1. 产业技术创新战略联盟的内涵

在充分借鉴国外学者观点的基础上，国内部分学者也界定出了产业技术创新战略联盟的主要内涵，我国科技部（2008）发布的《关于推动产业技术创新战略联盟构建的指导意见》中，将产业技术创新联盟定义：由企业、大学、科研机构或其他组织机构等成员构成的一种新型技术创新合作组织，其组建的主要目标在于满足企业发展需求和各成员方共同利益的同时，进一步促进产业技术创新能力的提升，该合作组织主要以具有法律效应的契约为保障，形成各成员方之间的项目合作开发、资源优势互补、风险利益共担。

张晖明（2004）认为技术战略联盟应该被定义为企业之间为了科技创新活动而进行的战略性合作。李新男（2007）认为构建产业创新技术联盟的基本内涵有：在要素组成上，要有明确的技术开发方向、技术产出目标、联盟契约，盟员共同投入并利益共享和风险共担；在组织形态上，要建立长期、稳定、制度化的产学研利益共同体；在运行机制上，要有契约关系，通过契约明晰盟员的责任和权利关系；主要任务是实施技术合作，形成盟员公共技术支撑平台，实施技术转移，联合培养人才。

张晓（2009）和胡枭峰（2010）等认为产业技术创新联盟是为实现国家长远创新战略目标，在市场机制作用，政府参与引导下，产学研通过非零和博弈，各方为开发共性技术而联合在一起，实质上产业技术创新战略联盟是一种制度创新。

　　胡争光等(2010)提出,构建产业技术创新战略联盟主要是突出产业特征、战略金三角(企业、政府、高校和科研院所)的构建、运行模式的选择、成果分享机制和风险分担机制的构建等战略问题。李雪等(2008)认为产业技术创新战略联盟是产学研联合的深化。邸晓燕(2011)给出了产业技术创新联盟的性质,他认为联盟是以产业利益、技术创新为最终目的,是由企业、高校、研究所等多个机构自行发起和组织,是以其内部契约为前提的利益共享集体,是在某些领域对政府意志和国家战略目标的体现。

　　王燕平(2014)提出产业技术创新战略联盟是具有特定产业目标、明确合作关系、经常谈判特性、不可避免内部冲突和一定存续时间五大特征的合作组织。

　　从组织形态上看,产业技术创新战略联盟是以企业为主体,以市场为导向,以创造知识产权和重要标准为目标,通过产学研联盟成员的优势互补和协同创新形成的一种长效、稳定的利益共同体。

　　从主要任务上看,产业技术创新战略联盟是以产业技术创新需求为基础,突破产业发展的关键技术,构建共性技术平台,凝聚和培育创新人才,加速技术推广应用和产业化。

　　从构成要素和运行机制上看,产业技术创新战略联盟有明确的专业技术方向和创新目标,通过契约关系建立共同投入,联合开发,利益共享,风险共担的机制。

　　2. 产业技术创新战略联盟的动因研究

　　据国家科技部的一项研究表明,我国每年有省部级以上的科技成果 3 万多项,但是能大面积推广并产生规模效益的只有 10% 至 15%,每年有新申请专利技术 7 万多项,但专利实施率仅为 10% 左右。因此,合作创新已成为世界各国推动技术进步和生产力发展的重要方式。对于技术创新战略联盟的形成原因,不同的理论从不同的视角给予了不同的解释。学术界主要从交易成本、资源理论、组织学习、网络化、战略选择与制度环境观六个角度对战略联盟的存在展开了解释性研究。普遍认为,战略联盟可以有效缓解有限理性、抑制机会主义、降低不确定性、提高交易频率,实现规模经济、范围经济与速度经济。

　　张晖明(2004)认为获取技术资源、弥补"战略"缺口,分担研究发展的成本和风险,建立新标准与活动标准优势,实现技术研发的本土化促使了产业技术联盟的出现。贾素红(2006)研究了中小企业的技术创新战略联盟状况,认为中小企业普遍存在的技术能力薄弱、人才匮乏、资金不足是中小企业构建战略联盟的原因。中小企业可以通过战略联盟实现企业资源共享,有效的规避分险,并提高自身学习能力和自主创新能力。

　　张华(2009)认为企业组建联盟的动机主要有两方面:一是技术进步和技术复杂性的不断提高,使得技术开发的成本和风险增加,企业没有足够的资金和能力进行技术创新;二是因为模仿竞争加剧,而产品上市速度决定企业的收益。周海燕(2011)综合了国内外学者的研究成果,认为企业成立产业技术创新战略联盟是为了整合产业链资源、提高自主创新能力、建立长期有效的产学研关系、实现产业共性技术创新。岳建明(2011)认为产业集群促成了产业技术联盟的出现。陈雪善(2012)通过对嘉兴区域产业技术战略联盟的研究,发现产业集群的形成在一定程度上促进了产业技术创新战略联盟的发展,产业技术创新战略联盟又促进产业集群内技术研究与开发及技术产业化,并使得产业链不断延展，拓宽产业发展空间，提升企业经济效益，增强产业集群在国内及国际市场上的竞争力。

姚洁（2014）认为构建技术创新战略联盟的动因是三方面的因素：经济因素、技术因素和政治因素。从经济角度看，降低企业产品成本，提高企业利润是构建产业技术创新联盟的关键动因。21 世纪以来，知识已然成为企业生产和发展的基础，知识型产品具有市场竞争力，能够降低生产成本，产生高利润，但创新产品的研发复杂且风险大。产业技术创新联盟以联盟合作的方式，明细内部分工，综合内部资源，降低企业风险。从技术角度看，企业为了不让产品在短时间内失去其市场竞争力，必需让产业链条中产品的技术含量达到配套发展的标准，用规模效应提高产业技术创新联盟的整体实力。从政策角度看，结合我国当前的经济发展形势，技术创新联盟的方式更符合我国国情，能够推动我国产业经济发展。

纵观国内学者关于产业技术创新战略联盟的动因研究，可以发现国内学者主要是从联盟建立的动机角度来分析战略联盟形成的原因，经济因素和技术因素是主要原因，产业集群也是战略联盟出现的原因之一。

3. 产业技术创新战略联盟模式研究

产业技术创新战略联盟是以企业为主体、以市场为导向、以利益为纽带的新型技术创新组织形态，是研发战略联盟在产业层面的拓展，战略联盟的形式多种多样，根据不同的分类标准，可以分为不同的类型。

根据企业结成联盟的动机，当前流行的结盟方式有：分担投资与风险模式，共享技术能力的研究开发联盟，联合核心能力、创造新市场的战略联盟，建立新的技术标准的技术联盟等。

按照产业技术创新战略联盟合作的职能领域分类，战略联盟主要分为 3 种：技术攻关合作联盟，这是最常见的战略合作模式，主要是为了解决产业共性技术问题，比如中国餐饮业中央厨房战略联盟和在哈尔滨成立的中国大豆产业技术创新战略联盟；产业链合作联盟，以打造有竞争力的产业为目标，如我国为打造 TD-SCDMA 产业链，政府组织上中下游企业组建 TD-SCDMA 产业联盟，形成了覆盖系统、终端、芯片、仪器仪表、软件、配套设备在内的完整产业链；技术标准合作联盟，通过制定竞争性技术标准，推动新技术的应用和整个产业的发展，比如 2003 年由信息产业部牵头，组织联想、TCL、康佳、海信、长城 5 家厂商组建的"闪联"标准联盟。

此外，邸晓燕（2011）基于联盟成员的特征，从市场集中度、核心成员企业在产品市场上的关系、核心成员的实力三个维度将战略联盟分为八种类型：分散型对称伙伴联盟、分散型不对称伙伴联盟；集中型对称伙伴联盟、集中型不对称伙伴联盟；分散型对称竞争联盟、分散型不对称竞争联盟；集中型对称竞争联盟、集中型不对称竞争联盟。

张晓（2009）将产业技术创新战略联盟分为三种模式：技术攻关合作联盟（日本政府组织的东芝企业、NEC 等四家公司联合成立的研发联盟），产业链合作联盟（我国的 TD－SCDMA 联盟），技术标准合作联盟（联想、TCL、海信、康佳和长城五家国内电子信息骨干厂商联合组建的"闪联"标准联盟）。杨红，孙翔鸿（2008）研究了国外的发展情况，将战略联盟模式分为两类：同行间的横向联盟，即通过双方优势的合力达到一种

"增值效应";与供应商之间的纵向联合,即通过在不同价值链上的合作达到整个价值链上的总体增值。蒋芬(2009)认为联盟中的每个成员都有不同的角色扮演,政府是联盟推动者,主要负责政策支持、选择产业、协调促进;企业是技术进步的直接受益者,主要负责提供资金、制定标准、技术推广;科研所和高校是新技术的主要来源地,负责研究开发。该文献从决策者和协调者的视角将联盟分为四种:龙头企业主导型、行业协会主导型、科研院所主导型和政府推动型。周静(2009)基于战略联盟成员的合作关系,将战略联盟分为契约联盟和实体联盟。胡大伟(2011)通过分析联盟主体和客体的影响因素,将联盟分为政府引导型、学研驱动型和市场导向型。依据主导力量的不同也可以划分为四类:国家主导型模式、行业推动型模式、区域引导型模式和企业自发型模式。

除此以外,任慧军(2007)研究了中小企业的战略联盟策略,将中小企业的合作模式分为七类:合资企业模式、许可证模式、"委托"+"联合"模式等。在上海产学研大会上,蔡泽伟(2012)提出了"点、线、面"结合的三位一体的校企合作模式:学校与相关企业实现点对点的合作方式,学校与协会开展点对线的合作,学校与产业园区开展点对面的合作模式。

4. 战略联盟构建研究

技术创新战略联盟可以使企业有效规避风险,建立标准获得标准优势,还可以使企业提高学习能力和自主创新能力。构建战略联盟是企业实现联盟的合作优势的关键,如何构建技术创新战略联盟,是学术界研究的重点。

联盟构建思想主要可以分为两类:一类是对联盟整体构建提出思路或方案,具有一般指导意义;另一类则是针对某区域或者是某个行业联盟构建的实例研究。

胡争光(2010)基于战略联盟理论分析了产业技术联盟的特征和使命,从产业特征、战略金三角、合理的运行模式以及分享机制和联盟风险分担机制四个层面构建产业联盟。邱光宇(2009)将现代管理理念引入产业联盟的管理中,提出结合联盟本身的特点,从联盟的产权制度、组织形式、人员管理三个方面进行构建。牛振喜(2012)研究了我国产业技术联盟的发展状况,基于战略联盟的构建模式提出了协同创新环境下技术战略联盟的构建方法及路径。

合理有效的选择合作伙伴是产业联盟构建的起点和成功的关键点,余世玮(2006)采取定性分析和案例分析相结合的方法,对我国国有企业引入技术战略联盟的必要性进行了研究,并针对国有企业建立技术联盟的方式和合作伙伴的选择提出了建议,认为可以基于3C原则选择技术创新型联盟伙伴,并基于技术相关性选择合作伙伴,与政府结盟,建立国有企业与跨国公司、国内公司、大学之间的战略联盟。林雨洁(2013)从协同创新理论视角对产业技术创新战略联盟伙伴选择所应考虑的因素进行分析,并用层次分析法,构建产业技术创新战略联盟伙伴选择的 AHP 评价模型。袁磊(2001)将战略联盟伙伴选择的指标分为硬指标和软指标,硬指标包括市场状况、互补性技巧和财务状况等伙伴选择过程中的客观因素;软指标包括承诺、融洽性和信任等主观因素。殷群(2014)基于国内外联盟合作伙伴选择领域的研究结果,对联盟合作伙伴的选取进行了研究。利用有效问卷数据从产业技术创新联盟的功能、合作伙伴加入产业技术创新联盟的要求、政府政策 3 个方面进行实证分析,提出从政策引导、联盟协调、主体和谐 3 个方面加强和优化联盟合作伙伴选择行为。

除了从系统层面上研究战略联盟的构建，部分学者从不同地区、不同行业研究了战略联盟的构建。周蓉蓉(2010)等以河北省为研究对象，探讨了河北省技术创新战略联盟的构建和运行机制问题，认为联盟的构建应该把握产业需求、创新联盟模式、选择合适的联盟成员、制定推进机制、组建产业联盟、解决产业需求问题。徐莉(2011)研究了江西省产学研战略联盟实践的发展现状和趋势，针对江西省产学研战略联盟存在的主要问题，对产学研战略联盟的理论、重要意义进行了再认识，对实践问题进行了有益探讨，针对性地提出了构建技术创新战略联盟的思路、指导原则及发展机制，并提出了相应的对策建议和研究展望。

5. 战略联盟的稳定性研究

技术创新联盟的稳定性是技术创新联盟研究领域的重要问题，Das和Teng(2000)认为合作与竞争、结构刚性与灵活性、短期定位与长期定位之间的不平衡是导致联盟不稳定性的根源。Butler和Gill(2003)认为大多数联盟的瓦解是由于联盟内部成员间的紧张关系。

国内许多学者在这方面也有一定的研究成果。刘芸(2007)等从合作伙伴关系的匹配性、冲突管理的有效性和信息沟通渠道的顺畅方面分析技术联盟的稳定性。原毅军等(2013)运用系统动力学模型研究产学研联盟的稳定性，并分析了影响联盟稳定性的因素。蔡继荣等(2007)认为，联盟稳定性是由企业对于专业化水平和协作模式选择的动态决策过程所内生的，联盟稳定性边界取决于投入联盟的资产专用属性、市场交易效率和交易价格之比、战略联盟内部的交易效率。李雪(2008)以威廉姆斯的交易成本理论为基础，指出产业联盟的利益分配问题、交易原则问题、风险分担问题都削弱了联盟的稳定性，提出应该建立动态产业联盟目标、多元化产业战略联盟模式和发展机制推动技术联盟的持续、深入发展。刘军鹏(2012)对沈阳市产业联盟的发展问题进行了研究，发现知识产权保护机制、投融资机制、利益分配机制不完善是沈阳市战略联盟的主要问题。张晓梅(2014)基于已有的文献研究和专家意见，设计了联盟稳定性影响因素调查问卷，通过数据处理，发现双方实力水平、组织文化、合作关系、联盟环境因素影响哈尔滨农业产业技术创新联盟的稳定性。周青(2013)对产业技术创新战略联盟的阶段性冲突演化进行了研究，认为联盟发展中存在的三种冲突影响联盟的稳定发展：联盟成员之间的关系冲突，主要包括联盟预算标准、联盟成员选择、联盟运作方式、利益分配方式等方面的冲突；联盟成员认知的任务冲突，主要包括联盟目标设置、技术投入形式、技术转移途径等方面的冲突；联盟运行的过程冲突，主要包括研究日程制定、研究人员安排、研究责任划分、联盟技术标准接入等方面的冲突。曹霞(2015)指出，目前对联盟合作稳定性的研究大多是从静态角度进行分析，缺少从动态过程考虑联盟稳定性的研究。曹霞(2015)并认为联盟合作稳定性是一个动态的过程，且合作的时间具有间断性，根据扎根理论和生存分析方法，从科研实例、地理距离、知识资源互补性、合作声誉、沟通交流和合作态度五个方面分析了战略联盟合作创新的稳定性问题，进一步全面地研究了影响战略联盟稳定性的因素。

邢乐斌(2010)认为资源投入是影响联盟稳定性的重要因素，基于创新资源总量增长模型，从定量的角度研究吸收能力与资源投入之间的关系，分析如何从资源投入与吸收能力这两方面维持技术创新战略联盟的稳定性。李雪梅(2009)基于联盟中任何一方通过自身吸收能力可实现自身创新资源总量增长这一假设，建立了联盟成员创新资源总量增长模型，研究了资源投入对技术联盟稳定性的影响，指出联盟中任何一方的吸收能力能抵消因向联盟投入资源而给自身资源总量增长带来的负面影响时，联盟是稳定的，同时吸收能力较大的一方可以通过加大资源投入量使另一方吸收能力增加，从而维持联盟稳定。

综上所述，可以发现相关领域的学者主要是从联盟整体的发展状况和联盟的生产投入方面分析影响联盟稳定性发展的因素，总的来说由于联盟内部的风险管理机制和利益分配机制不完善导致机会主义的发生，影响了联盟成员的信任问题，断送了联盟成员的合作关系，而最根本的原因是缺乏对联盟的有效管理和控制。

6. 战略联盟的治理研究

从上世纪90年代起，我国学者开始对公司治理机制进行相关研究。近几年，随着产业技术创新联盟在国内外的快速发展，国内对战略联盟治理机制的研究也开始逐渐增多。根据麦肯锡公司的调查，近年来虽然战略联盟的基数在逐渐增多，但50%以上的联盟以失败告终，其中联盟治理机制不够完善是联盟瓦解的主要原因之一。因此，自产业技术创新战略联盟诞生之日起，学者们就高度关注其治理问题。

孙文华(2012)认为成功的联盟始于合理的联盟治理结构和有效的治理机制。技术创新战略联盟的治理机制是指技术创新结盟企业为指导双方开展合作、激励与约束双方合作行为而设置的控制机制，治理机制的重点在于对机会主义行为的预防，合作创新联盟中订立的契约是联盟治理机制的载体。谢科范(1999)认为，创新联盟各主体应遵循收益分摊和风险分摊的原则，主要包括：收益与风险对称性原则、收益与风险按约定实现原则等。李雪、李菁华(2008)借助相关理论，对于产业技术创新战略联盟在运行过程中联盟主体存在的问题进行了探讨，并提出了促进联盟发展的对策与建议。王雪原等(2008)认为产业技术创新战略联盟在复杂且动态的市场环境中各主体行为具有不确定性，因而联盟运行存在很多风险，这些风险必须加以控制以保证联盟最终达到预期战略目标，而在此过程中政府的作用至关重要。郚备民等(2010)提出联盟治理过程中存在合作动力不足、利益分配机制不完善、风险承受力弱、联盟主体缺乏战略意识等问题，并提出了完善治理机制的策略。桂黄宝(2011)认为现在的联盟治理机制主要有两种：集信任机制、声誉机制、关系面子为一体的非正式机制和以激励奖惩、补偿机制为一体的正式机制。陈佳(2011)对产业技术创新战略联盟的治理模式进行了探讨，认为组织要素和制度要素是影响联盟治理模式的关键因素。组织要素主要是指联盟的组织能力、成员间的信任程度、联盟间的合作类型；制度要素涉及联盟间的共享机制、联盟成员的分配机制、沟通协调机制以及技术开放型机制，这些都会影响联盟的综合实力和创新活力。冯锋等(2014)在对产业技术创新战略联盟治理的现有研究进行总结的基础上，并结合我国汽车行业的实例分析，认为现有的关于产业技术创新战略联盟的治理研究呈现出三个特点：缺乏适用性、停留在理论层面、过于宏观抽象。

综合国内学者对联盟治理机制的研究，发现国内学者主要从风险管理机制、利益分配机制和知识共享机制方面来完善我国战略联盟的治理方针。

(1)风险管理机制。李挚(2010)分析了技术创新战略联盟中的管理风险因素及其产生原因,论述了管理风险因素与技术风险因素、资金风险因素、利益风险因素、市场风险因素和道德风险因素的关系。根据管理风险起因和管理风险与其他风险间关系两方面,提出了技术创新战略联盟针对管理风险控制的具体措施。刁志友(2012)从事前、事中、事后视角,探究了联盟运行过程中风险因素的内在关联,提出了规避风险的措施。殷群和贾玲艳(2013)综合前人的经验,将内部风险分为利益风险、管理风险、能力风险、道德风险四个层面,认为这四个层面的内部风险贯穿于联盟建设的各个环节,并通过问卷调查,深入分析产业技术创新联盟内部风险成因,进而针对产业技术创新联盟内部风险提出管理对策建议。

(2)利益分配机制。科学合理的利益分配方式是联盟健康发展的基础,曹小华(2010)引入博弈论的纳什均衡理论分析我国汽车技术战略联盟的利益分配方案,建立了 $n(n>2)$ 个成员的汽车技术战略联盟利益分配模型,设立成员满意度指标系数,得出基于满意度的不对称纳什均衡优化分配方案。岳建明(2012)对联盟的利益分配机制进行了深入分析,并以相互竞争与合作的角度作为切入点,分析了如何才能使相互合作的双方成员间的个人利益得到平衡,并确立合理的利益互惠平衡机制。胡争光(2013)从产业技术联盟的分配过程出发,对技术联盟的利益构成,包括利益主体和利益客体、利益分配应该遵循的原则、利益分配的方式和分配原则进行了分析,并对不同模式下利益分配方式的选择提出的相关建议。李新运(2013)基于委托—代理理论框架构建了企业主导模式和独立主体模式下的产业技术创新战略联盟的利益分享和风险分担模型,分析了联盟最优合约的利益分享比例、风险补偿机制以及政府补贴方式,并提出了推进产业技术创新战略联盟建设的对策和建议。陈爱祖、唐继红(2013)运用理论研究和实证研究相结合的方法,研究了战略联盟的利益分配模型,提出一种依据联盟成员资源投入大小进行利益分配的模型与方法,并通过矩阵模型来对联盟的收益进行多方协调,以实现利益分配的公平性。

(3)知识共享机制。李荣、吴晨生、刘彦君等人(2014)认为知识共享是构建产业联盟的根本,以北京地区部分产业技术创新战略联盟为研究对象,在把握创新联盟信息服务现状与需求的基础上,从国内传统科技情报机构的角度,针对联盟在技术创新全过程中不同环节、不同层次的信息需求,提出其如何介入创新联盟信息服务的 3 种不同模式及相关对策建议。马秀梅(2012)对湖北省产业技术联盟的知识共享机制进行了实证研究,提出基于知识保护的专用制度和基于知识交换的专用制度两个层面建立联盟专用制度来改善产业技术创新战略知识共享机制,搭建知识共享服务平台。陈立勇(2012)基于知识创新理论对产业技术联盟战略的知识治理进行研究,认为产业技术联盟参与主体的有限理性、交易信息的不对称性、知识交易的不确定性、绩效考核困难增加了联盟的知识治理难度,提出应该建立完善的知识保护机制、收益分配机制、一体化机制、团队治理机制以增加团队的信任默契,缓解联盟治理危机。

除了合理的治理机制,联盟相关成员的行为也是联盟成功的关键。国内学者主要从政府角度和高校角度对联盟的治理进行了研究。

(4)政府行为。高扬(2009)运用交易费用理论、市场失灵理论、国家创新体系理论和三重螺旋理论对政府在产业技术创新战略联盟中的行为模式进行了必要性和可行性理论分析，并研究了政府在引导行为、支持行为和监管行为等方面存在的问题，提出应该借鉴国外政府的成功经验改进我国政府行为。叶建木(2010)从政府角度出发，对武汉市高新企业技术创新战略联盟政策现状进行了分析，认为政府应该积极营造政策法制环境，进行资源的有效配置。王亚新(2012)研究了农业龙头企业技术联盟现状，提出要注重发挥政府政策对战略联盟的引导和支持作用，规避机会主义，实现风险共担、利益共享，提高农业技术创新水平。

(5)高校。高校是战略联盟技术创新的核心力量，高校的行为是联盟稳定发展的关键。李红宇(2010)从高校科技团队出发，对高校科技创新团队进行重新定位，针对高校科技团队存在的问题，提出了产业技术创新联盟背景下培育高校科技创新团队的路径。彭绪梅、徐晗(2013)基于协同创新理论研究了高校在产业技术联盟中的地位，提出应该借鉴国外高校的成功经验，建立高校内部管理体系和外围协同保障机制，实现高校与联盟主体间的协同创新、双向沟通，增强产业技术创新战略联盟实力。

7. 运行机制研究

然而，无论采用哪种管理机制的技术创新战略联盟，其运行均需要所有成员的密切合作，这就要求联盟在成立时充分考虑成员之间的兼容程度(企业文化、战略目标等)和资源的互补性。基于此，有关领域的学者开始高度关注联盟运行机制的研究。

杨翔(2006)在深入探讨产业技术创新战略联盟构建模式的基础上，提出应建由企业科技管理机制、高校科技管理机制和社会有效机制组成的产学研联盟合作运行机制。李峰(2014)以闪联联盟为例，基于行动者网络理论，追踪了闪联联盟的构建、发展和演化过程，认为中国战略联盟的运行机制应该由政府主导向政府和市场共同作用演变。

除了以联盟主体为对象研究战略联盟的运行机制，联盟治理过程中的合作伙伴选择、利益分配问题也是运行机制的研究对象。卢润德等人(2005)提出的产业技术创新战略联盟运行机制，主要是从联盟决策机制、执行机制、协调机制、风险防范机制和利益分配机制等角度予以展开，并在联盟合作伙伴的选择、信息沟通和风险防范等方面提出了相关建议。赖馨正(2008)通过数理模型从联盟成员选择、信任、知识转移、协同创新和利益分配等角度对产学研技术创新战略联盟运行机制进行了量化分析。邬备民等人(2010)对产业技术创新战略联盟的动力机制进行了深入研究，其主要从绩效考核、利益分配、人才交流、共创共享和可持续发展等角度予以展开。

此外，李政认为，联盟的运行要遵循以下5点：完善联盟政府引导、监督和绩效考核机制，建立良好的信用关系和利益共享分配机制，健全联盟信息、人员开放共享交流机制，构建分工明确、互利共赢的利益共创共享机制，探索联盟可持续发展的动力机制。蒋樟生(2009)则认为保持联盟稳定运行和充分发挥联合创新作用也必需要具备五个条件，即成员之间相互信任、战略目标保持一致、资源互补、收益共赢以及联盟组织管理协调。

战略联盟运行机制的研究不仅集中在国家层面还集中在区域层面。唐继红(2010)对石家庄医药行业的产业联盟发展现状和运行机制进行了研究，并基于抗生素产业为研究对象进行了实证研究，从成员选择、利益协调、退出流程优化，为抗生素产业技术创新战略联盟运行机制优化指明方向。原顺梅、李维翠(2012)采取问卷调查法和电话查询相结合的方式，对山东省产业技术创新战略联盟情况进行了调研，总结和剖析了山东省产业技术创新战略联盟的运行现状及存在的主要问题，提出了完善决策与执行机制、信任与协调机制、利益共享与风险共担机制的运行机制。李建花（2012）通过对宁波市产业技术创新战略联盟发展现状和运行中存在的问题分析，提出宁波市产业技术创新战略联盟运行机制的构建策略，建立资源整合与优化配置机制、利益协调与风险控制机制、法律约束和监督考核机制、沟通交流与信任机制相结合的运行机制。

8. 联盟绩效研究

联盟的绩效及其评价一直是产业技术创新战略联盟关注的焦点之一，关于绩效评价的内涵学术界并没有统一定义。起初 Delios 和 Beamish 将联盟绩效定义为联盟的持续期、存活度、失败率或不稳定度等，目前大多数学者都认为联盟绩效是联盟参与者对于个体预期的战略目标的实现程度，企业用联盟绩效来衡量战略联盟运作的有效情况和健康程度。

研究者对联盟绩效的探讨主要聚焦于两个方面：一是基于投入和产出的模型来评价联盟的绩效，二是产业技术创新战略联盟伙伴之间的关系对绩效的影响。

冯子朔（2013）从收益力分析、运营力分析、生产力分析、成长力分析与稳定力分析五个维度构建了企业绩效评价体系，分析了战略联盟对企业的绩效的影响关系，并指出不同技术创新战略组合对运营绩效的不同层面有显著且不同的影响。向刚（2012）着重研究评价指标的选取和评价标准的具体化，将产业联盟的绩效分为过程绩效和产出绩效，结合模糊综合评价法与功效系数法，实行定性判断和定量分析的双重方式，构建技术创新战略联盟绩效考核模型，并以云南省的创新型企业为实际评价对象，对模型的科学性和可操作性进行了检验。在关系绩效研究方面，漆东（2004）通过实证方法探究联盟伙伴关系与联盟绩效关系过程中，建立了由经营业绩、竞争优势和规模效应三个指标构成的联盟绩效评价体系。毛雁征（2012）梳理了国内外关于创新战略联盟以及核心领导力的研究，分析了核心领导力对联盟网络关系和联盟知识共享的影响，从关系绩效和创新绩效两个方面探讨了核心领导力对技术创新战略联盟绩效的影响。殷群、王小爽（2014）认为联盟成员间的竞合关系有助于提高联盟整体的创新绩效，依据对联盟成员的问卷调查数据，探讨竞合中存在的问题，提出加强竞合管理提升联盟创新绩效的对策建议。

除此以外，各因素对联盟绩效的影响也是学者研究的重点。贾生华、吴波（2007）等通过对北京市战略联盟的实证研究，总结出影响联盟绩效的主要因素，包括资源依赖性、关系质量、联盟成员之间的文化差异。马雪君（2012）基于联盟成员和联盟整体的影响因素构建了战略联盟运行绩效指标体系，并采用模糊分析法对联盟的绩效进行实证分析。罗雪英（2014）运用 Tobit 模型对福建省农业产业联盟的绩效的主要影响因素进行了综合研究，最后得出联盟的外部影响因素与联盟绩效存在一定的相关性：联盟所属产业融资金额、联盟所属产业研发人员比例与联盟绩效存在显著的正相关关系，而联盟所属产业科技中介机构数与联盟绩效存在弱负相关性。

国内学者在绩效评价方法上面也有所研究，丰富了联盟绩效的研究方法。陈甲华等（2005）通过应用模糊综合评价方法对战略联盟的协同效应评价进行了评价；曲波等学者（2005）把企业战略管理中的平衡计分卡引入战略联盟绩效评价之中，完善了传统方法仅以财务指标作为评价绩效指标的缺陷，较为全面系统地对联盟绩效进行了评价；王晓辉

(2008)等人运用多层次分析法(AHP)和多层次模糊综合评估方法对技术联盟绩效评价体系进行了深入研究。朱晓彤(2010)采用 DEA 数据包络分析方法对中小企业技术创新战略联盟的绩效进行实证分析,将绩效评价指标体系分为目标层、准则层、次准则层三级指标,进而提出了加强中小企业技术创新战略联盟发展的对策建议。黄娟娟(2012)采取层次分析法和灰色关联理论对产业技术联盟的治理绩效进行了实证分析,并为完善我国产业联盟的治理机制提出了优化建议。张学文(2014)基于问卷调查和因子分析法对抗生素、卫生素联盟的绩效进行了实证研究。

9. 国内技术创新战略同盟的发展和实例

我国战略同盟萌芽于 20 世纪 90 年代初期,在 2000 年之前一直发展极为缓慢。直到 2004 年,我国产学研战略联盟开始慢慢兴起,产学研联盟是我国多年来在产学研工作中探索出来的一种多方合作的新模式,是产学研结合的一种高级形式,是企业基于资源集成的自主创新的主要实现方式,超越了以往传统的企业间合作方式。张明(2010)提到,我国早期虽然并没有明确提出产学研一词的概念,但在我国很多重大的科技创新活动中或者产学研实践工作中,都已经逐步出现了产学研战略联盟,并取得了不错的成绩。胡建波(2014)提出,产学研联盟不仅是我国实质性战略联盟的开端,也是技术创新战略联盟的前身。

我国从 1992 年开始实施"国家产学研联合开发工程",但当时的产学研合作模式对我国产业技术进步的作用并不明显,政府也缺少有效的引导和支持;2006 年,我国政府各部门为了联合推进国家技术创新工程,首次提出了产业技术创新战略联盟的概念;到 2007 年,国家成立首批四大产业技术创新战略联盟试点,产业技术创新战略联盟构建工作取得了重要的进展,旨在指导和支持联盟开展技术协同创新,提升产业技术创新能力,其中包括钢铁可循环流程技术创新战略联盟、新一代煤(能源)化工产业技术创新战略联盟、煤炭开发利用技术创新战略联盟和农业装备产业技术创新战略联盟;2008 年,我国科技部、财政部、教育部等六个部门联合发布了《关于推动产业技术创新战略联盟构建的指导意见》;2009 年,六个部门又联合发布了《国家技术创新工程总体实施方案》,旨在推动产业技术创新战略联盟的构建和发展,这也是我国实施技术创新工程的主要内容;2010 年,我国科技部印发了《关于选择一批技术创新战略联盟开展试用点工作的通知》,公布了 TD 产业技术创新战略联盟等 36 家首批产业技术创新战略联盟试点单位。

TD 产业技术创新战略联盟(TDIA)是我国技术创新战略联盟发展道路上具有代表性的联盟之一,成立于 2002 年 10 月,最初由电信科学技术研究、联想公司、华为技术有限公司等七家企业自愿联合发起成立的 TD 产业联盟,成立的目的在于共同研发,致力在全世界范围内推广 TD 技术,整合协调产业资源,促进我国通信产业的进一步发展。在 2008 年,中国移动通信集团公司、中国邮电器材集团公司、武汉多普达通讯有限公司等十家企业加入 TD 产业联盟中,进一步加强了 TD-SCDMA 产业链,有利于联盟成员间展开进一步广泛和深入的合作,全力推动了该产业的技术创新和商用进程,这一举动也是 TD 产业发展的重要里程碑。截至目前,联盟成员包括华为、联想、中兴等 90 多家企业,国家为 TD 项目提供了 7108 亿元启动经费,并向 TDIA 提供资金政策倾斜,设立专项的专利和标准奖励,很大程度上减轻了联盟初期投资的负担和风险,并大大提高联盟内部成员进行技术创新的激励。在政府的大力引导和支持下，TDIA 已然成为支撑和推动我国整个 TD 产业发展和技术创新的重要组织。

1.2.3　国内外研究现状评述

通过对国内外文献梳理可知，基于产学研合作的产业技术创新战略联盟既具有"优势互补、资源共享、责任共担、利益共享"的一般战略联盟共性特征，也具有以下三方面的独特特征：其一，产学研合作中的合作主体在组织宗旨与社会功能定位的性质差异性导致产学研联盟是一种特殊模式与机制的战略联盟；其二，由于产学研联盟技术创新绩效评价必须考虑产学研联盟具有的主体宗旨特殊性、资源共享条件下的资源投入体制特殊性和联盟主体效用特殊性，使得产学研技术创新绩效评价具有明确的目的性；其三，由于产学研联盟具有"合作主体宗旨差异性"和"创新绩效评价目的性"特征，决定了基于产学研合作的产业技术创新战略联盟运行机制的特殊性(Bresnahan et al.，2002；董广茂，2004；张树义，2001)。

技术创新战略联盟这三个方面本质特征使得不同联盟主体的社会功能定位存在一定差异，即联盟产出绩效区别于联盟不同主体效用，具体表现为：

(1)对技术创新战略联盟不同主体的投入成本的核算方式表现出一定的特殊，原因在于联盟不同主体的社会功能定位存在一定差异，从而导致某项投入既能实现联盟不同主体的共性战略目标，又能实现其差异性目标。

(2)对技术创新战略联盟产出绩效评价表现出一定的特殊性，原因在于联盟不同主体具有共性合作目标的同时，也表现出其社会功能定位的差异性，即对于不同合作主体的相同产出绩效所表现出的效用是存在差别的。例如，对于高校来说，人才培养绩效指标的效用要优于企业，而对于企业来说，成果产业化绩效指标的效用要优于高校。

(3)技术创新战略联盟机制运行的有效性与联盟运行绩效不存在相关性，而是从机理上与联盟绩效的效用相关联。联盟绩效的效用不仅与主体宗旨性质有关，也与联盟的投入与分配机制相关联(张万宽，2008；张米尔，2001)。

总之，"不同组织宗旨的主体之间合作"是产学研合作中最为本质的特征，该特征直接导致了技术创新战略联盟机制设计与绩效评价的特殊性。而已有国内外文献对产学研合作具有的合作主体在组织宗旨与社会功能定位的性质差异关注不够，主要注重研究联盟绩效与联盟机制之间的量化关系，忽视了联盟的产出绩效相对于不同主体其效用不同，更缺乏规范的实证分析(王章豹和祝义才，2000；霍妍，2009；范德成和唐小旭，2009)。

1.3　主要研究内容

1. 产学研合作的技术创新战略联盟运行机制的基础理论研究

通过深入剖析产学研合作的技术创新战略联盟及其运行机制的内涵，梳理技术创新战略联盟相关理论，本项目对技术创新战略联盟运行机制和运行模式进行了概括总结，这为构建基于主体效用的产学研合作的技术创新战略联盟机制与绩效评价体系奠定理论基础。

2. 产学研合作的技术创新战略联盟绩效评价指标体系

依据初始测量指标选取原则，利用文献梳理和深度访谈两种不同的信息采集方式，获取能够反映产学研合作的技术创新战略联盟绩效的初始测量指标，并设计出一套有效性较高的产学研合作的技术创新战略联盟绩效初始测量量表，在此基础上，通过预调研获取初始测量量表的指标数据，同时对产学研合作的技术创新联盟绩效的初始测量量表进行信度与效度分析，利用分析的结果对调查问卷进行修改与完善，得到由联盟运行投入、运行过程和运行产出组成的产学研合作的技术创新战略联盟绩效评价指标体系。

3. 基于产学研合作的技术创新战略联盟绩效评价实证研究

依据联盟绩效评价指标，获取实证调研数据，并以模糊积分评价方法为基础，先采用语意变量的概念描述主观评价值，利用梯形模糊数来集成评价者的经验知识等主观信息，再利用群决策方法整合多方参与决策专家的信息，构建了一种基于模糊积分的产学研合作的技术创新战略联盟绩效综合评价方法。并利用该方法对西部地区产学研合作的技术创新战略联盟整体绩效进行评价，找出了联盟运行过程中存在的共性问题，为后续的联盟运行机制设计提供决策依据。

4. 产学研合作的技术创新联盟分配机制研究

由于不同联盟主体的效用存在一定差异，所以技术创新战略联盟绩效综合指标的最优不一定是各个主体的最优结果，为了进一步促进产学研合作的技术创新战略联盟绩效的稳步提高，本项目在对联盟整体绩效和各主体绩效进行实证分析的基础上，运用灰色关联分析方法分别研究各个主体与联盟整体绩效的关联程度，通过对联盟绩效综合指标的评价模拟出联盟最优条件下各个主体的最优效率，并根据联盟最优值和主体单独最优值，实现分配机制的设计。

5. 产学研合作的技术创新战略联盟运行机制研究

结合西部地区技术创新战略联盟绩效的实证分析结果，基于不同产学研合作成员主体效用与联盟整体绩效的双赢目标，本项目运用 DEMATEL 方法分析联盟运行的主要影响因素的因果关系，推导出不同因素对产学研技术创新战略联盟机制的影响，得出产学研联盟机制设计中的不同性质主体的激励相容的有效方式，以此为依据，从内部与外部两个角度设计出由联盟构建机制、联盟治理机制、联盟利益分配机制和联盟推进机制组成的基于不同主体效用的产学研合作的技术创新联盟运行机制。

6. 启示与政策建议

为了确保所设计的联盟运行机制能有效运行，本项目基于上述研究结论，结合西部地区技术创新战略联盟运行过程及其运行机制设计中所存在的问题，针对联盟主体效用差异的特殊性，提出了相应的对策与建议，并指出后续进一步研究的主要方向。

1.4　主要研究观点

以西部地区为实证研究对象，本项目在科学界定产学研合作技术创新战略联盟本质特征的基础上，构建了基于效用理论的技术创新战略联盟绩效评价与运行机制设计的基本理论体系。

1. 科学构建了技术创新战略联盟运行绩效评价指标体系

主要通过文献梳理和实际调研，针对产学研技术创新战略联盟的不同主体效用差异，从联盟运行全过程角度，将联盟整体绩效指标转化为联盟多主体绩效指标，运用探索性因子分析方法，科学构建了联盟运行投入、运行过程和运行产出等为核心的产学研合作技术创新战略联盟运行绩效评价体系。

2. 科学论证了技术创新战略联盟整体运行绩效与不同主体效用绩效之间的因果关系

针对技术创新战略联盟运行绩效指标体系的基本特征，科学选用模糊积分等实证分析方法，对联盟整体运行绩效与不同主体效用绩效进行科学评价，并基于评价结果，运用灰色关联等统计分析方法，分析出产学研合作技术创新战略联盟整体运行绩效与不同主体效用绩效之间的因果关系，找出西部地区产学研合作联盟整体与各主体效用绩效的关联性失衡的主要原因，并以此为依据，构建了基于主体效用的最优化选择兼容利益分配方式、动态定价机制、不同主体共赢的政府引导机制和降低合作风险的 TPM 协议的利益补偿机制等技术创新战略联盟的分配机制。

3. 科学设计和完善了西部地区产学研合作技术创新战略联盟运行机制

以西部地区为实证研究对象，结合西部地区技术创新战略联盟绩效的实证分析结果，运用 DEMATEL 方法构建了联盟整体运行机制，其主要包括技术创新战略联盟构建机制、技术创新战略联盟治理机制、技术创新战略联盟推进机制。同时，从产学研合作技术创新战略联盟运行机制的三个不同阶段，提出了保障机制有效运行的相应对策与建议，主要包括严格考核联盟成员战略目标的一致性、科学度量联盟成员之间资源优势的互补性、衡量联盟成员规模实力的匹配性、确立基于主体效用差异的资源投入准则、以投入资源价值评估结果为准则进行利益分配、以基于主体效用差异的利益分配机制为依托增强联盟成员间的信任度、以完善的法律制度保障增强联盟成员之间的信任度、利用社会评价中介机构强化联盟成员之间的信任度、建立灵活的联盟成员退出制度；开放和共享联盟成员的物质资源、依据组织分工机制实现资源优势的整合、建立规范的信息披露制度、利用政府搭建便捷的信息沟通与协调渠道、基于组织学习机制来实现联盟成员之间的有效沟通、利用危机处理机制处理联盟内部矛盾、建立科学的监督考核体系、采取有效的风险防范措施、采用正式和非正式形式控制联盟运行风险、进一步规范知识产权保护制度、拓宽科技成果转移渠道；建立以项目为导向的政策牵引机制、建立以财政金融支持为重点的政策带动机制、建立以信息资源共享为基础的政策驱动机制、对行业创新主体的开放、制定开放的技术标准、加强联盟成员的外部学习和交流。

1.5　研究方案设计

1.5.1　研究思路

本课题的研究思路：基于文献梳理和实际调研结果，本项目在科学界定产学研合作技术创新战略联盟本质特征的基础上，构建了基于效用理论的技术创新战略联盟绩效评价与运行机制设计的基本理论体系：首先针对产学研技术创新战略联盟的不同主体效用差异，从联盟运行全过程角度，将联盟整体绩效指标转化为联盟多主体绩效指标，构建了产学研合作技术创新战略联盟绩效评价体系；其次，运用灰色关联方法，确立技术创新战略联盟整体运行绩效与不同主体效用绩效之间的因果关系，分析部分联盟整体与各主体效用绩效的关联性失衡的主要原因；最后，结合西部地区技术创新战略联盟运行绩效的实证分析结果，运用 DEMATEL 方法构建了联盟整体运行机制，并提出了保障机制有效运行的相应对策与建议。

1.5.2　研究方法

本课题在研究过程中运用多种分析方法对产业技术创新战略联盟运行机制进行探究。

1. 综合运用多学科理论、方法进行交叉研究

本课题综合运用了创新学、战略管理、经济学等多学科理论，结合国内外研究文献，对产学研合作的技术创新战略联盟的绩效评价进行分类研究，并给出将联盟绩效评价指标转化为联盟绩效效用评价指标。

2. 定量研究与定性分析相结合

评价由联盟运行投入、运行过程和运行产出组成的产学研合作的技术创新战略联盟绩效是本项目的核心研究内容之一，在研究过程中，不仅要全面准确地分析联盟整体绩效评价的影响因素，还要运用科学的量化分析方法，即有效融合定量分析与定性分析方法，更加科学合理地分析出西部地区产学研技术创新战略联盟运行过程中所存在的问题。

3. 理论研究与实证研究相结合

在深入研究产学研技术创新战略联盟运行机制的核心理论的基础上，基于文献梳理和实际调研信息数据，采用信度分析和主成分分析方法，对影响产学研合作的技术创新联盟绩效的综合指标进行测度，结合联盟运行的主要特征，构建了基于模糊积分的产学研技术创新战略联盟评价模型，对其进行了实证分析，并在此基础上，结合灰色关联分析方法和 DEMATEL 方法的基本原理，对联盟分配机制和运行过程的影响要素进行了分

析，以此提出了一些学术观点和思想引起了有关企业以及某些政府部门的兴趣。理论上的研究成果将在某些部门进行进一步实证研究，经受实践的验证，不断充实和完善产学研合作的技术创新战略联盟运行机制设计的理论体系。

1.5.3　技术路线

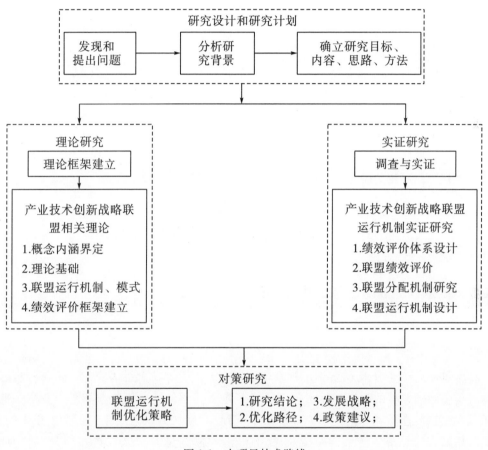

图 1-1　本项目技术路线

第2章 技术创新战略联盟基本理论

技术创新战略联盟基本理论是开展联盟运行机制研究的基础。然而，尽管有关技术创新战略联盟的研究由来已久，成果也较为丰硕，形成很多反映我国产业技术创新战略联盟运行情况的信息资料，但其中有关产业技术创新战略联盟内部运行机制研究还处于协调和探索阶段，亟待从学理上进行科学研究。因此，系统地对技术创新战略联盟相关理论进行研究显得十分迫切和必要。本章首先对技术创新战略联盟、联盟运行机制等术语进行界定，然后进一步分析技术创新战略联盟的组成部分、理论基础和运行机制的具体运作过程等。本章的研究对后续各部分的研究具有重要的指导意义。

2.1 技术创新战略联盟相关内涵

2.1.1 技术创新战略联盟的界定

1. 技术创新的界定

技术创新是一个涉及经济学、社会学、哲学、管理学、技术学等学科的研究课题，国内外很多不同领域的学者对技术创新给出了定义。创新这一概念最早是由亚当·斯密在《国民财富的性质和原因的研究》一书中提到："新的专家阶层是一群勤于思索的人，他们利用知识为经济生产做出重要贡献。"经济学家约瑟夫·熊彼特在 20 世纪初期将"创新"一词首次引入经济学理论。他在《经济发展理论》（1912）一书中提出："创新就是把要素和生产条件的新组合引入生产体系，也就是建立一种新的生产函数。"并在1939 出版的《商业周期》中比较全面的提出来创新理论。熊彼特之后，经济学家把创新理论又分成了技术创新和制度创新两大方面。随着人们对技术创新关注度的增加，很多学者都对其进行了研究，也从不同的方面进行了定义，目前被广泛认可的定义有以下几种：

熊彼特认为，技术创新是指在生产体系中应用从没有过的有关生产要素的新组合。这种新组合包括五个方面：①引入新技术；②引入新产品；③控制新的原材料来源；④开辟新市场；⑤进行组织结构创新。经济与合作发展组织则把技术创新定义为原有产品和生产工艺有益的显著变化，无论是在市场上还是生产上实现创新，都可以认为技术创新已经完成。迈尔斯和马奎斯在其研究报告《成功的工业创新》（1969）中将创新定义为技术变革的集合。技术创新始于新观念，且通过不断解决已发现的各类问题，最终使有经济价值和社会价值的新技术或新产品得以出现并应用于实践的复杂的活动过程；曼斯费尔德认为产品创新是从企业对新产品的构思开始，以新产品销售和交货为终结的探索性活动，被后来学者普遍认可和采用，但是他的研究对象主要是产品创新，定义也侧重于产品创新上；弗里曼认为技术创新即是新产品、新工艺、新过程的首次商业性应用，并且他认为技术创新会带来很大的派生需求，有助于扩大企业的市场份额。厄特巴克与弗里曼观点相似，其认为技术创新区别于发明和技术样品，是技术的首次应用或实际采用。V. 莫尔在《创新的企业文化管理》中指出，技术创新是技术样品的创始、演进和开发过程。唐纳德·瓦茨认为，技术创新是企业对研究成果进行开发并通过销售创造利润的过程；德鲁克认为技术创新是给予原有资源以新的创造财富的能力的行为。他认为技术创新并不是对原有产品和工艺的简单改进，而是要生产出与以前不一样的产品、服务和工艺，并能够增强经济活力的过程。

除了早期国外学者对技术创新的定义，近年国内学者也对技术创新概念进行了深入研究并给出了相关定义。清华大学傅家骥教授认为，技术创新是企业抓住市场潜在盈利机会，以获取商业利益为目的的生产要素和生产条件重组，建立效率更高、费用更低的生产经营系统；浙江大学许庆瑞教授认为，技术创新是泛指一种新的思想的形成，并利用这种新思想生产出满足市场用户需要的产品的整个过程；华中理工大学张培刚教授认为，技术创新是研究生产力发展和变化的学科研究；西安交通大学汪应洛教授认为，技术创新是建立新的生产体系，使生产要素和生产条件重新组合，以获得更多的经济效益；西安交通大学李垣教授认为，技术创新是创新者借助已有的技术和发明，通过对生产要素和生产条件进行变革，并将变革成果应用于商业的所有活动；中共中央、国务院(1998)在《关于加强技术创新，发展高科技，实现产业化的决定》中指出："技术创新是企业应用创新的知识和新技术、新工艺，从用新的生产方式和管理模式，提高产品质量，开发生产新的产品，提高新的服务，占据市场并实现市场价值。企业是技术创新的主体，技术创新是发展高科技、实现产业化的重要前提。"

不同领域的学者对技术创新的概念有不同的认识，结合上述对于技术创新的不同定义，笔者认为技术创新即是开发新技术或者是将原有技术进行改进，并且应用于实践，能够产生一定的经济效益和社会效益的活动。技术创新对经济社会发展的促进作用不言而喻，邓小平"科学技术是第一生产力"的论断证明了这一说法的正确性。技术创新一方面通过原有知识的整合和创新促进了基础理论的进步，另一方面也通过新技术的应用促进了显示生产力的大幅提升。

2. 战略联盟的界定

对于战略联盟的定义，企业界、学术界都曾给出相关定义，但目前还无统一定论，仍存在一定的分歧。学术界目前对于战略联盟的定义分别持广义和狭义这两种观点。持广义观点的学者认为，所有的企业间合作形式都属于战略联盟，其联盟形式包括合资、参股式战略联盟、联合研发、联合生产、联合营销、供应合作协议、许可经营、特许经营等。狭义观点从不同的角度对战略联盟进行了定义。持狭义观点的一些学者认为，只有那些具有密切合作关系的组织形式，如存在长期的合作、共同的控制机制等，才属于战略联盟,其联盟形式包括合资企业、参股式战略联盟、联合研发和联合营销等。

美国人 J. Hopland 和 R. Nagel 是最早提出战略联盟概念的学者,其认为战略联盟是由两个以上的有着共同战略利益和相似实力的企业组成的合作组织,成立的主要目标在于合作主体能共同拥有市场、使用资源和增强自身竞争力,合作达成是基于各种协议、契约的约束,进而形成合作双方之间的优势互补、风险共担、利益共享。Michael E. Porter(1985)则提出,战略联盟是企业与包转商之间的联系纽带,是因为两者之间业务关系而得到进一步延伸的公司组合。Potter(1988)认为,战略联盟是联盟主体基于成本、效率、利益、竞争优势等因素而建立的一种优势互补、利益共享、风险共担、要素多向流动的组织。Pellicelli(2003)将战略联盟定义为企业未来一个共同的目标而达成的协议,以企业间的合作为基础,以达到各企业目标为目的。Brouthers 等(1995)在考察了联盟的成功因素之后,得出联盟必须符合四个条件:一是拥有互补的技术;二是有着相融合的企业文化;三是战略目标具有相互兼容性;四是有相称的风险承受能力。陈耀等(2014)基于不同经济学基础给出了四大联盟流派:基于教育费用的联盟理论、基于资源基础的联盟理论、基于组织学习的联盟理论和基于社会网络的联盟理论,并根据企业价值链、联盟治理结构和联盟竞争性三个方面对联盟进行了主要分类。此后,随着人们对战略联盟的认识,一些学者提出了不同的概念,具体见表 2-1。

表 2-1　战略联盟概念比较

主要观点	提出者
把稳定的联盟称之为"准一体化"	布劳易斯,1972 年
非标准商业市场合同	威廉姆森,1983 年
被管理或被组织的市场	巴特勒、卡尔奈,1983 年
网络化组织	索雷利,1986 年
企业间达成超出正常交易,但又无法达到并购要求的长期协议	波特,1990 年
除市场和管理等级制之外的第三种经济活动协调工具	汤普森,1991 年

从这一阶段不同学者的研究成果梳理可知,所谓战略联盟是指两个以上的经济实体为了实现其战略目标而采取的一种合作形式。这种合作形式在某些方面对联盟成员都有好处,如通过合作研发新技术或者通过合谋共同占有市场等。这种战略联盟成员之间不仅仅是合作,也可能有竞争的存在,成员之间的合作具有很强的目的性。因为完成各自战略目标的时间不同,所以联盟的存在时间也有不确定性,有长有短。一旦合作目标达成,联盟就失去了存在的必要。这种战略联盟的存在在一定程度上模糊了企业的边界,在合作期限内各个企业为实现联盟目标而协调行动,降低了其竞争性。但是联盟并不是一个正式的独立个体,而只是一种相对松散的集合。各个企业仍然作为独立的经济实体而存在。并且这种战略联盟也不会导致竞争的消失,各个成员在其他领域仍可能是竞争对手。

3. 技术创新战略联盟的界定

随着对产业技术创新战略联盟这种联合组织创新模式的关注度提高,越来越多学者也逐步将研究的焦点放在产业技术创新战略联盟上。自从 20 世纪 90 年代，国家经贸委、教育部和中科院等牵头组织实施了"产学研联合开发工程"，在此基础上，我国开始不断出现新的创新模式——技术创新战略联盟，学者们的研究方向从企业间联盟转向了产学研技术创新战略联盟。

不同学者对产业技术创新战略联盟做出了不同的定义。哈佛大学教授波特和日本学者竹田志郎把技术创新联盟定义为在市场竞争日趋激烈、科技快速进步以及企业争相实施国际化战略背景下，企业为了增强自身竞争力而形成的具有一定依赖性的战略性合作关系。Caldeira 则认为，所谓技术创新联盟是指多家具有相同或相似产业背景的组织（包括企业、高校、科研院所和中介服务机构等）基于某一产业的技术研发、技术转化和增加市场份额等共同目标，通过适当的组织形式和运作制度联合企业形成的具有战略意义的产业组织形式。截至目前，国内广泛接受的产业技术创新战略联盟的内涵是 2008 年由科技部、财政部、教育部等联合发布的文件中所指出的，是指由企业、大学、科研机构或其他组织机构，以企业的发展需求和各方的共同利益为基础，以提升产业技术创新能力为目标，以具有法律约束力的契约为保障，形成的联合开发、优势互补、利益共享、风险共担的新型技术创新合作组织。

此外，还有部分学者从自身角度对产业技术创新战略联盟的内涵进行不同的界定。李新男（2007）提出产业技术创新战略联盟是以产业共性技术突破性创新为主要任务的新型产学研合作组织。赵志泉（2009）认为产业技术创新战略联盟是指一种结构松散的网络型组织体系，该体系是以实现联盟各成员共同战略性创新为目标，通过确立长期的契约和股权安排，形成合作默契，进而实现联盟成员之间的利益共享和风险共担，该联盟形式除具有企业联盟的特征外，还具有其独有的特征，主要有两点：一是产业技术创新战略联盟是由政府推动，而非市场驱动，其战略目标是提高产业国际竞争力，创新关注点集中于重大关键的共有性技术、高技术以及待消化吸收的引进技术等；二是与企业联盟在微观层面的结合相比，产业技术创新战略联盟是在产业层面上的推进，参与者更加广泛，经济效益和社会效益也更加显著。刘旻、李建伟（2008）认为产业技术创新战略联盟是在政府的引导下，建立起的一种长期、稳定和制度化的产学研利益共同体，该体系充分运用现有的市场机制，以能够影响产业整体或企业长远发展的共性技术创新需求和重要产业标准为纽带，以符合国家战略目标的实施或区域支撑性重点产业发展为需求，通过对不同技术创新要素进行优化组合。他认为产业技术创新战略联盟的本质是以网络化的形式，通过重复博弈和产业集群内声誉机制来稳定合作关系，以有利于合作博弈实现聚点均衡。高广文（2008）将产业技术创新战略联盟的内涵理解为是指以技术创新为目标，由同一产业内两个或两个以上的技术创新主体组成的相互合作致力于共有技术创新的组织。它具有主体企业化、目标产业化、合作自由化等三大特点。蒋樟生等（2009）认为产业技术创新战略联盟是为促进产业技术进步，由产业内两个或两个以上的技术创新主体结合而成的致力于技术创新活动的中间组织。李加胜（2013）认为产业技术创新战略联盟是产业共性问题内部化组织，是企业获取外部科技资源的重要手段。吴刚（2011）把产业技术创新战略联盟定义为一个利益共同体，其主要以促进产业技术进步为目标，以本产业内的企业为核心，相关高校、科研院所及中介机构共同参与，以契约为联系纽带，通过组织成员之间的资源共享和创新要素的优化配置，围绕产业关键性共用技术开展协同创新。刘林舟(2012)认为，产业技术创新战略联盟是战略联盟和技术联盟在产业层面的拓展，是指在某一特定产业领域，通常以一个主导产业为核心，大量相同产业或相关产业的企业及其密切相关的辅助、支撑、中介等机构，为了实现共同的战略性创新目标，追求产业发展的规模经济和范围经济效应，以产业发展的内在需求和合作伙伴共同利益为基础，在政府的推动和引导下，通过各种长期契约合同、股权安排和彼此间的默契，而结成的产业合作开发、解决共性技术、开展创新活动、完成战略任务的比较稳定的产学研组织体。

从以上学者对产业技术创新战略联盟的内涵理解可知，虽然不同学者对产业技术创新战略联盟的界定有所差异，但是基本上都认为产业技术联盟是以产业技术创新为目的的一种组织形式。综合上述不同学者的研究，本项目将产业技术创新战略联盟界定为：以产业关键性共用技术创新为联盟战略目标，以促进联盟成员的技术进步和增大成员市场竞争力为动力，由企业、高校、科研院所和中介机构等创新主体组成的一种利益共享、风险共担的组织联合体。

4. 技术创新战略联盟的研究对象

产业技术创新战略联盟是在政府的引导下，充分运用市场机制，以影响产业或企业长远发展的共性技术创新需求和重要标准等为纽带，为符合国家战略目标或区域重点产业发展的需求，通过各种技术创新要素的优化组合，建立的一种长期、稳定、制度化的产学研利益共同体。其本质是一种基于非零和合作博弈过程的组织制度创新。因此产业技术创新战略联盟的研究对象主要包括政府、企业、高校和科研院所以及中介结构，赵志泉(2009)认为政府的作用是遴选与技术、政策支持以及通过重大科技专项，提供专项资金；企业的作用是提供创新所需资源包括资金、技术人员和科研设施，参与研究开发和进行技术推广；而高校和科研机构则是通过提供智力资源参与研究开发。

图 2-1 是技术创新战略联盟对象之间的关系，各方要确定自己的角色定位，充分发挥自己的角色作用，推动技术联盟的合理构建和稳定发展，资源共享、优势互补，实现自身实力的提升和利益的共享。

1)政府的角色定位

政府是国家的公共部门，可以发布行政命令、行政决策、行政法规等，拥有公共权力，是公共物品的提供者。政府可以通过经济手段、法律手段、行政手段来影响技术创新战略联盟的发展，积极推动战略联盟的成立，在技术创新活动中发挥着协调、引导和支持的作用，同时肩负营造有利于联盟发展的政策环境、法制环境和人文环境的重任。孙亮(2015)也提出，基于产业共性技术的复杂性、准公共物品性质等联盟特性，政府在产业技术创新战略联盟中必不可少。

政府具有强大的公信力和资源整合能力，我国技术创新战略联盟发展初期，政府在战略联盟的发展中起着主导作用，2007 年成立的 4 所挂牌联盟都是在政府的积极推动下成立的，初期的战略联盟模式主要是政府主导型的。然而，随着战略联盟的不断发展和经济社会的不断进步，政府主导联盟的发展会削弱战略联盟的市场适应能力，降低联盟的竞争力。因此在战略联盟发展的新时期应该变政府主导为市场主导，充分发挥市场的作用机制，促进企业在市场的作用下自发结成联盟。但是由于技术创新是复杂性、系统

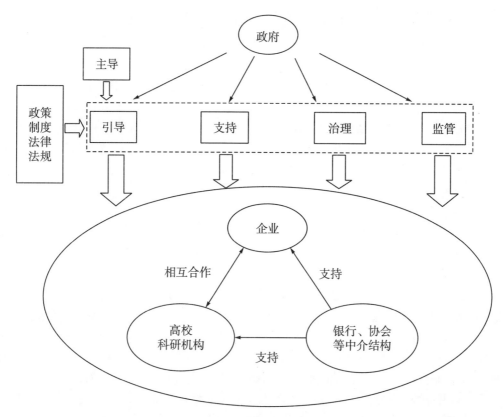

图 2-1 技术创新战略联盟对象相互关系

性的活动，存在市场失灵的情况，市场低效、市场缺陷、信息不对称、不完全竞争市场等因素导致创新资源的配置不可能完全依赖市场，需要政府给予一定的支持引导。政府能够抑制或替代市场的作用，弥补市场失灵，发挥补充和促进作用。孙亮(2015)也提出，基于产业共性技术的复杂性、准公共物品性质等特性，政府在产业技术创新战略联盟中必不可少，同时给出政府可采取的五点措施：进一步完善法律法规环境，以便更好地解决联盟成员间的利益分配、合作机制、技术成果等问题；采取针对性支持方式，针对不同类型、不同时期战略联盟，政府应采取不同的支持方式；鼓励联盟完善激励机制，联盟成员创新的积极性与其内部激励机制密切相关；鼓励中介机构参与联盟发展，中介机构具有信息资源丰富、市场渠道多元化等特点，有利于技术成果转移和共性技术研发等；促进联盟间信息交换，发挥政府的组织协调优势，鼓励联盟在产业、技术等方面多交流。朱丽颖(2010)提出企业技术创新行为的产生主要依赖于两种外部机制作用的激发，一是市场机制，二是政府的宏观调控机制。由于市场作用的发挥是一个长期渐变的过程，因此，更应强化政府政策安排对企业技术创新的激励和支持作用。为了实现由联盟的主导者向支持者转变，政府应该利用自身的权威优势制定产业技术创新战略联盟发展规划来引导产业界、高校与科研院所三方力量之间展开深度合作，结成以共性技术和基础技术研究为主要目标的产业技术创新战略联盟，尽快完善制度环境和市场规则。政府的引导是政府发挥市场辅助作用的首要任务，同时政府也要发挥战略联盟的支持者作用。政府对联盟的支持主要体现在政策上支持和财政上支持。在政策上，政府为战略联盟在厂房购置、土地租赁和税收等方面提供政策上的减免和优惠；在财政上，政府应该给予联盟以资金支持，发放补助金或者为企业购置研发设备，提供厂房等，降低企业的研发成本，缓解企业的资金短缺危机，降低联盟企业的投资风险，为联盟的发展提供坚实的后盾。

此外，政府也需要肩负对战略联盟的管理和监督责任。首先政府要为联盟构建一个良好的政策环境和市场环境，发展中介结构，搭建联盟合作的信息平台，完善市场环境；其次，政府应该发挥其强制力，通过法律、法规等保证联盟成员各方的权利，尤其是要保障联盟的知识产权，并引导联盟的成果价值的实现，确保联盟各方的利益；再者，政府要对联盟各方成员的行为进行有效合理的监督和约束，规范联盟成员各方的行为，引导联盟的稳定发展，保证联盟的长期合作关系。

2）企业的角色定位

企业是技术创新战略联盟的主体，战略联盟的成立，与企业的行为切实相关：首先，随着社会的不断发展，技术创新在生产力的发展中起到越来越重要的作用，企业为了赶上时代的潮流，追求利益最大化，必然会进行科技研发，并将科技研发商业化，实现科技成果转化，降低企业成本，提高企业利益。其次，当今时代，科技更新速度越来越快，企业的研发速度，尤其是中小企业，由于企业规模和资金限制，企业的研发速度和研发能力有局限性，与跨国公司和大企业完备的研发团队之间的差距越来越大，中小企业面临着被淘汰的局面，对科技的渴望性十分强烈。再者，科技的研发具有风险，如何完美实现科技成果的转化一直是各大企业的"病痛"。鉴于企业对科技创新的强烈需要，技术创新战略的出现缓解了企业面临的技术危机，为企业发展带来了新的机遇，各企业应该把握好自己在联盟中的定位，充分发挥自己的角色作用，推动联盟的稳定发展，实现自我创新、实力提升和利益共享。

首先，企业应该明确自己的定位，向国家政策看齐，积极响应政府号召，发挥联盟主体作用，积极投身联盟的构建和发展中，利用国家政策优势，积极引导联盟技术革新和成果转化，提升联盟的竞争力。其次，在联盟的发展中，企业应该遵循国家法律、法规，规范自己的行为，切忌投机取巧，钻法律空子。再者，作为联盟中的主体对象，企业要切实维护各方利益，制定合理的利益分配机制和风险防范机制，维护联盟中各成员的利益，保障联盟的长期运行，只有联盟长期稳定的运行，企业才能实现个体利益的最大化，并确保自身实力和竞争力的提升。

此外，政府正面临着由主导者向引导者的地位转化，企业要充分认识到自身的主体地位，充分发挥自己的主动优势，遵循市场规则，以市场为导向，实现自发联盟和政府引导联盟。并且，企业应该与高校、研究机构建立良好的合作关系，充分利用高校和研究机构的学术研发能力，主动向科技活动的上游推进，使企业的技术与学研的科学相统一，让产学研战略联盟更好的服务于技术创新，为企业的发展添砖加瓦，实现企业的跨越式发展。最后在投资方面，企业的投资不能仅停留在生产和商品化阶段，而要及早注入资金参与R&D活动。通过"早期"进入，建立合作基础，否则，很难找到好的合作项目和合作伙伴。企业要及早搜寻一些科技幼苗或实验室的胚胎，及早注入资金并利用自己的基础设备、工程技术和人力资源，与高校和研究机构共同孵化，使其逐步完善，形成有竞争力的产品。

3）高校和科研机构的角色定位

　　高校和科研机构是技术人才和技术成果的集聚高地，是国家科技创新体系中的重要组成部分，是技术创新的主力军，在技术创新战略联盟中不仅要把握好自身的定位，实现自身的发展，还要积极响应国家政策，与企业建立友好合作关系，充分发挥人才培养与科学研究的优势，为联盟创新提供智力支持。

　　首先，高校和科研机构要确定自身在联盟中的角色，树立精品意识和品牌意识，依靠自身优势，培育自己独特的学科建设和科学技术研究，既注重基础研究，又要加强应用研究，以市场发展趋势为导向，结合自己的优势学科，进行前瞻性科学应用研究。高校和科研机构在应用研究过程中也要加强自身科研团队的建设，提高团队人员的科研水平，增强团队的竞争力。高校和科研团队之间也要相互协作，相互竞争，力争上游发展，提升自身竞争力。

　　其次，高校和科研机构要与企业建立友好的合作关系，坚持学科特点和产业需求相结合，突出重点学科特色，积极鼓励学科间的交叉、渗透和融合。要充分利用企业对市场的敏感度和政府构建的信息平台，结合自身优势和企业资源，弥补自己的短板路径，实现优势互补。

　　再次，高校和科研院所在技术联盟中，充分发挥研发优势的同时，也要加强知识产权的保护工作。丰富的知识产权资源对提高高校自主创新能力和科研成果转化是一个有力的支撑。

　　最后，高校和科研机构作为技术联盟的一份子，必然会涉及到联盟的利益分配和承担联盟的研发风险，为此高校和科研机构应该遵循国家政策和技术联盟的准则，在维护自身利益的基础上，确保联盟成员的利益，相互信任，相互协调，确保技术联盟的持续动力和稳定发展，同时也充分把握联盟的发展机遇，实现自身科研能力的提升。

　　4）中介机构

　　战略联盟的中介机构主要是企业行业协会、科技中介机构。准确的信息、及时的沟通以及各行为主体间的协调是中介机构在联盟中的主要任务，此外中介机构还负责向联盟提供决策、咨询服务。在整个联盟中，政府掌握着宏观产业政策信息，对于区域产业的整体把握和规划清晰而明确；企业对生产技术的发展方向和市场需求的变化比较了解，同时也通过对市场的调查决定着产品未来的发展方向；科研院所和高校对于技术水平的发展动态和行业的技术信息掌握较为全面；中介机构在它们中间起到链接和桥梁的作用。

　　企业行业协会可以在政府、学校与行业之间架起一座桥梁，沟通它们之间的信息，协调政府与学校、企业、行业内和行业间企业的相互关系。作为一种典型的社会中介组织，企业行业协会在联盟中发挥着越来越积极、重要的作用：既担负执行政府决策的责任，帮助学校完成政府下达的任务，起到平衡利益冲突，减少直接矛盾的作用；又代表学校向政府表达意见，提供建议，影响政府的政策。

　　科技中介结构为联盟提供社会化、专业化的服务，对政府、各类创新主体与市场之间的知识流动和技术转移发挥着关键性的促进作用，是促进科技成果商业化和技术创新的重要工具，对提高本国企业在全球经济中的竞争力有着重要的影响。是促成高等学校、科研院所、企业以及企业之间共同进行技术创新的重要力量。科技中介机构是各类创新主体的粘合剂和创新活动的催化剂，是技术创新转化为企业效益与竞争力的重要途径。当前科技中介机构用以整合和组织高校科技资源，开发和扩散行业共性技术，参与企业技术创新体系建设，促进高校技术转移，加强科技、教育与经济的联系，是完善高等学校为社会服务功能的必然要求和有力措施，也是高校社会服务职能实体化的一种体现（刘洪民，2013）。

总之，政府、企业、高校、科研机构和中介机构是技术创新战略联盟构建和发展必不可少的行为主体，各行为主体的行为决定着联盟的发展方向，也影响着自身的利益。为了长久的维持联盟的稳定发展，发挥联盟的合作效应，各行为主体应该找好定位，互相合作，互相监督：政府要充分发挥积极引导和支持作用，为联盟的构建和发展创造良好的政策环境和制度环境，同时政府还要发挥监管作用，做好对技术联盟的监督和管理，对联盟成员的行为进行规范性约束，在此基础上，也要确保各联盟成员的利益，保持联盟的长足发展；企业要发挥联盟主体的作用，积极响应政府号召，充分利用政府创造的优势环境，主动出击，发挥先动优势；高校和科研机构作为技术联盟的技术先驱者，要充分发挥自己的学科优势和研发优势，结合产业发展现状，以市场需求为导向进行研发；中介结构作为技术联盟的桥梁和纽带，要把握好自身定位，为技术联盟提供更为完备的信息和服务，更好地服务于技术联盟，为联盟的稳定发展奠定良好的基础。

2.1.2 技术创新战略联盟运行机制的基础理论

技术创新战略联盟的稳定运行离不开各种运行机制的共同作用，只有各机制充分发挥作用，联盟的运行及其对技术创新的促进作用才能得到更好的实现。然而什么是"机制"？什么又是"运行机制"？下文将在总结前人研究的基础之上给出清晰的界定。

"机制"原指机器的构造和工作原理，向芸和孙明（2013）提出，"机制"是指一个系统内部各部分间相互关联、相互作用的具有规律性的运行和工作方式，它具有两面性，能对系统产生促进或抑制的作用，也就是我们通常所说的机制的好坏。在经济学中，机制是指在某一经济体内，各要素相互联系和相互作用的过程和方式。机制的存在具有重要意义，好的机制一方面可以调节组织内各部分之间的相互关系，使组织能够长期稳定的存在并充分发挥其应有作用，另一方面为组织提供了具体的运行方式，保证了组织运行的可控性和可预测性。

"运行机制"一词是在"机制"的基础上演化而来，主要指在人类社会有规律的运动过程中，影响运动中各要素的结构、功能和相互关系，以及这些因素在运动中产生影响和发挥作用的原理、过程和具体运行方式。在组织存续期间，运行机制作为组织高效运行的准则而存在，能够保证组织各要素之间关系的协调以及作用的充分发挥，有利于组织效率的提升，实现联盟持续高效的运作。

卢润德等（2005）对战略联盟的形式选择与盟约制定、决策机制、执行机制、协调机制、控制和风险防范机制、收益与分配机制六个方面进行了全面系统的阐述和研究，并给出战略决策联盟模型和相关建议。杨栩（2006）从系统的角度出发，对促进我国产学研合作的企业科技管理机制、高校科技管理机制进行分析。

赖馨正（2008）应用相关的模型与理论对产研学战略联盟的选择机制、信任机制、利益分配机制、知识转移机制等进行了详细分析。王雪原等（2008）对基于科技计划项目和科技园区两种政府引导下的产学研战略联盟的运行机制做了探讨。赵志泉（2009）对产业技术创新战略联盟运行的纽带选择、组织选择、内部协调与信任机制、成果分享和风险分担机制等进行了详细论述。

邬备民等(2010)从完善与优化联盟机制的角度,论述了产业技术创新战略联盟的政府引导、监督与绩效考核机制,信用关系和利益共享与分配机制,联盟信息、人员开放共享交流机制等五个机制。马永红等(2011)分析和界定了产业技术创新战略联盟运行机制的内涵,并基于战略联盟的发展阶段提出来联盟运行机制的构建思路,并对其内容进行了详细阐述。郭士俊(2012)认为,技术创新战略联盟的运行机制应该从联盟组建阶段、联盟发展阶段和联盟成熟阶段三个方面来构建,并提出八个共同机制共同作用,组建阶段采用选择机制和新人机制,发展阶段采用沟通机制、激励机制和资源共享机制,成熟阶段采用风险防范机制、利益分配机制和人才流动机制。

技术创新战略联盟的运行机制由多个部分组成,包括联盟成员选择与信任机制、联盟构建机制、联盟成员协调与沟通机制、联盟运行风险防范机制、利益分享机制和联盟绩效评价机制等,每一种机制作用的发挥与否都关系着联盟运行的稳定性以及战略目标能否顺利实现。因此,了解联盟运行机制的内涵并通过合理措施保证运行机制作用的充分发挥对于联盟各成员利益的实现有着极为重要的意义。

2.2 技术创新战略联盟构建的理论基础

2.2.1 国家创新体系理论

在知识技术快速发展的环境背景下,科学技术作为第一生产力,受到了各国的关注。各国纷纷集中精力构建国家创新体系,提升技术水平,以此来增强自身的国家竞争力。随着研究的增多,国家创新体系理论也逐步形成。

国外对国家创新体系研究的相关文献可以追溯至 20 世纪 80 年代,80 年代以弗里曼、伦德威尔、纳尔森和温特等为代表的一批学者相继对技术创新、政策环境的关系做了研究,并提出了国家创新体系的概念和理论。目前大多数学者认为是英国经济学家弗里曼在其著作《技术政策与经济绩效:日本的经验》(1987)中首先使用了"国家创新体系"这一概念。弗里曼把"国家创新体系"定义为:公共部门和私人部门中的机构网络,其活动及相互作用激发、引进、改变以及扩张新技术。同年,美国学者纳尔逊在其著作《理解作为进化过程的技术变革》(1987)中分析了美国国家创新体系,其研究的关注点是美国 R&D 体系,大学在该体系中的作用以及政府支持的 R&D 项目。自此,关于国家创新体系理论的研究逐渐成为许多国家的研究课题和制定政策的重要依据。

波特(1990)在《国家竞争优势》中提出"钻石模型",认为国家是企业最基本的竞争优势,国家和政府在市场机制失灵时扮演着重要角色,国家不但影响企业的决策,改变经济体制的性质,也是创造并延续生产与技术发展的核心,提升国家经济体系的国际地位。产业在国际竞争中具有竞争优势地位有四大因素:生产因素、需求条件、相关支援型产业及企业策略、企业结构和竞争程度,企业的成长除自身的战略和努力之外,还需要国家整体环境和政策的配合。丹麦学者本特-雅克·朗德沃尔在《国家创新体系：走向一种创新和交互学习的理论》一书中认为国家创新体系是一个国家内部的各种要素及要素相互关系的集合体，这些要素在有益的新知识的产生、扩散和使用中相互作用，从而促进国际技术创新和科技进步。Metcalfe(1995)从创新演化的角度分析了技术政策定制过程中最优政策制定者与适应性政策制定者的区别，并在此基础上分析了技术范式、技术体系，并将它们纳入国家创新体系中。Teubal(2002)认为创新以及科技政策是创新体系的组成部分，并从创新体系和动态演化的角度分析了创新及科技政策的实施如何引导企业行为，促进各要素及外部环境形成良性循环，推动创新体系的不断演化。Albert和Laberge(2004)也指出创新体系理论可以用来指导科技政策的制定，为科技政策和规划的制定提供分析框架，反过来科技政策和规划的实施又可以建立国家创新体系的基本框架，促进国家创新体系的不断完善，另一方面，新的科学规划的制定必须以创新理论体系作为指导，着眼于完善国家创新体系，进行系统布局和规划，最终形成动态良性循环格局。从此之后，人们不仅仅把创新的范围局限于某一种要素之上，而是更加关注各个要素的组合以及它们之间的相互关系和相互作用，创新研究从单个要素向要素体系进行转变。在1997年，国际经合组织把国家创新体系定义为"政府、企业、大学、研究机构和中介机构等为了共同的经济和社会目标，以启发、引进、改造和传播新的技术为其主要活动内容，通过相互作用而形成的一种机构网络。"在借鉴国外学者研究成果的基础上，国内学者对国家创新体系理论的研究开始于20世纪90年代中期。1998年中科院在《迎接知识经济时代，建设国家创新体系》中，界定出了国家创新体系的基本内涵：国家创新体系是一个社会网络系统，其主要由与知识创新和技术创新相关的组织机构构成，其包括的成员有企业(大型企业集团和高技术企业为主)、科研机构(包括国立科研机构和地方科研机构)和高等院校等；而从广义角度进行论述，其还应该包括政府部门、其他教育培训机构、中介组织和有支撑作用的基础性设施等。同时也指出，国家创新体系可分为四个系统：知识创新系统、技术创新系统、知识传播系统和知识应用系统。知识创新是企业技术创新的基础和源泉，技术创新是企业发展阶段的根本，知识传播为企业培养和输送人才，知识应用促使科学知识和技术知识转变成为现实的生产力，最终提高企业市场竞争力。十六届五中全会中指出"把增强自主创新能力作为科技发展的战略基点和产业结构调整、经济增长方式转变的中心环节"，坚持自主创新，努力建设创新型国家。2006年中共中央和国务院在《国家中长期科学和技术发展规划纲要(2006—2020)》中也明确提出，建设创新型国家、实现创新驱动发展作为一项战略性目标，形成完善的中国特色国家创新体系被列为其中主要内容之一。

从国家创新体系的理论发展我们可以看出，人们对创新的研究已经从最初的只关注技术创新转变为对技术创新、转移、扩散以及应用等多个方面。技术创新也不仅仅局限于微观的企业或者科研机构，而是更加强调宏观的不同创新主体之间的相互合作，这就为产业技术创新战略联盟的产生和发展提供了一定的理论基础。产业技术创新战略联盟作为一个由企业、高校、科研院所和中介机构等多种创新主体组成的创新集合体，无论在研究上还是地域上都更加广泛，对于国家技术发展也拥有更大的促进作用。产业技术创新联盟在一定意义上是以国家创新体系理论为基础，也是国家创新体系理论的成功实践。

2.2.2　交易成本理论

所谓交易成本，是指人们在处理社会关系中，由相互交往与合作、自愿达成交易所付出的成本。交易成本理论是新制度经济学的范畴，它是与一般的生产成本相对应的概念。交易成本理论最早是由英国学者科斯(1937)在《论企业的性质》一文中提出，并在另外一篇论文《社会成本问题》中对其做出了详细的解释。科斯认为，通过将生产所需自愿结合起来形成类似企业的组织能够减少在市场中通过转包获得某些生产资料的成本。并且他认为企业的边界取决于企业的管理费用与直接的市场交易费用的多少。当企业扩大到一定程度，造成企业组织过于庞杂，内部管理费用超过市场交易费用时，企业就会停止扩张，转而需求通过市场交易来完成部分资源配置。在科斯交易成本理论的基础上，威廉姆森在《治理机制》这本书中对这一定义做了进一步的阐述，并且首次将交易成本理论应用于战略联盟，认为有限理性的存在、参与者机会主义者以及资产专用性是产生交易成本的主要原因，交易成本包括企业间契约的建立和修订、谈判签约成本、违约处理成本等等。Dunning(1995)提出，战略联盟的形成对正常市场交易中的协调成本和买卖成本能够进行一定的削减。Hennart(1988)提出战略联盟比并购在获取专有性资产的时候，从经济角度而言更具有灵活性。由于有限理性的存在，产业技术创新战略联盟构建过程中，要建立一个对在各种情况下，完整表述成员权利和责任的契约更是难以实现。

交易成本的基本假设是市场与科层组织是完成市场交易活动的两种相互取代的治理机制。交易成本理论主要目的是通过考虑生产成本和交易成本，了解企业是自己制造还是考虑外购货物或劳务。Das(2000)提到企业的生产成本是来自于企业内部组织和管理生产的费用，企业的交易成本是指由市场交换活动而发生的费用。市场与企业的边界取决于在一定的组织结构下实施交易的相对成本，最有效的交易方式是实现生产和交易成本之和的最小。

自科斯提出交易成本理论思想后，阿罗、威廉姆斯、阿尔钦、巴泽尔等相继对交易成本理论进行了研究，在 20 世纪 90 年代，交易成本理论已成为西方经济学的重要学派之一。威廉姆森在研究中做了"人具有有限理性"和"人存在机会主义倾向"两大假设，在此基础上说明了契约的不完备性。然后，他把"资产专用性"、"交易频率"和"交易的不确定性"三个指标作为区分交易的主要标准，并且把契约分成了古典契约、新古典契约和关系型契约三种交易费用类别。此外，威廉姆森首次把交易费用理论应用到战略联盟的分析之中，他提出了中间边际组织状态理论，也就是说在传统的市场与企业两级组织间增加了一层协调组织，使得企业制度层次增加到三层。依据这一理论，协调组织能够降低企业的交易成本。在自由市场经济下，随着资产专用性的增强，市场交易成本大幅增加，这就促使企业加大内部技术研发力度。但是这种内部研究的增加又会导致企业管理费用的增加。介于市场和企业之间的协调组织既能够通过构建企业间稳定的合作关系降低外部交易费用，又可以降低企业单独研究造成的内部费用增加。威廉姆森所描述的中间协调组织的实质就是初期的产业技术创新战略联盟。它既可以降低企业引入技术的交易成本，也可以通过多个创新主体之间的合作减少单个企业研发的内部成本，对于降低企业的交易成本有着积极的影响。聂辉华(2003)认为，企业相比市场更节省交易成本是由于"组织黏性",也就是能够为企业成员间长期合作和重复博弈提供更强的激励。杨瑞龙(2002)提出,提高自身能力、发展核心竞争力是减少企业成本的关键。杨居正等(2009)认为,声誉和承诺对企业的顺利交易影响更大。尽管不同学者对于如何减少企业交易成本的影响因素上有着不同的观点,但是这些质疑并没有减弱交易成本理论对企业实践的指导意义和广泛应用。

2.2.3 资源基础理论

企业管理范畴中所谓的资源是指在一定的经济和技术条件下,能够被人们开发利用的一切物质、信息、能源、智力和知识的总称,资源是创造社会财富的源泉,也是企业竞争优势的基础所在。资源优势理论科学合理地诠释了企业获得市场竞争优势的根本源泉和动力。

资源基础理论萌芽于 20 世纪 40 年代,在 70 年代后期开始逐渐运用至不同组织间合作关系的研究中。沃纳菲尔特在"企业的资源基础论"一文中首次阐述了资源基础的论点,他认为资源是企业能够形成某种竞争优势或劣势的各种物质或东西的总和。在此之后,资源基础理论逐渐演变成了一个研究组织结构变迁的重要理论,也是 20 世纪 80 年代战略研究最重要的改变之一。资源基础理论把企业看做是资源的集合体,将资源特性与战略要素市场作为研究的集中点,并且以此为基础,来解释不同企业为何有多种表现形式、企业如何把握住可持续的竞争优势等问题。根据其研究,由于各种原因,企业拥有的资源各不相同,具有差异性,正是这种差异性决定了企业竞争力的强弱。当一个企业拥有价值、稀缺、不能模仿或者不可被替代的资源时,企业就可以获得持续的市场竞争优势。

Bamey(1991)在"企业资源与可持续竞争优势"一文中指出企业资源主要包括有形资产、信息、知识、能力等等,且企业能够保持一定的市场竞争优势的原因在于企业的异质性和不完全流动性资源,他对经济资源给出了四点特性:价值、稀缺性、不可模仿性和可持续性。Barney(1991)认为企业的资源包括企业能力,而 Grant(1991)则认为企业资源与企业能力是两个不同的概念。Rayport(1995)认为战略联盟是企业获取互补性资源的重要手段,是提升自身竞争力的途径。Grant(1996)提出,企业的市场竞争优势一方面来自企业拥有的和能够获取的知识和互补性资源,另一方面来自于企业通过整合和运用已有的内外部资源来创造价值的能力。Das(2000)在其理论构架上做了进一步研究,提出了战略联盟与资源基础理论的关系,他认为战略联盟的形成取决于资源特征,并结合行业实例得出,越是流动性、不可模仿性、可持续性方面差的企业,就越有可能也越有必要建立战略联盟。同时,他通过组织学习模型分析提出,当目标企业所拥有的资源并不完全符合收购的企业时,采用构建战略联盟的方式远优于兼并和收购,战略联盟允许企业只获取自身需求的资源,避开另一部分非需求的资源,从而增加了合作的整体价值,这也是将资源理论基础观运用于战略联盟的最新和最系统的研究,提出来总的基于资源的战略联盟理论。王燕平(2014)从资源基础理论的视角,得到能在产业创新技术战略联盟中流动的异质性资源主要包括:财务、技术、资金、管理经验和技术人员,若能将这些异质性资源在联盟内部流通起来,则有利于充分利用整个联盟的资源,减少重复投资,形成规模经济，也有利于创造出新的产品。

任何一个企业都不可能在市场中获得所有的优势资源，特别是针对已经固化在企业内部的稀缺资源。在这种情况下，企业若为了获得更多的优势资源，就必须采取与其他组织合作的方式，通过借助其他组织的资源优势来完成自己的战略目标。所以从本质上看，产业技术创新战略联盟就是各个成员为了获得互补性的优势资源而达成的一种合作协议。通过产业技术创新战略联盟，各个成员都可以从其他成员那里获得自己所缺的资源，特别是创新性资源，以此促进技术水平的提升。

2.2.4　组织学习理论

组织学习理论起源于 20 世纪 60 年代，但是直到 20 世纪 80 年代末才开始引起关注，自从 1990 年彼得·圣吉发表文章《第五项修炼－学习型组织的艺术与实务》后引发了人们的研究热潮。

所谓组织学习理论就是指一个组织为了获取核心知识以增强自身的竞争优势而以信息和知识为中心不断努力改变或重新构建自身，获得、传播和保持新知识以适应不断变化的环境的过程，这个过程也是一个创新的过程。早期的组织学习理论把企业作为一个独立的系统进行研究，认为组织学习行为主要集中于企业的内部，包括个人、团队和组织三个层次的学习。随着市场环境不确定性和变化速度的加快，一些企业内部知识发展和技术研发往往无法跟上外部市场环境的发展，学习组织理论遇到了发展困难。之后，日本学者野中郁次郎等从组织间学习角度对组织学习理论进行了更加深入的研究。他们认为通过组织间的相互学习可以帮助联盟成员更加充分地了解合作伙伴，能够克服因为组织差异造成的合作上的障碍。同时，企业可以通过相互学习来获取更多的新知识资源，从而能够更加快速地适应市场变化。因此，通过跨国公司、建立战略联盟等形式进行组织间学习越来越受人们的关注，也为组织间学习提供了一个更加有利的环境。

作为一种联合创新组织形式，产业技术创新战略联盟有助于其成员之间相互学习、获取盟友掌握的各类知识和能力。企业通过组建产业技术创新战略联盟，可以创造出一个有利于知识分享和传播的宽松环境。通过联盟成员之间的共性技术研发、人员交流、共用技术分享等，可以使每一个联盟成员获取到其他成员拥有的知识，从而能够达到知识互补，增强企业对市场环境的快速适应能力和自身的核心竞争力的目的。尤其是对于一些复杂和正在进行扩张的产业，通过学习型组织发展而成的产业技术创新战略联盟对于产业共用技术的创新和新产品的研发有着重要的推动作用。

2.2.5　博弈理论

博弈论又称对策论，是专门研究理性个体间相互冲突和合作的学科，其基本出发点是具有个体理性的经济人追求自身利益的行为，通常用与研究多个团体在某种约定制约的条件下决策问题的理论。博弈论又可以分为合作博弈理论和非合作博弈理论，两者之间主要区别在于博弈各方最终是否通过谈判和协商达成一个具有约束性的协议，在联盟合作过程中往往既存在合作博弈过程，也存在非合作博弈过程。博弈论最早在 1944 年冯. 诺伊曼和摩根斯顿的《博弈论和经济行为》中提出，之后在 50 年代纳什的非合作博弈论论文发表后得到飞速发展，其本身是数学学科的某个分支，但博弈论作为一种研究方法，近年来在经济学、管理学等其他学科也得到广泛的应用。

博弈论为研究战略联盟成员间的相互作用提供了基础，国内外学者的研究大多是将博弈论应用联系到联盟的稳定性方面。Parkhe(1993)认为大多数联盟失败的原因是因徒困境的激励结构本质所决定的，而不是管理者的决策失误，联盟成员都知道当别人选择合作而自己选择不合作时，就可以获取更多的收益，由于这种机会主义行为欺骗其他合作伙伴，不仅导致联盟整体效率下降，更是联盟难以维持稳定的原因之一。Zajac 和 OLsen 进一步指出，如果分配模式没有鼓励基于长期的相互信任基础上的共同合作，最后的结果一定是联盟的解散。Gulati 从博弈论角度提出解决办法，认为通过重新设计联盟决策制定的方式，可以避免联盟的囚徒困境。简兆权(1998)用"非零和"博弈理论分析战略联盟的潜在驱动理论和形成动机，认为博弈论为联盟形成的后期管理提供了理论支持，应被广泛应用于企业之间的合作分析中。单泪源等(2000)依据利益分配结构分析了四种博弈模型对联盟稳定性的影响，并将研究对象从两个扩展到多个成员，扩大了对博弈论研究的范围。罗必良(2004)运用博弈论分析了信任和合作机制的形成过程及对联盟稳定性的影响。魏玮(2006)从博弈论的角度分析得出战略联盟稳定的关键是联盟内部成员之间的支付结构和各成员对未来的预期，并提出应通过建立有效的信用约束机制来维持联盟的稳定性。桂萍等(2007)对联盟成员之间行为的可选择性和不确定性因素进行博弈分析发展，其中可选择性是基础，不确定性是扩展，并由建立的企业战略联盟稳定性的正四面体模型说明两者间的关系。

2.3　技术创新战略联盟运行机制

2.3.1　构建机制

技术创新战略联盟作为产学研深化合作的创新组织，具有整合和优化资源配置、利益共享、风险共担等特点，对于降低创新成本、提升创新效率具有十分重要的作用。组织构建作为联盟运行的初始阶段对于后续各阶段的运行都有着重要的影响，因此，如何构建运行效率较高并且满足联盟成员诉求的技术创新战略联盟是联盟构建过程中的首要问题。

与其他组织形式相比，技术创新战略联盟这一联合创新组织形式具有显著优势，很多学者对联盟构建的动力因素进行了研究。如乔纳森以资源基础等不同理论的研究为基础，从七个方面阐述了不同理论视角下联盟构建的动力因素，并且阐释了技术创新战略联盟这一组织形式所存在的原因与可能性。陈培樗、屠梅曾(2007)把促使产业技术创新战略联盟构建的动力机制分为内部动力机制和外部动力机制。影响内部动力机制的也就是指存在于联盟系统内部的各个创新主体对组织合作所产生的内在驱动力。外部动力机制是指存在于联盟之外，并且能够对联盟的构建起促进作用的因素。影响内部动力机制的因素有三个：一是联盟成员的自我发展需要；二是利益因素激励；三是外部动力机制。影响外部动力机制的因素也有三点：一是市场需求拉动；二是技术发展推动；三是政策因素驱动。隋波等人认为促成联盟组建的动力包括以下几方面：一是适应市场竞争环境变化的需要；二是优化技术资源配置的需要；三是提高投资回报率的需要；四是降低技术创新投资风险的需要。

在构建技术创新战略联盟过程中，存在着企业、高校和科研机构三方信息严重不对称以及联盟前景不确定的问题，这就要求存在一个能够为联盟构建牵线、协调、监督管理的中介机构，能够完全具备这些功能的机构非政府莫属。所建国（2009）把中央政府的政策、态度和引导等因素作为技术创新战略联盟运行成败的关键因素。朱丽颖（2010）认为由于市场作用的发挥需要一个相对较长的时间，因此，政府政策作为另外一种影响企业创新行为的外部机制应该发挥应有的作用。刘和东（2008）认为政府在技术创新战略联盟的构建过程中应该发挥政策引导、资金支持和管理协调功能，此外，还要建立信息交流、中介服务和融资平台，并且对联盟的运行进行依法监督和管理。技术创新战略联盟作为企业、高校和科研院所合作创新的一种创新组织形式，更多的是由市场机制在推动，这就要求政府在联盟构建过程中要分清哪些状况需要干预、哪些不能干预，如对于一些不符合各成员利益的情况政府不能搞行政干预，不能搞"拉配郎"，只有各个成员都有联合创新的需求和意愿才能保证联盟的稳定运行。

为了保证联盟后续运行过程的稳定，联盟在构建时需要遵循一定的原则，如契约原则、需求原则、引导原则以及信任原则等，之后还要按照一定的程序对联盟构建中所需注意的状况进行解决。Bronder（1992）把联盟的构建过程分为战略决策、合作伙伴价值评估、合作伙伴选择以及合作伙伴管理与控制实施四个阶段。Osland（1993）也把联盟的构建过程分为四个阶段，即战略目标制定、伙伴选择、实务和联盟运行。罗娜（2008）则把构建过程分为发现机遇和机遇分析阶段、联盟成员的选择阶段、组织设计阶段以及联盟运行阶段。联盟构建过程理论研究较为成熟，各位学者对构建步骤的观点也是大同小异。

综上所述，产业技术创新战略联盟的成员都是在特定时期，为了达成特定的目的而构建联盟。对企业来说，就是在降低成本和投资风险的前提下继续保持技术优势；对高校和科研院所来说，可以促进自身科研成果的转化和人才的培养。这些动机促成了联盟的产生和发展。同时，政府为促进国家整体技术进步而实施的政策优惠和引导也是促进产业技术创新战略联盟发展的重要动力。

2.3.2　合作伙伴选择机制

俗话说"人心齐，泰山移"，技术创新战略联盟作为多个主体共同构成的组织也适用于这句话，其构建过程和运行过程是否顺利、高效，在一定程度上依赖于联盟中每个成员的共同努力，而在构建过程中联盟合作伙伴选择的是否恰当对于联盟能否心齐有着极为重要的影响。由此可见，在联盟构建和运行过程中如何发挥合作伙伴选择机制的作用关系着联盟后续发展是否顺利以及联盟战略目标的实现程度。

研究发现，国内外很多技术创新战略联盟失败是由于合作伙伴选择不当造成的。伙伴选择不当主要表现在战略目标不一致、资源匹配性不强、市场相似度过高、文化差异性较大等，如何通过选择恰当的合作伙伴以避免上述问题的发生是联盟成员在合作之前需要考虑的问题。Saxton 等学者认为成员相互之间的利益依赖程度、参与成本和信任程度是影响伙伴选择的三大因素。Limmerick(1993)认为联盟成员的选择要在技术的兼容性、贡献的对称性、价值的兼容性以及管理风格和决策系统的互补性等多方面保持协调。以 Mary Johnson 为代表的关系理论，从现有合作关系持续时间、相互联系的频率、联系渠道的多寡、联系的对称性以及企业共享知识程度五个维度来衡量合作伙伴选择的适应性。Sierra(1995)提出了"3C"原则，即从能力(capability)、兼容性(compatibility)和承诺(commitment)等三方面，对技术创新战略联盟合作伙伴进行选择，该思想要求企业在选择合作伙伴时要考虑潜在合作伙伴与自身经营战略等是否保持一致、具备的能力能否弥补本企业的薄弱环节以及能否勇于承担相互之间的责任和义务等。Lei 等(1997)则认为联盟合作伙伴之间必须存在战略协同和文化配合关系，这两者都是保证联盟能够长期稳定存续的关键因素。埃德·瑞格斯比(2003)认为联盟伙伴必须具备 10 种素质，即合作者希望取胜、积极听众、努力、了解和关系联盟的推动力、灵活善变、相应反馈信息并采取行动、寻求双赢安排、值得信赖、默契以及相互依赖。

我国学者也在联盟伙伴选择的原则以及筛选方法等方面进行了研究。袁磊(2001)认为传统合作伙伴选择方法存在缺陷，如只考虑伙伴之间的战略适应性而忽视其他问题等。他提出了新的合作伙伴筛选评价指标，并分为衡量潜在伙伴个体的硬指标和衡量伙伴之间关系的软指标两种。吴正刚(2004)提出运用企业能力来对潜在合作伙伴进行筛选的方法，并建立了相关的企业能力测评体系。文小奇(2008)把"3C"原则进行了扩展，形成了"5C"原则，即企业能力、兼容性、企业投入、互补性(complementary)、企业信誉(credit)，形成了更为全面的合作伙伴筛选原则。郭焱、刘月荣、郭彬(2014)把联盟伙伴选择的标准归结为三个方面：战略匹配、资源匹配和能力匹配，并指出了伙伴选择对联盟绩效的重要影响。

在技术创新战略联盟合作伙伴选择基本原则确定之后就需要对潜在合作伙伴进行筛选，孙东川(2001)把伙伴选择过程分成两个部分：一是对预选合作伙伴的核心能力和优势进行识别；二是对预选合作伙伴的过去绩效进行评价。陈菊红、汪兴洛、孙红岩(2001)把伙伴选择过程分为三个阶段：一是快速剔除不合格预选伙伴的过滤阶段；二是对剩余各候选伙伴经营实力和竞争能力综合比较的筛选阶段；三是确定合作伙伴的组合阶段。马士华、林勇(2010)提出合伙伙伴选择的七个步骤，即市场环境分析、合作目标确立、合作标准选择、评价小组组建、合作伙伴参与、合作伙伴评估与实施合作。

从上述技术创新战略联盟合作伙伴选择机制研究可以看出，很多学者将合作伙伴之间的战略目标一致性、资源互补性、文化融合度作为主要的筛选标准，这种观点的提出与联盟组建的动机——通过各方资源和优势的互补提升技术创新效率有关。战略联盟的目标影响着伙伴的选择，而伙伴的选择又是关系着联盟目标能否顺利实现的重要因素。此外，在合作伙伴选择的过程中有一定的程序可以遵循，这些程序的制定在一定程度上规范了伙伴选择的步骤，避免了选择的主观性和随意性，具有很强的实用性。若要充分发挥技术创新战略联盟伙伴选择机制的作用，应对企业自身战略目标及优缺点、联盟战略目标和潜在伙伴的能力和不足等方面进行深思熟虑。现有研究中对于筛选标准的界定普遍较为笼统和模糊，如文化的融合性、资源的匹配性等，很少有具体和可操作的评价指标，如是否可以用人力资本结构和知识结构作为资源互补性的评价标准等。因此，完善伙伴选择的程序以及明确潜在伙伴选择的评价指标需要做进一步的研究。

2.3.3　信任机制

技术创新战略联盟作为一种由多个企业、高校和科研机构组成的松散的联合体，本身是一个极其复杂的系统。联盟运行过程中需要各个成员通力合作，而要做到这一点不能仅仅依靠合同和契约，还要建立起联盟成员之间的信任关系。技术创新战略联盟中的信任关系是指联盟成员在具有风险的环境下对于合作伙伴的积极性预期，是联盟成员之间的一种非正式契约。联盟成员之间的信任关系具有降低交易费用、诱导可取行为、减少正式契约的复杂性以及避免联盟成员冲突等作用，这有助于联盟的可持续运行。

信任是一个多维度的概念，学者们根据不同标准把信任分为多种类型。Barney(1994)把公司间的信任分为弱式、半强式和强式三种；McAllister(1995)把信任分为基于认知的信任和基于影响的信任；Sheppard(1996)把信任分为基于知识的、基于威慑的和基于鉴别的三种类型；Ring(1996)把信任分为基于善意感知的弹性信任和基于计算的脆弱信任。上述学者对信任概念的分类标准各有千秋，为我们更好的认识信任的概念和内涵提供了借鉴。

上文我们提到，信任机制对于技术创新战略联盟的顺利运行有着重要作用，因此，如何构建联盟成员间良好的信任关系是联盟信任机制研究的核心部分。在介绍信任机制构建之前要明确联盟信任关系的影响因素。Luo(2002)认为联盟寿命、市场不确定性、文化差距、互惠承诺和相关风险是联盟信任关系建立的决定性要素。Inkpen(1998)认为联盟经验、人际关系、合作习惯、伙伴能力和组织互适性能够显著影响联盟信任关系。李坚(2005)研究发现成员企业的信任度表现为对联盟体风险的承担以及投入的多少上。Kim(2008)通过研究发现联盟管理结构、产出控制、社会控制和行为控制等因素能够显著增进成员之间的信任、缓和冲突。李永峰(2008)从能力、仁爱和诚信三个维度研究了联盟成员之间的信任关系，并通过研究发现沟通、企业声誉、关系专用性资产、共享价值观、力量对比和管理控制机制等均能够促进联盟成员之间的信任关系，而机会主义则会显著降低成员之间的信任程度。殷群(2013)则将联盟信任关系的影响因素归结为三类，即利益分配的公平度、法律的监管力度以及社会评价。当然对联盟信任关系影响因素的研究成果还很多，这里不一一列举。从上述各位学者的研究来看，联盟信任机制能否发挥作用以及发挥作用的大小受到很多因素的影响。因此，如何构建合理的联盟信任机制以充分发挥积极因素的作用、减少甚至避免消极因素的作用是联盟信任机制研究的关键。

在提升联盟成员之间的信任程度以及降低成员自身由于信任问题带来的损失方面，姜成峰(2008)提出从提升本企业信誉度、选择可信的合作伙伴以及建立风险防范机制三个方面建立联盟信用保障机制。文秀英(2008)认为构建联盟信任机制要从四个方面开展：一是建立甄别和承诺机制；二是建立公平的利益分配机制；三是建立畅通的沟通协调机制；四是建立信任保障机制。柳朝(2011)提出从确立统一的战略目标、选择优秀的联盟伙伴、培养统一的联盟文化和选择恰当的信任水平四个方面来提升联盟信任关系以及避免本企业遭受信任风险。殷群、王世庆(2013)运用博弈论方法对联盟信任机制研究发现，政府对于联盟成员信任关系的建立有着重要的促进作用，并提出在政府层面加强监督和协调、积极发展社会信用评价机构以及制定和完善法律法规体系的建议。戴忠义(2010)对产学研联盟信任机制的建立和改进策略进行了系统论述，一是要培养统一的联盟文化，树立信任意识，避免产生由于文化差异造成的隔阂；二是从法律层面建立信任保障机制，增加违信成本，约束成员行为；三是发挥政府在联盟中的协调作用；四是完善联盟内部信任机制建设，发挥联盟自身的协调和疏通功能；五是建立健全社会信用评价机制，建立各个成员的信用档案。

技术创新战略联盟信任机制的建立和运行受到很多因素的影响，政策法规等外部因素能够显著的促进联盟成员之间的信任关系，然而外部关系的介入也在一定程度上扰乱了联盟自身机制的运行。因此，完善信任机制、提升成员信任度更多还有赖于联盟自身的努力。

2.3.4　学习机制

技术创新战略联盟作为一个由多个不同性质的个体组合而成的联合体，其运行过程在很大程度上就是联盟成员之间的相互学习过程。联盟成员之间的学习其实就是对联盟管理诀窍咬合、共享、汇编以及内部化的过程。成员从联盟中获得收益不会自然发生，而是需要成员通过学习把其他成员以及联盟自身拥有的知识和技术进行整合进而转化为自身的竞争力。此外，联盟成员之间学习状况也关乎着联盟的成败。成功的联盟应该通过持续的互相学习、评估、调整实现联盟整体的演化与发展，而失败的联盟往往缺乏相互学习的动力和行为。

技术创新战略联盟成员的学习是一种组织间的学习，有别于个人学习。Shrivastava(1983)在总结前人研究的基础上提出了"组织学习系统"的概念，并把系统分为个体导向的设计系统、个体导向的进化系统、组织导向的设计系统和组织导向的进化系统四种类型。Huber(1991)在Shrivastava研究的基础上提出组织学习系统应该由四部分组成，即信息的获取、信息的散布、信息的解释以及组织的记忆。Doz(1996)把联盟中学习分为技巧学习、过程学习、任务学习、环境学习和目标学习五个方面。至此，组织学习系统已经初具雏形。

联盟成员之间的学习对联盟发展有着重要作用，而明确学习效果的影响因素则是提升学习效果的前提条件。Levinson(1995)认为主要影响因素有四个，即文化、技术、结构和接收能力。Inkpen(1998)则认为会对联盟成员的学习效果产生重要影响的因素包括联盟知识可得性、学习连接以及知识获得有效性。约翰·蔡尔德(2001)则把影响因素分为联盟企业的学习能力和合作者的学习意图两种。在我国学者的研究中，葛京(2004)指出学习意图、学习可能性以及学习能力会对联盟成员的学习效果产生显著影响。张成考(2006)通过研究虚拟企业组织间学习效果提出，组织间的信任程度、合作伙伴知识属性、学习意图、组织学习能力四个因素对联盟成员学习效果影响较大。

技术创新战略联盟的成员加入联盟的目的在很大程度上是为了通过对合作伙伴和联盟存有知识的学习，提升自身知识储量和技术水平，因此，联盟成员学习效果显著与否就成为联盟运行过程的关键节点。总结前人研究，主要有五条措施：一是加强成员之间的沟通和交流,提升成员之间的信任水平;二是制定以学习为导向的人力资源管理策略;三是设计以组织学习为导向的激励系统和绩效评价体系;四是强化联盟界面管理,为成员互相学习提供平台;五是选择适合的知识转移通道。

2.3.5 协调机制

技术创新战略联盟作为一个多主体合作形成的组织,在联盟内个主体利益不能够完全一致时,冲突和失衡会不可避免的发生。技术创新战略联盟构建的目的在于成员之间更有效的进行合作,一旦冲突和失衡现象发生,联盟既定的战略目标将无法实现。此外,联盟成员之间的和谐共处能够促进联盟效率的提升,效率的提升又会进一步增强成员之间的融洽程度,而一旦成员之间冲突和失衡发生,一个与前者完全相反的恶性循环就会产生,严重时甚至会导致联盟的解体。冲突产生的原因主要有六个:一是由于成本、利益和风险分摊不均造成的冲突;二是由于价值观、企业管理方式以及文化差异等产生的冲突;三是由于相互毁约造成的冲突;四是合作协议签订后发现分配不合理产生的冲突;五是由于信息沟通不畅产生的冲突;六是政治、经济等外部大环境变化造成的冲突。

联盟成员之间一旦产生冲突,必须尽快地控制和化解,这就需要联盟的协调机制发挥作用。吴殿达(2007)认为战略联盟的协调机制主要表现在三个方面:在宏观方面,能够使得联盟成员保持战略协同;中观方面,能够使联盟成员利益分配保持协调;微观方面,能够促进联盟成员业务合作的顺利进行。此外,他根据上述观点将联盟协调深度分为战略协调层、利益协调层和业务协调层三个层次。联盟协调机制在运行过程中需要遵循一定的原则才能充分发挥作用。孙肖楠、钟书华(2001)认为协调过程中应该遵循五条原则,即统筹系统化、取向效益化、行为规范化、精神活力话和应变动态化。联盟成员之间的冲突需要通过一定的协调途径解决,吕欧(2013)提出了三种解决途径,即在冲突可以通过联盟自身机制化解的情况下可以通过冲突成员之间协商和联盟内部其他成员协调解决,一旦联盟内部无法解决,则需要通过司法部门介入解决。

技术创新战略联盟的协调机制是联盟运行的“润滑油”,协调机制的不健全或者缺失必然会导致联盟成员之间的摩擦加剧,从而造成联盟的不稳定甚至解体。现有联盟协调机制的专门研究成果较少,还难以给联盟协调机制的建立和完善提供丰富的理论借鉴。因此,如何建立健全技术创新战略联盟的协调机制是学者们下一步研究的重点。

2.3.6 风险防范机制

技术创新战略联盟是一个复杂多变的联合组织,存在着联盟主体的多重性、联盟成员的多元性以及外部经济环境的多变性等诸多不确定性因素,这就导致联盟在运行过程中存在着多种风险的威胁。冯晓青(2011)指出,要根据各成员在知识产权方面的贡献进行风险负担和利益分配,保护核心技术,做好风险防范。李建花(2012)从资源整合与优化配置机制、利益协调与风险控制机制、法律约束和监督考核机制、沟通交流与信任机制进行分析,提出联盟运行机制的建议。Parkhe(1993)指出机会主义行为的存在给联盟带来了很大的道德风险,整个联盟很容易因为成员的利己动机而陷入“囚徒困境”。

Robert 认为在联盟运行过程中，如果技术交流知识局限于联盟内部，而与联盟之外的企业缺少技术交流，容易导致联盟技术落后或不符合市场需求，形成技术风险。

可以看出，之前的学者对于技术创新战略联盟的风险防范机制进行了一定的探讨。技术创新战略联盟风险是指由于联盟内外部环境的复杂性和不确定性而形成的联盟成员利益发生损失的可能性。联盟风险对联盟整体和联盟成员都有着很大威胁，如影响企业控制权、影响企业独立性、导致重要知识外泄、联盟成本增加以及联盟战略目标无法达成等。联盟风险可以根据不同标准分为不同类型，Das 和 Teng（2001）把联盟风险分为涉及伙伴间关系的关系风险和涉及未来市场和运营环境等状况的绩效风险；Kinney（2000）认为联盟风险包括商业过程风险和信息风险，商业过程风险是由于成员间的过分依赖和利润分配不公平引起的，信息风险是由于合作过程中每个成员的贡献和努力很难测量导致的；刘珍（2009）认为联盟运行中主要包含市场风险、技术风险、合作风险三种风险；张少杰（2008）把知识联盟风险分为特定风险和共性风险两类；李挚（2010）将技术创新战略联盟风险细分为管理风险、技术风险、资金风险、文化风险、利益风险、道德风险、心里风险和市场风险 8 种，并且认为各种风险之间存在着相互联系；袁萍（2010）认为技术创新联盟存在的主要风险是企业组织风险、信息沟通风险、技术协作风险、道德风险和知识产权风险；林菊洁等（2011）根据联盟的生命周期，将联盟风险分成设想计划期、联盟组建期和平稳运营期的不同周期。

风险识别是风险管理和防范的基础环节，对于风险识别手段和方法，国内外学者也进行了相关研究并有一定的成果。Bae（2000）根据硅谷地区高新技术企业的实地研究得出企业在不同的发展阶段都会面临着不同的风险，从公司成立初期到过渡期的风险会增加，因此认为风险识别是一个长期连续的过程。金芬（2006）认为要更好的识别风险就需要有适当的方法，并提出四种主要的风险识别方法：财务报表分析法、SWOT 分析法、德尔菲法和头脑风暴法。对于风险识别的过程，孟林等（2007）认为风险识别有四步：梳理业务范围、建立风险数据库、对风险数据库风险评估和设定风险控制点。

技术创新战略联盟风险的存在对于联盟的稳定以及战略目标的实现是一个威胁，这就要求联盟在运行过程中强化在风险识别和风险防范方面的措施。桂萍（2008）从联盟目标、资源、结构和行为四个方面对企业研发联盟的风险进行了分析和识别，并提出了 O－RSP 风险源理论。桂黄宝（2007）分析了合作技术创新内部合作系统风险、知识产权风险和相互竞争风险的影响因素，并就这三种风险的识别进行了研究。索玮岚、樊治平、冯博（2008）在借鉴 DEMATEL 报告思想的基础上，通过整理已有文献和发放调查问卷等构建了合作研发风险因素体系，并提出了一种考虑风险因素相互的影响的风险识别方法。戴斌、屈锡华、李宏伟（2012）提出了产业技术创新战略风险的灰色模糊综合评价模型并进行了实证研究，为联盟风险提供了新的计量评价方法。

联盟过程中存在的风险对于联盟的顺利运行产生了负面作用，因此，充分发挥风险防范机制，强化防范措施具有极其重要的作用。应该从以下五点强化对联盟风险的识别和控制：一是有效规避联盟组建初期合作联盟伙伴的选择风险；二是防控联盟内部的信任风险；三是协调联盟的利益分配；四是强化联盟的责任约束机制；五是加强对经济和政治环境等联盟外部环境的监控和预警。

2.3.7　利益分享机制

企业、高校和科研院所组建技术创新战略联盟必然有其利益的驱动，而利益分享正是联盟成员实现其战略目的的时候。因此，科学合理的利益分配是联盟正常运转以及高速发展的前提，也是联盟成员之间实现资源互补和利益共享的重要保障。目前我国技术创新战略联盟利益分享机制还不完善，利益分配比例和分配方式缺乏科学依据，急需构建科学的利益分享机制。

联盟利益分配受很多因素影响，如投入额度、贡献水平、风险程度和谈判能力等，根据哪一项或哪几项标准进行分配是利益分享研究中的重点。此外，要明确利益分享的目的及作用，需要在运作过程中遵循必要的原则。任玉菲（2012）提出了联盟利益分配的一般性原则和应用性原则，其中一般性原则包括平等原则、互惠互利原则、公平兼顾效率原则、利益分配结构最优原则等；应用性原则包括个体理性和集体理性一致原则、投入贡献一致原则、风险分担原则以及满意度决策原则等。

利益分享的核心就是如何制定分配标准以及执行方法的问题。Lemaire（1991）提出通过合作博弈模型来分析联盟利益分配问题，并就联盟利益分配的标准以及方式等进行了研究。Flam（2003）通过研究联盟成本可传递的博弈行为，提出以成本最小化为利益分配的标准。Canakoğlu（2007）提出了根据技术投资比例来确定联盟成员利益分享的分配模式。邢乐斌（2010）把联盟利益分配视为一个多人协商的过程，并且建立了引入风险调节系数的多人利益分配模型。张磊生（2013）提出，产业技术创新战略联盟的利益分配受到多种因素的影响，并将联盟利益分为有形利益和无形利益两类，针对两种类型的利益提出了两种利益分配模式。有形利益的分配应考虑到联盟内部各成员的贡献程度、成本承担、风险承担，也就是成员贡献越大，成本承担和风险承担越大，所分配的利益也就应该越多；无形利益的分配主要取决于成员的谈判能力，即成员谈判能力越强，所分配的无形利益越多，并且提出，根据当前技术创新战略联盟的发展趋势，无形资产投入在利益分配中所占的比例越来越大。李新运（2013）利用博弈分析构建了固定支付和利益提成的混合制利益分享模式，并提出给予研发效率高和风险承受能力强的成员更大的分享比例。固定支付可以保持联盟的稳定运行，而利益提成又可以激励联盟成员提升研发效率，两者的结合真正实现了促进联盟稳定、高效的目的。杨鹏洁（2013）运用 Shapely 值和 Nash 均衡构建了利益分配博弈模型，并且指出只有在利益分配时引入激励机制才能使联盟成员的努力水平和联盟整体收益达到帕累托最优。王积田（2013）在分析投入、贡献、风险等单一标准下利益分配模式的基础之上提出了一种基于 TOPSIS 思路的综合利益协商模型，解决了联盟成员承担风险和投入等与所得利益不符的问题。上述研究代表了现有技术创新战略联盟利益分享方法上的研究成果，为联盟利益分享方法和标准提供了理论借鉴。

由于一些人为因素和主观因素的存在，利益分享机制的顺利运行仅仅依靠其本身是不够的，还需要一定的制度安排和监督机制。阮捷（2004）提出要从制度层面、组织层面和成员关系层面构建包括各成员贡献评价、风险评价、利益协商等问题的具体制度，并在利益分配时严格执行。胡梅、刘安松（2009）提出在联盟成员进行测评时引入第三方机构，并把测评结果作为利益分享的参考标准，同时要加强联盟内部的互相监督。上述监督制度涵盖了利益分享的前、中、后三个阶段，在一定程度上能够避免联盟利益分享过程中的不和谐因素，保证了联盟的稳定运行。

2.3.8　绩效评价机制

产业技术创新战略联盟作为一种以产业技术创新为主要任务的组织，具有很强的目的性。企业、高校和科研机构等联盟成员因为协同创新而互相联合，自然要特别关注联盟的发展状况和未来发展趋势。因此，如何衡量产业创新战略联盟的运行效果自然有其研究必要。

所谓联盟绩效是联盟成员预期战略目标的实现程度。绩效评价是指联盟成员计划目标的实现程度以及对影响计划和目标实现因素信息的获取和分析。联盟绩效受到很多因素的影响，如 Santoro(2000)认为联盟的结构性特征以及投入结构对联盟的绩效有显著影响，Harrigan(1988)经过研究发现联盟成员相似度和业务水平的相关度均能够影响联盟的稳定性和合作绩效，Luo(1997)经过研究指出联盟成员市场占有能力、跨国经验、产品关联度等能够显著影响联盟绩效。此外，常荔、李顺才(2002)认为联盟成员之间友好、信任、承诺独有的关系资源对于降低联盟的运行成本和提高联盟绩效有着积极影响；赫晓峰、李刚(2004)研究了合作方联盟类型、资源互补性、投入资源组合和联盟成员之间的信任程度四个因素对联盟绩效的影响；曹静(2010)把联盟绩效影响因素分为四个层次，即创新行为主体、技术环境、政策法律和市场环境，并对每次层次进行了详细研究。从上述学者的研究情况来看，大部分只是针对影响联盟绩效的一个或几个指标进行分析论证，并没有考虑到影响产业技术创新战略联盟绩效的因素繁多而复杂，并且影响因素内部也存在不同程度的相互影响。只是简单地、静态地分析联盟绩效的影响因素虽然能够在一定程度上说明所论述因素的影响程度、作用机制等，但是不能够全面地进行分析。之后，很多学者通过构建影响产业技术创新战略联盟绩效评价的指标体系更加全面、动态地对联盟绩效评价进行分析。

学者们对技术创新战略联盟的绩效评价主要分为两类：一类是用联盟最终产出来作为衡量指标，如金芙蓉(2009)、范德成(2009)基于投入－产出原理构建了产学研联盟的绩效评价指标体系，主要衡量的是联盟的最终产出。潘东华、孙晨(2013)分析构建了联盟绩效评价的三层指标体系，其中包括科技水平提升、产业竞争力提升、新专利数量、新技术标准数量等指标。这种单纯把产出与投入相比较的评价体系在一定程度上能够代表联盟的成就，但是由于评价过程中没有涉及联盟运行过程效率，所以存在一定的片面性，有待进一步改进。

另一类是对联盟运行机制和最终产出进行综合评价，如陈甲华、邹树梁等(2005)对战略联盟的协同效应评价进行了评价，构建出战略联盟绩效评价的指标体系，该指标体系包括采购协同、基础设施协同、技术协同、生产协同和市场协同等五个一级指标和若干二级指标。王晓辉、余佳群(2008)对技术联盟绩效评价体系进行了构建和分析，该体系包括投入指标和产出指标两个一级指标、生产能力和利润能力等七个二级指标、人力资本结构和生产成本等二十七个三级指标。通过层层指标分解和度量，较为全面地对联盟绩效情况进行了分析。以上几位学者对产业技术联盟绩效评价的研究相对来说更加全面。通过不同的理论视角和多学科方法的借鉴与融合也使得联盟绩效的评价方法更加丰富。这些理论的发展使得联盟绩效的评价从个别因素对联盟绩效影响的分析扩展到对联盟绩效的整体进行评价，不管在理论研究还是实践方面都是一大进步。

联盟运行绩效的评价需要一定的方法，如因子分析法、模糊综合评价法等，每种方法都有其优缺点，各位学者在研究过程中根据研究思路不同对方法的选择也有差异。柴珺芳(2013)、樊菁霞(2013)在联盟绩效评价中运行了模糊综合评价方法，这一方法能够根据不同的可能性得出多个层次的问题解，克服了传统数学中"唯一解"的问题，并且能够较为全面地处理定性指标和定量指标，然而也存在着指标信息重复的问题和主观性较强的问题。范德成，唐小旭(2009)运用因子分析法评价了我国各省市产学研结合技术创新绩效，这种方法能够运用计算机软件处理多指标评价问题，较为全面客观，然而也存在着对分析数据准确度要求较高以及对于一些难以量化的定性指标无法综合考虑的问题。曲波、田传浩(2005)把企业战略管理中的平衡计分卡引入战略联盟绩效评价之中，通过对联盟财务、客户、内部经营、学习和成长、成员关系质量等五个一级指标和细分指标组成的指标体系进行分析，较为全面系统地对联盟绩效进行了评价，这一方法完善了传统方法仅以财务指标作为评价绩效指标的缺陷，使联盟可以将自身的战略目标进行层层分解，然后通过联盟成员的分工明确各自的战略目标和评价指标，可以确保联盟整体战略目标更加顺利地完成。因此，这一评价体系不仅可以进行事后联盟整体绩效评价，也可以做到事前分析的作用，是对技术联盟绩效评价体系的一个创新。

联盟绩效评价一方面是为了对上一阶段联盟运行情况的总结，另一方面则是为了找出联盟存在的问题，以便下一阶段通过采取相应措施保证联盟更加高效地运行。本项目基于不同联盟主体效用的联盟绩效评价是一种对联盟运行全过程的评价，在评价思想和评价方法上具有一定的创新。联盟绩效评价体系研究具有十分重要的理论意义和现实意义，对于产业技术创新战略联盟的发展具有很大的促进作用。

2.4　技术创新战略联盟运行模式

技术创新战略联盟发展到今天，其数量和规模都有了很大提升。数量众多的联盟在运行过程中纷纷通过创新运行模式类型来增强自身的竞争力和运行效率，这就造成了联盟在发展过程中形成了不同类别的运行模式。

在国外较为典型的是美国模式、德国模式和日本模式三种，下面对这三种模式以及中国模式进行详细介绍。

1. 美国模式

1945 年布什发表了《科学——无止境的领域》的报告，明确了美国政府在科学领域的责任。20 世纪 70 年代中期，美国产业技术战略联盟初次得到发展，到 20 世纪 80 年代，美国将研究联合体模式与其工业特色相结合，组建了以企业为主导的现代产业技术创新战略联盟，并在 1984 通过《国家合作研究法案》，突破之前反垄断法对共同合作研究的种种限制，改善了不同组织间合作研究的发展环境；1986 年颁布实施的《联邦技术转移法》突出强调了联盟中的研究院所与企业、大学合作的重要性；1987 年，美国首个研究组合－半导体制造技术研究联合体宣告成立；1989 年《国家竞争性技术转移法》也将政府与商业界、工业界的合作研发明确为国家重点实验室的必要任务。美国现有科技政策与产业政策相融合，逐渐形成了政府、大学、科研机构、企业合作的政策导向，为官产学研合作组织的快速发展提供了政策支撑，美国中央政府部门在原有研发计划的基础上，按领域分类出台了 6 大高科技计划，确立了官产学研合作开发的重点。此外，为了应对各国由于科技开发能力增强和技术转移对美国技术优势的威胁，中央政府出台了一系列有关技术转让、知识产权保护以及自主研究的政策措施，美国产学研合作有企业资助大学科研、企业与大学联合研究以及大学参与企业科研等模式，其具有 4 个显著特点：一是政府积极引导和推动；二是企业、高校和科研院所开展紧密的合作研究；三是高校和科研院所具有来自政府和企业的强大的资金支持；四是大学科技园功能不断完善，强化了企业、高校和科研院所的合作关系。

美国产业技术创新战略联盟在具体运行过程中表现为：市场配置的发展模式，金融市场发达，非官方中介机构较多，政府是联盟的主要资金来源，并起到宏观调控作用，联盟成立主要目标是解决商业性研究领域的共性技术问题。联盟管理人员大多是联盟内部人员。同时，联盟采用直线职能制的组织结构，所获得的全部收益按比例分配，其成功的关键是其财政收入、研发成果的扩散和转移等方面的机制和制度保障。此外，美国产学研合作取得的巨大成功与美国国家科学基金会（National Science Foundation）的大力支持不无关系。基金会的成立代表着政府对科技研发的有效干预，也为官产学研的合作提供了有力支持。

2. 德国模式

德国政府在产学研合作中主要扮演宏观调控作用，首先是组织产学研各方力量制定科技发展计划和战略，为产学研合作提供经济支持和政策支持；其次，为了保证具有重要意义的技术快速实现成果转化，政府强制规定高校和研究机构与企业开展合作；再次，政府科研经济的划拨以项目为导向，把科研经费的分配与科研成果的应用相结合；再次，让产业界参与到科研项目的审批过程中，加强了科研项目的实用性；最后，提供专业性建议给大学和研究机构，以便其科技成果专利化及应用，为科研成果的保护和应用提供了便利。

德国产学研合作的主要模式有两种：一是弗朗霍夫联合体模式，这一模式注重加强官产学合作，并且主要致力于实践应用方面的研究；二是斯坦贝艾斯经济促进基金会模式，这一模式注重技术转让网络的构建以及扶持中小企业的技术研发。德国产学研合作是以科技成果产业化作为终极目标，更加贴近市场需求，这也是德国产学研得以快速发展的原因之一。此外，德国的职业技术人才培养机制以及高校教师和科研院所工作人员到企业担任顾问的"顾问合作制"也是其产学研合作有别于他国的主要特征。

3. 日本模式

日本的产业技术创新联盟从 20 世纪 60 年代开始，其在经济发展中所发挥的成效曾一度给美国造成了很大的压力。日本政府通过政策引导技术产业化，早期具体政策有1994 年制定的"产业科学技术研究开发方针要点"、1995 年提出"科学技术创新立国"和《科学技术基本法》、1995 年为技术创新而制定的《促进特定企业业务革新的临时措施法》、1996 年制定的《科学技术基本计划(1996—2000)》、1998 年制定的《新业务创新促进法》和《大学技术转让促进法》等。在具体法律法规之外，日本政府还划拨巨额资金培育青年科学家以及致力于创造适合"官产学"发展的外部环境，极大地促进了日本的技术水平提升以及产学研合作的快速发展。

日本产学研模式包括：第一类是委托研究，政府部门和民间企业委托高校开展相应课题研究；第二类是合作研究，即企业为高校研究提供科研经费的同时，其研发人员利用高校科研设施，与高校研究人员共同合作开发；第三类是受托研究员，即企业聘请高校专家对其研发人员进行指导与帮助；第四类奖学捐赠金制度，即政府对产学界资助高校科研和教学活动的资金的接受和使用方式进行具体规定；五是捐赠讲座、捐赠研究部门制度；六是设立共同研究中心；七是为鼓励具有实际应用前景实验研究而设立的研究基金项目。日本的产学研合作模式一直是作为一项基本国策来实行，政策支持力度巨大。在制度上创立了共同研究制度和联合人才培养制度，为技术创新奠定了坚实基础。在科研成果转化方面创办了大学科技园以及科技中介结构，为科技成果的迅速市场化提供了条件。

4. 中国模式

国内产学研合作开展的比较晚，随着我国经济技术的快速发展以及对产学研合作巨大作用的清晰认识，我国在产学研合作理论和实践方面都有了长足的进步。我国学者对产学研模式的分类较多，但综合来看主要有三种，即政府主导型模式、企业主导型模式以及高校和科研院所主导型模式。下面对这三种模式进行详细介绍。

(1)政府主导型模式。政府主导型模式主要是指由政府通过指令强行结合国有企业、大学和国有科研机构进行科学研究或者是政府通过投资和搭建科研平台推动企业、高校和科研机构研发高风险、高投入的科学技术的产学研合作模式。这种产学研合作模式一般是为了解决国计民生急需的公益性科技项目或者是能够显著提升国家科技水平的尖端型科学技术。20 世纪 80 年代以来，我国相继推出了多项政府主导型的产学研合作模式，其包括火炬计划、星火计划、863 计划、攀登计划以及 973 计划等。该模式为我国经济社会的快速发展提供了有力保障，并在促进国家整体科技水平的提升方面发挥了重要作用。当然，这一模式也存在着"拉配郎"等强制性促进产学研结合问题，造成一些科研资源的浪费。

(2)企业主导型模式。企业主导型模式是指在技术研发与技术产业化的过程中均由企业作为主要参与者，高校和科研机构作为研发的次要单位，在合作过程中发挥指导和辅助作用。企业作为最接近市场的合作主体，能够更为准确迅速的明确市场需求，因此，企业主导型模式在研发技术的实用性上具有较大优势。此外，企业相对于高校和科研机构拥有更为雄厚的经济实力，这也是技术研发的重要保障。然而，由于企业中科研人员相对较少、研发设备缺乏，企业主导型模式在实施过程中也存在着自身的不足。

(3)高校和科研院所主导型模式。高校和科研院所主导型模式是指由高校或科研院所通过自办企业把高校或科研院所自身研发的新技术进行市场化和产业化的产学研组织模式。在这种模式中，大学和科研院所即使既是新技术的创造者，又是新技术的应用者和新产品的生产者。高校和科研院所主导型模式要求高校和科研院所需要有很强的技术研发能力、新技术和新产品的产业化生产能力以及较强的市场预测和市场营销能力。由于高校和科研院所主要是以教学和科研为主，并不擅长企业管理等领域，较多生产和销售任务会分散注意力，造成科研资源的浪费。

（4）其他模式。除了以上模式外，还有些学者把产学研合作按照不同的标准分为了其他类型，如李林（2010）把基于产业集群的产学研联盟分为共建经营实体的产学研战略联盟、共建研究机构的产学研战略联盟以及基于项目的产学研战略联盟。张道亮（2012）把产学研联盟分为契约式和股权式。陈劲（2009）在对西门子公司、慕尼黑工业大学以及亚琛工业大学产学研合作模式的基础上，提出了"知识与资本互动模式"这一产学研合作的新模式。分类标准的不同导致了各位学者对产学研合作模式的分类也有所差别，这些差别的存在也正是产学研理论逐步丰富的具体体现。

通过对技术创新战略联盟模式的详细介绍，可以给联盟运行模式选择提供一定的指导参考作用。可以说，技术创新战略联盟运行模式的选择受多种因素的影响，如合作各方的经济性质、信息是否对称、合作风险，以及资源投入、竞争强度和企业能力等，只有对这些因素进行充分了解才能为联盟的运行选择更加适合的模式。此外，联盟的运行模式是为联盟战略目标以及成员利益服务，在运行模式选择之前还要对联盟自身进行深入分析，以选择最适合联盟运行的模式，促进联盟的顺利运行和快速发展。

2.5　绩效评价的方法

结成技术创新战略联盟是企业弥补技术研发能力不足和资金短缺，实现企业竞争力提升的一种有效途径，然而并不是所有的联盟都能稳定发展，为联盟成员带来技术上的革新和利益上的共享。为了衡量联盟的成效，本项目将对联盟以及联盟成员的绩效进行考核，考查联盟构建是否能够为联盟整体和联盟成员带来联盟效应。企业之所以加入战略联盟，必然是为了实现一定的战略动机和目标。因此，联盟的绩效应该能够反映这些目标的实现状况，并且良好的绩效应该是"双赢"或者"多赢"，而不应是"一赢一输"。目前学术界对联盟绩效的研究还不成熟，对联盟绩效的定义也众说纷纭。Das 和 Teng（2003）认为企业战略联盟绩效是联盟通过战略联盟来实现联盟内伙伴战略目标的程度，潘东华等（2013）认为联盟绩效是在一定周期内联盟在创新活动中所取得的成就，衡量其在创新过程和创新产出中所获得的增加值，另外国内大部分学者认为联盟绩效是联盟内部成员对于自身预期目标的最终实现程度，并可以用联盟绩效来衡量战略联盟的有效情况和健康程度。总体来说，联盟绩效被定义为两类：一是评价战略联盟运行过程的有效性和企业对联盟运行过程的满意程度；二是评价战略联盟对实现企业战略目标的贡献和目标的实现程度。

绩效考核是一种过程管理，不仅仅是对考核结果的考核，而是将中长期的目标分解成年度、季度、月度指标，不断督促个体、团队、组织、公司等实现的过程，最终的目的是为了达成整体的目标。而技术联盟的绩效考核主要是关系绩效考核和创新绩效考核，高建等(2004)在研究联盟创新绩效考核中也提到，创新绩效的考核必须同时考察过程绩效和产出绩效两个方面。此外，有些学者根据不同的研究对象将联盟的绩效评价指标分为主观评价和客观评价。主观评价主要是基于联盟成员的主观感受，对联盟的满意度、联盟目标的实现程度、对企业能力的提高程度和企业风险的降低程度进行评价。个人感受对主观评价的影响程度十分大，会影响评价的结果，结果并不完备。为了弥补主观评价的缺陷，另外一些研究者基于各种财务指标和其他客观性的指标如投资收益率、市场成长率等对联盟绩效进行客观评价，提高了联盟绩效评价的公信度，但是客观评价的财务指标并不能完全反应联盟的目标实现程度，仍然存在一定的局限性。骆远婷等(2015)提出评价指标构建四大原则：整体性原则，重要性原则，相关性原则和可操作原则，对技术创新战略联盟绩效评价体系给出了新的见解。本项目将基于联盟的投入、运行过程和产出等方面的数据对联盟绩效进行评价，弥补了财务指标的局限性和主观臆测的不确定性。

绩效评价是对过往的行为效力与效率进行量化，主要通过对数据的整理与分析来实现，并根据分析结果进行决策和采取相应的行动。由于各种相关的数据的收集、整理、分析与解释，每个环节都需要十分细致，不能遗漏任何环节，为了保证绩效评价的完整性，在进行绩效评价时都会引入系统模型或方法。对联盟的绩效进行评价时，可选择的方法非常多，国内外在绩效评价研究方面有着丰富的研究成果，"A 记分"、经济增加值(EVA)、作业成本法等都是企业进行绩效评价经常采用的方法，而联盟绩效评价不同于传统的企业绩效评价，联盟的绩效不仅涉及企业还涉及相关的高校和研究机构，综合了国内外关于联盟绩效的评价方法，主要有层次分析法、因子分析法、模糊综合评价法……

2.5.1 层次分析法

层次分析法(analytic hierarchy process，AHP)是美国运筹学家匹茨堡大学教授萨蒂于 20 世纪 70 年代初，在为美国国防部研究"根据各个工业部门对国家福利的贡献大小而进行电力分配"课题时，应用网络系统理论和多目标综合评价方法，提出的一种层次权重决策分析方法。AHP 是一种实用的多准则决策方法，将一个联盟或一个企业运行状况作为一个系统，并将与企业绩效有关的因素分解成目标层、准则层、和方案层，在此基础之上进行定性和定量的分析研究。经过多年的发展，层次分析法衍生出模糊层次分析法、改进层次分析法、可拓模糊层次分析法、灰色层次分析法等多种方法。常民(2006)分析了层次分析法在企业建立战略联盟中的应用问题，并通过建立系统的层次结构模型，根据企业自身的实际情况和备选同盟企业的特点，对联盟伙伴进行风险排序，选择合适自身企业发展的同盟伙伴。武文智(2011)构建了房地产开发企业战略联盟绩效评价指标体系，运用层次分析法确定指标权重，对联盟绩效进行综合评价。层次分析法是一种系统性的分析方法，所需数据信息较少，简洁实用。对于企业或联盟绩效来说绩效因素包括可量化的经济因素和不可量化的非经济因素，层次分析法的定性和定量结合方法可以满足对经济因素和非经济因素的分析，以及克服一般评价方法要求样本点多，数据量大的缺点。但是用层次分析法研究联盟绩效，定量数据较少，联盟的绩效评价可信度会受到质疑；而指标过多时，影响联盟绩效的各因素权重难以确定，不能客观的反映联盟的经营状况，有待进一步改善。张敏杰(2014)为了解决传统层次分析法在供应链绩效评价权重确定中存在的不足，引入专家权重系数和三角模糊数，将 AHP 扩展到群决策和模糊决策领域，建立了供应链绩效评价指标体系。

2.5.2 因子分析法

因子分析法是一种多元统计方法，起源于 20 世纪初 Karl Pearson 和 Charles Spearman 等人关于心理测试的统计分析，它的核心是用最少的相互独立的因子反映原有变量的绝大部分信息，即将相关比较密切的几个变量归在同一类中，每一类变量就成为一个因子。通过分析事物内部的因果关系来找出其主要矛盾，找出事物内在的基本规律。

使用因子分析法评价联盟绩效，首先要对各因子进行数据标准化处理，保证各因子的可比性。并对指标体系的数据进行 KMO 检验和 Bartlett 球形检验，确保联盟绩效体系是否适合采用因子分析模型。然后求公因子和载荷矩阵，将因子进行正交旋转或斜交旋转，最后求各因子的得分，基于得分进行探索分析。

因子分析法利用数据本身得到各个指标在综合评分中的权重，很好的体现了战略联盟绩效评价的客观性和公允性，并且可以根据各因子的得分和排名，发现联盟经营状况的优势和不足，为联盟以后的发展提供指导意见。然而由于指标的选取，使用因子分析法评价联盟绩效仍然存在不足和缺陷。因子分析法对数据量和成分都有要求，还需要进行 KMO 检验是否符合因子分析法，而且运用因子分析法进行权重测算时，采用的都是最小二乘法，而最小二乘法会出现失效的情况。

2.5.3 模糊综合评价法

模糊综合评价法是一种基于模糊数学的综合评标方法。该综合评价法根据模糊数学的隶属度理论把定性评价转化为定量评价，即用模糊数学对受到多种因素影响的联盟绩效做出总体的评价。模糊集合理论(fuzzy sets)的概念于 1965 年由美国自动控制专家查德(L. A. Iadeh)教授提出。模糊综合评价法以模糊集合论为基础，提供了一种处理不确定性和模糊性问题的新方法，是描述人脑思维处理模糊信息的有力工具。它具有结果清晰，系统性强的特点，能较好地解决模糊的、难以量化的问题，适合各种非确定性问题的解决。正因为如此，模糊综合评价方法得到广泛利用，尤其是被应用于对多个方案的评审、企业绩效的评价等。如石淑玲(2008)根据动态联盟自身的特性及战略主体的意图构建了联盟的绩效评价体系，并运用模糊综合评价法对该指标体系进行了评价与分析。

运用模糊综合评价法对战略联盟的绩效进行评价时首先要确定战略联盟绩效的模糊综合评价指标集即为战略联盟绩效的模糊综合评判指标体系。一般在建立战略联盟的绩效评价指标体系时建立三级指标体系，以联盟的投入、产出等为绩效体系的一级指标，依次下设二级指标和三级指标。

其次给出战略联盟绩效的综合评价等级集 U，U＝{U1，U2，U3，U4，U5}，其中 U1＝｛优｝，U2＝｛良｝，U3＝｛中｝，U4＝｛差｝，U5＝｛极差｝，即战略联盟绩效的评价等级为 U＝｛优，良，中，差，极差｝。其中评价指标的标准为联盟以前各公司的绩效，评价等级据此作出。处于最优水平的为｛优｝，处于较好水平的为｛良｝，处于中间水平的为｛中｝，处于落后水平的为｛差｝，处于最低水平的为｛极差｝。

再者，要确定评价指标体系中各指标的权重。测定指标权重的方法众多，比如经常使用的层次分析法、德尔菲法（专家打分法），还有熵权法等，这些方法都可以确定评价指标的权重。确定了各指标的权重之后就要确定模糊矩阵，并根据模糊矩阵进行综合评价。

虽然模糊综合评价法可以解决联盟绩效评价的问题，但是模糊综合评价多采用德尔菲法确定指标权重，主观性较强，个人臆测会削弱评价的准确性。此外，当指标集 U 较大时，即指标集个数凡较大时，在权矢量和为 1 的约束条件下，相对隶属度权系数往往偏小，权矢量和模糊矩阵不匹配，结果会出现超模糊现象，分辨率很差，会造成评判的失败，需要加以改进。而张枝军（2012）运用系统分析的方法，以电子商务环境下中小企业动态联盟的特点为依据，构建了联盟绩效评价指标体系。在改进模糊综合评价的基础上，提出运用多级动态模糊综合评价法开展中小企业动态联盟绩效评价，为电子商务环境下中小企业联盟动态决策提供支持。

2.5.4　人工神经网络

人工神经网络（artificial neural networks，ANNs），也简称为神经网络（NNs），是一种通过模拟大脑神经突触连接结构进行信息处理的数学方法，是连续或者间断地向以人工建立有向图拓扑结构动态系统输入状态信息进行处理的过程。神经网络具有联想推理、高速并行处理、自适应识别和模拟人类思维的能力，经过科学训练和学习，能够找出系统输入－输出之间的非线性映射关系，从而用于智能推理和预测。联盟绩效评价是一个包含多个指标和输入－输出的复杂评估系统，各指标具有模糊性、不确定性，且指标彼此之间存在非线性关联，而人工神经网络正好可以解决这些问题，因此越来越多的学者将人工神经网络应用到绩效评价系统中，解决绩效评价问题。陶立波（2010）将因子分析法和神经网络模型通过 SPSS 和 MATLAB 软件引入到房地产战略联盟绩效评价中，以北京万通和天津泰达的房地产企业战略联盟为例，对房地产企业战略联盟的绩效进行研究和探讨。

但是随着越来越多学者的深入研究，人工神经网络也存在一些弊端：ANNs 是一个高度非线性的大型系统，其高度的复杂性决定了该系统不可能细化到各项的基础指标，对绩效评价有一定的局限性，有待进一步加强改进。

2.5.5　平衡计分卡

平衡计分卡是在 1990 年美国诺顿研究所进行的一项题为"衡量组织的未来绩效"的课题研究成果基础上，由美国著名管理会计学家，现任哈佛大学的 Robert S. Kaplan 和现任复兴方案公司总裁 David P. Norton 提出的一套用于评价企业战略经营业绩的财务与非财务指标体系。该方法突出了顾客在企业战略目标体系中的地位及企业的长远利益，把公司的长期战略与短期行动联系起来，把远景目标转化为一套系统的业绩考核指标，形成了一套完整的财务与非财务指标相结合的多维度，多角度的绩效评价指标新体系。平衡计分卡的指标体系主要由财务、客户、内部经营过程和学习与增长四层面的指标所组成，如图 2-2。

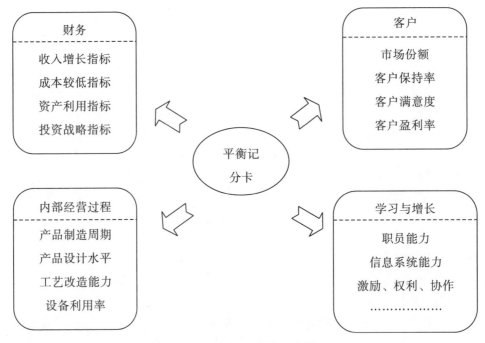

图 2-2　平衡记分卡四层指标体系

　　平衡计分卡可以综合反映战略联盟的短期目标、财务与非财务指标、滞后和先行指标以及外部与内部指标等方面的综合业绩评价情况。周勇 (2005) 认为在动态联盟使用的过程中存在诸多导致失败的因素，而不能正确选用动态联盟评价方法是其中的主要原因。他运用平衡记分卡把企业联盟的战略目标与实现过程联系起来，把财务层面、客户层面、内部程序层面和学习与成长层面构成基于控制活动的一个完整动态联盟绩效评价体系。并通过在平衡记分卡评价体系中使用模糊评价的方法对动态联盟进行全面测评，改善动态联盟的绩效。但是在评价联盟绩效方面，平衡记分卡仍然存在不足和缺陷。

　　(1)平衡记分卡的工作量极大。一方面所需的实施时间较长，一份典型的平衡记分卡大约需要 5~6 个月去实施，另外还需要几个月去调整，使其规范化；另一方面平衡记分卡的指标多达 15~20 个，在考核与数据收集时，也是一个很大的负担。

　　(2)部分指标难以量化。使用平衡记分卡进行绩效评价时，部分指标的量化工作难以实施，如员工满意程度、员工受激励程度、客户满意度等方面的指标。难以量化便降低了考核的准确性和实用性。

　　(3)权重分配问题。平衡记分卡绩效体系是一个由财务、客户、内部经营过程和学习与增长组成的四维指标体系，在进行绩效评价时不得不综合考虑四个层面的因素，这必然涉及到权重分配问题。

2.5.6　数据包络分析法

数据包络分析方法(data envelopment analysis，DEA)是运筹学、管理科学与数理经济学交叉研究的一个新领域。DEA 方法及其模型自 1978 年由美国著名运筹学家 A. Charnes 和 W. W. Cooper 提出以来，已广泛应用于不同行业及部门，并且随着理论研究的进一步深入，DEA 的应用领域日益广泛，成为社会、经济和管理领域的一种重要而有效的分析工具，并取得了许多应用成果。它是根据多项投入指标和多项产出指标，利用线性规划的方法，对具有可比性的同类型单位进行相对有效性评价的一种数量分析方法。具体来说，DEA 方法是使用数学规划模型比较决策单元之间的相对效率，对决策单元做出评价。确定决策单元的主要指导思想是：就其"耗费的资源"、"投入的资源"和"生产的产品"、"输出的效率"来说，每个决策单元都可以看作一个相同的实体，即在同一视角下，各决策单元(DMU)具有相同的输入和输出。通过输入和输出的综合分析，DEA 方法可以得出每个决策单元的综合效率的数量指标，也可以进行有效性分析和灵敏度分析。基于此数据包络分析法被广泛应用于绩效分析。朱晓彤(2010)选择 DEA 方法来评价中小企业技术创新战略联盟运行绩效；朱丽丽从全国 31 个省市的投入和产出的相关数据着手，选择数据包络分析方法对我国 31 省市产学研合作绩效进行了评价和比较。

虽然 DEA 方法适合于对技术创新战略联盟合作成员绩效进行评估，但是 DEA 方法在联盟绩效方面的使用，仅限于具有多输入和多输出的对象系统的相对有效性评价，并且只能评价相对发展指标，不能体现联盟的实际发展水平，并不能展现联盟的真正绩效水平。

第 3 章　产学研合作的技术创新战略联盟绩效评价指标体系研究

对于产学研合作的技术创新战略联盟绩效的研究，很多学者在该领域已经取得一定的理论与应用研究成果。但作为产学研合作的技术创新战略联盟的各创新主体往往不能基于各自主体效用的角度去剖析导致联盟整体绩效低下的根本原因，并且对联盟主体效用绩效缺乏足够的认识。其根源在于目前我国可供各技术创新战略联盟主体实际操作或应用的，能够基本反映出产学研合作的技术创新战略联盟运行绩效的评价标准尚无法统一。可见，本项目基于主体效用角度，构建科学合理的产学研合作的技术创新战略联盟绩效评价指标体系，已成为科学评价联盟主体绩效的一个重要环节。

3.1　技术创新战略联盟绩效评价的基础框架

产学研合作的技术创新战略联盟绩效评价的基础框架为构建其评价指标体系的准则层指标提供了全新视角。由于影响产学研合作的技术创新战略联盟绩效的因素很多，因此，本项目在深入剖析不同学者的研究观点基础上，对如何测度产学研合作的技术创新战略联盟绩效提出了新的见解。

Piccaluge 和 Bonaccorsi 认为产学研战略联盟的绩效评价，是通过企业收益期望和实际合作结果的比较来进行的。而企业预期收益又取决于企业加入联盟的动机，包括：了解技术发展的当前和未来可能趋势、了解本行业先进技术、弥补自身企业资源或技术不足等。所以又提出联盟绩效评价与企业参加产学研合作组织的动机有关，提出绩效评价模式是一种基于动机－期望的评价模式，这是学术界对产学研合作绩效评价的最早研究结果。

Etzkowitz 提出产学研联盟绩效评价体系的设计必须考虑到组织战略，否则会大大增加绩效评价过程的工作量。在此基础上，平衡积分卡被大量运用到各类绩效评价过程中，从企业绩效评价到产学研合作绩效评价都取得了很好的成果。基于组织战略的平衡积分卡的产学研战略联盟绩效评价模型的优势在于，同时考虑联盟的长期绩效和当期绩效，同时考虑联盟合作过程中的各项指标，有效监管联盟高效运行，协调联盟内部各成员的目标实现。但该模型也存在一定的问题，例如，容易混淆企业绩效和项目绩效的关系，需谨慎使用。

谢福泉等学者提出投入－产出模型进行联盟绩效评价模型，但这种模型可行性难度大，相关数据的获取难度大，也不能真正体现出产学研合作的形成机理，在实际评价过程中存在许多问题。

　　张万宽(2008)从资源依附理论和交易成本理论出发，分析资源特征、资产不确定等因素对产学研联盟绩效的影响，建立了产学研合作绩效的评价体系。从资源依附角度看，联盟成立部分取决于各企业所拥有的资源性质是互补性还是浪费型，这将直接影响到联盟绩效，成功的战略联盟应该具有互补型资源组合。从交易成本理论出发，联盟内部在技术研发过程中必然存在交易成本，交易成本也是影响联盟绩效的因素之一，因此也可以用合作的交易成本多少来衡量联盟绩效的大小。基于资源依附和交易成本理论的绩效评价体系从新的角度评价了产学研合作绩效。

　　马雪君(2012)从联盟成员个体和联盟整体的角度对产业技术创新联盟运行绩效进行测度，其中从联盟成员个体的角度主要是通过联盟主体间的学习能力、经济效益、协同能力等反映出产业技术创新战略联盟的运行绩效；而从联盟整体的角度分析其运行绩效主要表现为技术创新成果和联盟内外网络关系效果这两方面。尽管该学者所形成的基础理论框架对联盟成员和联盟自身的相关信息进行了有效整合，但在对联盟成员数据资料进行收集时，却忽略了创新联盟成员自身的投入与创新过程等中心环节，因而所建立的测度框架不能全面地反映出产学研合作的技术创新联盟绩效的整体情况。此外，也有其他学者从技术转移、关键成功因素等角度对产学研合作绩效进行了分析，但都没有形成较为完整的评价模型。

　　基于以上分析可知，目前关于产学研合作的技术创新战略联盟的测度研究几乎没有，更多研究偏重于影响要素的分析，且分析的视角多从联盟产出来进行度量，然而在实际运用中难以达到理论上的量测要求，特别是对我国现有的技术创新战略联盟而言，对其联盟绩效的基础测度理论研究的框架尚未形成。其根本原因在于：在整体量测框架内，没有考虑联盟运行投入、运行过程、运行产出三者的相关性。基于此，本项目结合产学研合作的技术创新联盟运行的主要特征进行分析，从联盟运行投入、运行过程、运行产出集成的角度出发，采用主客体兼容的量测方法，即以产学研合作的技术创新战略联盟成员为量测对象，针对联盟的运行特征，分别从反映上述集成要素进行数据采集。由于产学研合作的技术创新战略联盟成员具有单一性，故联盟整体的创新活动状况可能就是每个联盟成员的基本情况。在此基础上，我们建立了科学合理的产学研合作的技术创新战略联盟绩效的整体测度框架。见表 3-1 所示。

表 3-1　产学研合作的技术创新战略联盟绩效的测度框架

产学研合作的技术创新战略联盟绩效测度框架	联盟运行投入	联盟运行整体资金投入情况
		联盟运行整体人员投入情况
		联盟运行整体科研设施投入情况
	联盟运行过程	联盟 R&D 强度情况
		联盟运作满意情况
		联盟核心成员间沟通情况
		合作创新环境状况
	联盟运行产出	知识产出情况
		人才培养情况
		经济效益情况

3.2　评价指标体系的设计思路

在充分借鉴国内外相关学者的研究成果的基础上，针对本项目的研究目的和我国产学研合作的技术创新联盟的实际运行情况以及联盟整体的运行特征，本项目基于所建立的产学研合作的技术创新战略联盟测度框架，构建了对产学研合作的技术创新战略联盟绩效分析的数据基础，并通过预调研，对确定的初始测量量表进行净化，进而得到能够科学、准确、有效反映产学研合作的技术创新战略联盟绩效的评价指标体系。

产学研合作的技术创新战略联盟绩效评价指标体系构建的基本过程：在遵循创新联盟绩效的初始量测指标筛选的基本原则的基础上，通过两种不同的信息采集方式（文献法和深度访谈法），来采集能够反映产学研合作的技术创新战略联盟绩效的初始数据指标，并设计出一套有效性较高的产学研合作的技术创新战略联盟绩效初始信息数据的测量量表，即选取了相应的初始数据指标。在此基础上，通过对筛选后的调研对象预先开展初步调研，获取初始信息数据的测量量表的指标，同时对产学研合作的技术创新联盟绩效的初始测量量表进行信度与效度分析，并基于调查结果分析，进一步修正初始问卷的测量量表。本项目初始调研的样本主要由不同技术创新联盟成员主体的不同职能部门的管理者构成，包括行政管理、技术研发、专业采购、财务、信息管理等部门，样本主要采取随机抽样方法来确定，具体调研方式是通过问卷与访谈融合方式。本次预调研共发放90份初始问卷，其中回收71有效问卷，问卷有效回收率达到78.9%。

本项目统计分析由90份预调研问卷收集数据的主要过程是：首先使用CITC净化初始信息数据量测指标，然后对多层次的初始测量量表的内部一致性信度进行检验，主要是利用Cronbach α 系数来检验，最后通过探索性因子分析检验本项目确立的初始量测维度划分的准确性，并进一步净化初始测量量表，得出产学研合作的技术创新战略联盟绩效的评价指标体系。通过该方法选取的评价指标能科学准确地度量出产学研合作的技术创新战略联盟绩效水平，且指标数据具有可操作性和可比性。

3.2.1　产学研合作的技术创新联盟运行投入

产学研合作的技术创新战略联盟的运行投入主要是指各联盟主体为保证技术创新联盟的持续运行，在资金、人员、科研设备等方面的投入情况。为了更好地体现出产学研合作的技术创新战略联盟主体的投入力度对联盟绩效的影响，在设计确立产学研合作的技术创新战略联盟绩效初始度量指标体系过程中，首先应将技术创新联盟成员的资金投入总额、人员投入总数和科研设备投入总额作为重要的影响因素予以充分考虑。

3.2.2　产学研合作的技术创新联盟运行过程

由于西部地区乃至我国产学研合作的技术创新战略联盟还处于起步阶段，多数联盟运行时间不长，可度量的经济性产出指标较少，各联盟管理机构更多地关注于联盟整体的运行过程，认为其对技术创新战略联盟运行绩效的影响较大。技术创新战略联盟运行过程要素主要是通过联盟成员之间的关系作用因素对联盟整体运行绩效产生影响，也就是说，联盟成员之间的合作关系对联盟运行过程是否顺畅会产生重要影响。不仅如此，外部宏观环境的政策和经济要素也会对技术创新战略联盟的运行过程产生一定的外推作用。一般来说，联盟运行过程的开展是以技术或产品开发项目为核心来牵动联盟成员之间开展高效合作，因此，这些项目运行情况可以直接反映出联盟运行过程是否顺利。而从技术创新战略内部成员角度分析，不同联盟成员由于在联盟运行过程中所发挥的主体效用不同，其衡量联盟运行绩效的标准存在一定差异，从而会导致其对联盟运作过程的满意度不同。因此，本项目基于主体效用差异角度，将联盟运作满意度作为衡量其运行绩效的又一指标。另外，联盟运行过程中，成员特别是核心成员之间的沟通效率更是影响其运行绩效的关键，因此，在搭建技术创新战略联盟评价基础框架时，本项目引入了联盟核心成员间沟通交流密切程度这一指标。同时，从外在环境因素考虑，其运行过程还要受到产学研技术创新联盟的合作环境的影响。基于上述分析，本项目从联盟 R&D 的强度、联盟运作满意度、联盟核心成员间沟通交流密切程度、合作创新环境 4 个方面来反映产学研合作的技术创新战略联盟运行过程情况。

3.2.3　产学研合作的技术创新联盟运行产出

实现高水平的技术创新战略联盟产出绩效是任何产学研合作的技术创新战略联盟组建的最终目标。通过梳理国内外学者的相关研究成果来看，目前学者们对技术创新战略联盟产出绩效评价，主要从经济效益和社会效益方面提取指标。然而，由于产学研技术创新联盟的产出绩效评价表现出一定的特殊性，即不同联盟成员的合作目标的共性与其合作意图的差异性是同时存在的，因此，相同的产出绩效对于拥有不同合作意图的联盟主体而言，其主体效用是存在差别的。故本项目在对联盟产出情况进行分析时，基于不同联盟主体效用差异，分别从知识产出、经济效益、人才培养等不同角度对产学研合作的技术创新战略联盟产出绩效进行度量。

3.3　构建技术创新战略联盟绩效评价指标体系的基本过程

由于主体效用的产学研技术创新战略联盟绩效评价是本项目提出的一个全新概念，现有的相关研究成果尚未形成有效的测量量表及其相应的度量指标体系。因此，本项目通过对西南部分地区的产学研合作的技术创新战略联盟的主要成员的深入调研，采集了相关信息数据，并量化剖析了其对技术创新战略联盟绩效产生的影响。

3.3.1　初始测量量表开发

为了能科学地获取产学研技术创新战略联盟绩效评价所需的实际数据资料，本项目在遵循创新联盟绩效的初始量测指标选取的基本原则的前提下，采用文献法和深度访谈法，对产学研合作的技术创新战略联盟的初始度量指标进行汇总，构建了一套有效的产学研合作的技术创新战略联盟绩效的初始量表。

1. 初始测量指标选取原则

产学研合作的技术创新战略联盟绩效初始测量量表开发的过程，即为产学研合作的技术创新战略联盟绩效初始测量指标进行筛选的过程，首先应遵循以下基本选取原则：

1）完整性

在选取反映产学研合作的技术创新战略联盟绩效的初始指标时，首先应遵循完整性原则，在系统全面地对影响技术创新战略联盟运行的内外部环境进行分析的同时，剖析联盟内各成员主体的实际效用及其对联盟整体绩效所产生的影响，即备选的产学研合作的技术创新战略联盟绩效测量指标应具有高度的完整性，能够较为全面地反映出技术创新战略联盟绩效的不同影响要素，为获取客观的评价结果提供可信的基础数据。

2）敏感性

从实践环节总结分析可知，影响产学研合作的技术创新战略联盟绩效的因素有很多，而且每个因素之间存在着紧密的关联，它们对联盟整体绩效的影响力是存在一定差异的。在这种情况下，若将所有的影响因素都做为初始测度指标，必然会导致自变量组合太多而使产学研合作的技术创新战略联盟绩效难以准确度量。因此，为了获取技术创新战略联盟绩效的主要影响因素，本项目依据敏感性原则，将重要因素作为度量产学研合作的技术创新战略联盟绩效的初始指标，可以有效避免多变量对技术创新联盟绩效的预测准确性所带来的不利影响。

3）科学性

科学性是对产学研合作的技术创新战略联盟绩效初始评价指标进行选取的基础。首先对反映产学研合作的技术创新战略联盟绩效的初始量测指标的内容和含义进行界定，应依据绩效管理和统计分析等相关理论，在指标表达上，应遵循科学、合理和规范的基本原则。尽管当前有关构建产学研合作的技术创新战略联盟绩效度量指标体系的研究很少，但在创新绩效管理领域，有关产业技术创新联盟绩效评价体系的研究已取得了较为丰硕的成果，这对本项目的研究提供了科学理论指引。可以说，反映产学研合作的技术创新战略联盟绩效的初始测量指标的选取更应遵循科学规范性。

4）可比性

选择反映产学研合作的技术创新战略联盟绩效的指标应该具有横向可比性。这一原则主要是为了提高待选量测指标的实用价值，因为只有对反映产学研合作的技术创新战略联盟绩效评价指标进行横向比较，才更有利于挖掘出联盟运行过程中存在的深层次问题。由于本项目建立的产学研合作的技术创新战略联盟绩效评价体系是为了综合测评不同的联盟对象，因此，这就要求所选取的初始量测指标必须具有可比性，即反映技术创新联盟绩效的度量指标的统计口径实现标准化，以确保任意联盟评价主体在不同的时期以及更大的范围内均能共有，以提高数据信息采集的准确性。

5）可操作性

可操作性原则是指在对反映产学研合作的技术创新战略联盟绩效的初始量测指标进

行筛选时，在数据解释和数据来源方面要保证其便于操作这项基本原则。在信息数据解释方面，要保证备选的初始量测指标名称的简要性、涵义明确性和合理性。在初筛联盟绩效评价指标时，要在综合权衡、比较分析其功能性的同时，也对指标数据的易得性和统计分析的便利性进行综合考虑。具体来说，在选取反映产学研合作的技术创新战略联盟绩效的初始量测指标时，既要从宏微观层面上保证其量测指标具有相对宽泛的统计记录和较为可靠的数据来源，同时又要对数据分析的统计方法的易操作性进行约束。

2. 初始测量指标的获取

产学研合作的技术创新战略联盟绩效评价指标体系的初始量表的构建过程，主要表现在对其初始量测指标的获取过程。为了提高初始量测指标选取的科学性和系统性，本项目利用文献梳理和深度访谈两种信息数据采集方法，来获取反映产学研合作的技术创新战略联盟绩效的的初始量测指标。

1）基于文献法采集初始量测指标

对产学研合作的技术创新战略联盟绩效的相关文献梳理分析可知，目前学者们所选定的联盟绩效的测量指标是从联盟运行产出绩效角度出发，将产学研合作的技术创新战略联盟运行绩效看作是多维度问题，其应包括联盟成员之间的组织学习吸收能力、联盟成员的经济效益获取能力、社会关系以及联盟管理协调能力等。本项目通过梳理分析，总结得出了影响产学研技术创新战略联盟绩效的初始测量量表。

通过整理分析可知，目前这些学者的研究成果的研究视角过多集中于创新产出，无法与创新联盟运行的实际情况相吻合，原因在于以往这些研究均是基于联盟运行产出视角度量联盟整体绩效，这会影响其相关维度和指标选择的全面性和系统性。若泛泛引用其相关观点，则不利于准确表达本项目的测量目的，因为在整体技术创新战略联盟运行过程中，其联盟整体绩效不仅反映在产出环节，联盟运行投入和运行过程也能为联盟整体绩效的实现提供一定的保障和支持。总之，本项目在吸纳这些学者成果的基础上，总结选取了影响产学研合作的技术创新战略联盟绩效的初始指标，并基于主体效用视角解释不同量测指标的主要内涵，针对本项目研究对象的主要特征，适当修正了已选取的初始量测指标，形成了由 3 个维度构成的度量产学研技术创新战略联盟绩效的部分初始度量指标。

2）基于深度访谈法采集初始量测指标

采用深度访谈方法来获取反映产学研合作的技术创新战略联盟绩效的初始量测指标的基本过程为：首先是总结深度访谈所获取的调研结果，凝练出反映联盟绩效的相关指标；然后对深入访谈记录中的关键语句进行分析，适当修正访谈结果中出现频次较高的指标；最后形成反映产学研合作的技术创新战略联盟绩效的部分初始量测指标，并由调研对象来评价其语意值。基于此，本项目的访谈样本是从西部地区 4 家技术创新战略联盟的主要成员中抽取出来的，通过对这些访谈对象的调研，来获得影响产学研技术创新战略联盟的部分初始指标。

本项目采取"一对一"深度访谈方式，对高校、科研院所和企业等组织的 24 人展开了调研，其中来自联盟成员（企业、高校、科研院所）的采购部门 3 人、管理部门高层人员 4 人、生产部门 2 人、研发部门 10 人、财务部门 4 人次、质量监管部门 1 人。确立访谈对象的主要依据是：样本对象要来自不同创新主体，担任职务上存在一定差异，且隶属于不同的职能部门。其中反映产学研合作的技术创新战略联盟绩效的产出绩效指标选取，主要是利用文献梳理获取的部分初始指标，补充修正通过深度访谈得到的相应指标，而得出的结论；而选取反映联盟运行投入和运行过程的初始指标，则是通过深度访谈法获得数据分析而得出的结论。

同时，为了提高反映产学合作的技术创新战略绩效的初始量测指标的准确性，本项目利用内容分析法对深度访谈结果进行了深入分析，其基本步骤如下：第一，基于访谈记录的分析，总结出部分关键语句，并利用统计分析方法提取这些语句的出现频次；第二，基于统计分析结果，对关键语句进行编码；第三，利用概念组分析法归类关键语句。通过内容分析法，汇总文献法中未描述出的联盟运行产出绩效指标，以及所有联盟运行投入和运行过程指标。

通过访谈可知，这些反映产学研合作的技术创新战略联盟绩效的运行产出情况的部分初始测量指标尽管在传统的产业创新联盟中也存在，但由于以往的产业创新联盟缺乏有效的运行机制，不同主体效用的联盟成员并没有普遍感受到这些产出绩效的存在，因此在以往的初始量测的量表中并没有体现出来；而联盟运行投入和运行过程的合理化可以使技术创新战略联盟的运行更加顺畅，对于联盟成员可以通过追踪其行为，来对不同联盟主体所拥有的知识进行深入了解，进而促成其深度合作的开展，并使得不同主体效用的联盟成员均能感知到比传统环境下获得更多的产出绩效，因此本项目将这些描述联盟运行投入与运行过程的初始测量指标归纳到产学研合作的技术创新战略联盟绩效的初始测量量表中。

3. 初始测量量表的生成

根据本项目所确立的初始量测指标筛选的基本原则，在对文献梳理中已形成的初始指标和访谈结果凝练出的初始指标进行汇总的基础上，构建出产学研合作的技术创新战略联盟绩效初始测量量表。具体见表 3-2 所示。

表 3-2　产学研合作的技术创新战略联盟绩效的初始测量量表

构成维度	初始量测指标名称	代码	初始量测指标来源
技术创新战略联盟运行投入	R&D 资金总额	B_1	深度访谈
	联盟主体自身对科技经费投入总额	B_2	深度访谈
	政府对产学研的科技经费投入总额	B_3	深度访谈
	其他联盟成员对科技经费投入总额	B_4	深度访谈
	技术带头人总数	B_5	深度访谈
	R&D 人员总数	B_6	深度访谈
	科技活动人员总数	B_7	深度访谈
	用于信息网络建设的科研设施总价值	B_8	深度访谈
	投入运行的科研装备总价值	B_9	深度访谈
	用于科研基地建设的科研设施总价值	B_{10}	深度访谈

构成维度	初始量测指标名称	代码	初始量测指标来源
技术创新战略联盟运行过程	联盟存续期间进行的技术 R&D 项目数	B_{11}	深度访谈
	核心成员间开展技术论坛会的次数	B_{12}	深度访谈
	核心成员间交流会的次数	B_{13}	深度访谈
	核心成员间研发项目首期	B_{14}	深度访谈
	区域科技中介服务机构数	B_{15}	深度访谈
	地方政府科技投入经费年增长率	B_{16}	深度访谈
	科技三项费用财政支出	B_{17}	深度访谈
	联盟运作满意度	B_{18}	深度访谈
	科技中介服务机构的服务能力	B_{19}	深度访谈
	区域产学研结合融资平台建设	B_{20}	深度访谈
	区域产学研结合创新服务平台建设	B_{21}	深度访谈
	产学研结合的政策法规支持	B_{22}	深度访谈
	地方政府对产学研合作的支持程度	B_{23}	深度访谈
	区域创新网络的完善程度	B_{24}	深度访谈
技术创新战略联盟运行产出	新产品数	B_{25}	深度访谈
	重大改进产品数	B_{26}	Beamish P. W
	制定标准数	B_{27}	深度访谈
	技术诀窍数	B_{28}	Peng&Shenkar
	技术文档数	B_{29}	深度访谈
	技术创新提案数	B_{30}	深度访谈
技术创新战略联盟运行产出	专利申请授权数	B_{31}	Beamish P. W.
	科技论文的合著数量	B_{32}	深度访谈
	联盟主体研发项目或课题数量	B_{33}	深度访谈
	科技奖励数	B_{34}	深度访谈
	新产品市场占有率	B_{35}	Das T. K. &Ten B.
	新产品利润贡献率	B_{36}	Inkpen&Beamish
	单位产品成本降低率	B_{37}	马雪君等
	联盟技术转让或专利许可收益	B_{38}	Beamish P. W.
	人才培养质量	B_{39}	深度访谈
	学位点建设水平	B_{40}	深度访谈
	实习基地建设水平	B_{41}	深度访谈
	联盟主体人才培养数量	B_{42}	深度访谈

其中，通过梳理不同研究学者观点与定性访谈，获得了衡量产学研合作的技术创新战略联盟产出绩效的初始量测指标；而通过深入访谈则获得了反映产学研合作的技术创新战略联盟绩效的运行投入与运行过程情况的初始量测指标。

3.3.2　预调研过程描述

本项目在构建产学研合作的技术创新战略联盟绩效评价体系之前，为了科学获取衡量联盟绩效水平的指标数据，预先开展了前期调研工作。具体调研过程是：首先基于调研获取的指标数据，分析已构建的反映产学研合作的技术创新战略联盟绩效的初始量表的信度与效度，并依据分析结果修正初始调研问卷；其次，确立调研样本，本次预调研主要是通过随机抽样方法，选取企业、高校和科研机构的管理、采购、生产、财务等不同管理部门人员作为调研对象；最后实施预调研，具体方式是由产学研合作的技术创新战略联盟绩效的调研组织机构，通过调研提纲对被调研对象进行深度访谈，并由其填写回答。本次预调研工作有 90 份调研问卷被发出，其中 71 份问卷被确认为有效，其有效问卷回收率达到 78.9％。

本项目主要采用回收的 71 份有效问卷的指标数据，来对产学研合作的技术创新战略联盟绩效的初始量表进行净化，具体来说是利用 Cronbach α 系数和探索性因子分析结果分别检验指标内容的一致性和测量维度划分的准确性，从而达到净化初始量表的目的。

3.3.3　初始测量量表的净化

在利用文献梳理和深度访谈 2 个指标数据源获取方法而获得产学研合作的技术创新战略联盟绩效的初始测量指标后，基于对联盟中的少数成员的调研数据分析，来净化产学研合作的技术创新战略联盟绩效的初始量表，这在一定程度上为科学搭建产学研合作的技术创新战略联盟绩效评价指标体系提供了相应的理论依据。

Churchill(1979)指出对反映主体的初始指标进行净化，主要是采用探索性因子分析。指标净化的主要标准是：当某项反映产学研合作的技术创新战略联盟绩效的初始指标的 Cronbach α 系数<0.5，且 CITC 系数<0.5 时，就应删除该项指标。为了进一步检验净化效果，本项目通过对比指标净化前后的 Cronbach α 系数来衡量初始问卷内容的一致性。并在此基础上，为了进一步净化初始量表，本项目通过探索性因子分析来检验产学研合作的技术创新战略联盟绩效的构成维度确立的准确性。通过探索性因子分析，若某项指标的因子负载较低或出现交叉负载，则应删除该项指标。

1. 联盟绩效影响要素的内部一致性分析

本项目采用 SPSS13.0 软件计算对比净化前后产学研合作的技术创新战略联盟绩效的不同维度指标的 Cronbach α 系数，以及基层指标的 CITC 系数，具体计算结果如表 3-3 和表 3-4 所示。

表 3-3　指标要素净化前的各维度测量的 CITC 与 Cronbach α

构成维度	指标代码	CITC	Alpha if Item Deleted	Cronbach α
技术创新联盟运行投入	B_1	0.837	0.912	0.921
	B_2	0.792	0.901	
	B_3	0.708	0.917	
	B_4	0.634	0.875	
	B_5	0.875	0.910	
	B_6	0.739	0.908	
	B_7	0.715	0.911	
	B_8	0.612	0.847	
	B_9	0.812	0.924	
	B_{10}	0.856	0.937	
技术创新战略联盟运行过程	B_{11}	0.732	0.801	0.783
	B_{12}	0.647	0.716	
	B_{13}	0.781	0.693	
	B_{14}	0.315	0.812	
	B_{15}	0.763	0.809	
	B_{16}	0.349	0.649	
	B_{17}	0.722	0.718	
	B_{18}	0.752	0.685	
	B_{19}	0.342	0.809	
	B_{20}	0.322	0.901	
	B_{21}	0.787	0.843	
	B_{22}	0.677	0.833	
	B_{23}	0.358	0.795	
	B_{24}	0.821	0.900	
技术创新战略联盟运行产出	B_{25}	0.815	0.897	0.952
	B_{26}	0.725	0.913	
	B_{27}	0.718	0.901	
	B_{28}	0.824	0.922	
	B_{29}	0.739	0.915	
	B_{30}	0.835	0.931	
	B_{31}	0.738	0.912	
	B_{32}	0.759	0.938	
	B_{33}	0.775	0.924	
	B_{34}	0.659	0.856	
	B_{35}	0.751	0.935	
	B_{36}	0.687	0.847	
	B_{37}	0.614	0.894	
	B_{38}	0.872	0.921	
	B_{39}	0.735	0.902	
	B_{40}	0.768	0.923	
	B_{41}	0.676	0.916	
	B_{42}	0.746	0.863	

表 3-4　指标要素净化后的各维度测量的 CITC 与 Cronbach α

构成维度	指标代码	CITC	Alpha if Item Deleted	Cronbach α
技术创新战略 联盟运行投入	B_1	0.837	0.912	0.921
	B_2	0.792	0.901	
	B_3	0.708	0.917	
	B_4	0.634	0.875	
	B_5	0.875	0.910	
	B_6	0.739	0.908	
	B_7	0.715	0.911	
	B_8	0.612	0.847	
	B_9	0.812	0.924	
	B_{10}	0.856	0.937	
技术创新战略 联盟运行过程	B_{11}	0.705	0.857	0.867
	B_{12}	0.826	0.901	
	B_{13}	0.729	0.912	
	B_{15}	0.746	0.863	
	B_{17}	0.719	0.895	
	B_{18}	0.627	0.856	
	B_{21}	0.801	0.862	
	B_{22}	0.772	0.848	
	B_{24}	0.736	0.865	
技术创新战略 联盟运行产出	B_{25}	0.815	0.897	0.952
	B_{26}	0.725	0.913	
	B_{27}	0.718	0.901	
	B_{28}	0.824	0.922	
	B_{29}	0.739	0.915	
	B_{30}	0.835	0.931	
	B_{31}	0.738	0.912	
	B_{32}	0.759	0.938	
	B_{33}	0.775	0.924	
	B_{34}	0.659	0.856	
	B_{35}	0.751	0.935	
技术创新战略 联盟运行产出	B_{36}	0.687	0.847	0.952
	B_{37}	0.614	0.894	
	B_{38}	0.872	0.921	
	B_{39}	0.735	0.902	
	B_{40}	0.768	0.923	
	B_{41}	0.676	0.916	
	B_{42}	0.746	0.863	

从表 3-3 和表 3-4 可以看出，产学研合作的技术创新战略联盟绩效的 3 个构成维度的量测指标的 α 系数均显著高于 0.70，这表明 3 个影响产学研合作的技术创新战略联盟绩效的构成维度的初始量表具有较强的可靠性；而从影响产学研合作的技术创新战略联盟绩效构成维度的各项基层指标的 CITC 系数均高于 0.50，仅有反映技术创新战略联盟运行过程的 5 个指标（B_{14}、B_{16}、B_{19}、B_{20} 和 B_{23}）的 CITC 系数仅为 0.315、0.349、0.342、0.322 和 0.358，根据初始量表修正准则，则应予以删除这 5 项冗余指标。在删减这 5 项指标后，产学研合作的技术创新战略联盟运行过程的 α 系数发生明显变化，其值由 0.784 提高到 0.867。因此，本项目对这 5 项冗余指标予以删除。

2. 指标的探索性因子分析

本项目删减掉上述 CITC 系数 <0.5 的 5 项冗余指标后，进一步采用探索性因子分析方法净化余下的 37 项指标。净化结果表明：净化后的 37 项影响产学研技术创新战略联盟绩效的基层指标的 KMO 值为 0.773，Bartlett's 球形检验得到通过，这表明净化后的指标具备因子分析条件。基于此，本项目利用主成分分析法进行探索性因子分析，确立特征值为 1 的标准来对上述反映产学研合作的技术创新战略联盟绩效的指标数据进行截取，并运行方差最大化原理来正交旋转，从而得到相应的分析结果，具体见表 3-5 所示。

表 3-5　指标探索性因子分析结果

构成维度	指标	因子		
		1	2	3
技术创新战略联盟运行投入	B_1		0.812	
	B_2		0.787	
	B_3		0.811	
	B_4		0.893	
	B_5		0.841	
	B_6		0.836	
	B_7		0.825	
	B_8		0.796	
	B_9		0.802	
	B_{10}		0.871	
技术创新战略联盟运行过程	B_{11}			0.813
	B_{12}			0.753
	B_{13}			0.725
	B_{15}			0.821
	B_{17}			0.834
	B_{18}			0.801
	B_{21}			0.885
	B_{22}			0.784
	B_{24}			0.710

构成维度	指标	因子		
		1	2	3
技术创新战略联盟运行产出	B₂₅	0.910		
	B₂₆	0.867		
	B₂₇	0.913		
	B₂₈	0.897		
	B₂₉	0.925		
	B₃₀	0.798		
	B₃₁	0.863		
	B₃₂	0.921		
	B₃₃	0.874		
	B₃₄	0.916		
技术创新战略联盟运行产出	B₃₅	0.868		
	B₃₆	0.832		
	B₃₇	0785		
	B₃₈	0.938		
	B₃₉	0.912		
	B₄₀	0.798		
	B₄₁	0.846		
	B₄₂	0.903		

分析结果显示：影响产学研合作的技术创新战略联盟绩效的构成维度要素的 3 个因子的特征根值>1，且其因子累计方差解释比率达到 77.83%。从因子负荷情况分析，特征根值大于 1 的 3 个因子完全与本项目预先设想的产学研合作的技术创新战略联盟绩效的 3 个准则层指标相吻合。同时，基层指标全部负荷在 3 个准则层的的因子上，且所有基层指标的因子负荷系数均>0.70，且无交叉负荷的状况。这进一步表明本项目对产学研合作的技术创新战略联盟绩效构成维度的划分具有一定的合理性，且无需深度净化这些指标。

3.3.4　评价指标体系构建

采用文献法和深度访谈法获取产学研合作的技术创新战略联盟绩效初始量测指标，并基于所构建的初始量表，以产学研合作的技术创新战略联盟的部分成员单位为调研样本，开展预调研；并通过分析预调研的指标数据的信度与效度，来进一步净化产学研合作的技术创新战略联盟绩效初始量表，删减部分与联盟整体绩效吻合度不高的指标，最终构建出如表 3-6 所示的产学研合作的技术创新战略联盟绩效的评价指标体系。

表 3-6　产学研合作的技术创新战略联盟绩效评价指标体系

构成维度	指标名称	代码
技术创新战略 联盟运行投入	R&D 资金总额	B_1
	联盟主体自身对科技经费投入总额	B_2
	政府对产学研的科技经费投入总额	B_3
	其他联盟成员对科技经费投入总额	B_4
	技术带头人总数	B_5
	R&D 人员总数	B_6
	科技活动人员总数	B_7
	用于信息网络建设的科研设施总价值	B_8
	投入运行的科研装备总价值	B_9
	用于科研基地建设的科研设施总价值	B_{10}
技术创新联盟运行过程	联盟存续期间进行的技术 R&D 项目数	B_{11}
	核心成员间开展技术论坛会的次数	B_{12}
	核心成员间交流会的次数	B_{13}
	区域科技中介服务机构数	B_{15}
	科技三项费用财政支出	B_{17}
	联盟运作满意度	B_{18}
	区域产学研结合创新服务平台建设	B_{21}
	产学研结合的政策法规支持	B_{22}
	区域创新网络的完善程度	B_{24}
技术创新战略 联盟产出	新产品数	B_{25}
	重大改进产品数	B_{26}
	制定标准数	B_{27}
	技术诀窍数	B_{28}
	技术文档数	B_{29}
	技术创新提案数	B_{30}
	专利申请授权数	B_{31}
	科技论文的合著数量	B_{32}
	联盟主体研发项目或课题数量	B_{33}
	科技奖励数	B_{34}
	新产品市场占有率	B_{35}

构成维度	指标名称	代码
技术创新战略联盟产出	新产品利润贡献率	B_{36}
	单位产品成本降低率	B_{37}
	联盟技术转让或专利许可收益	B_{38}
	人才培养质量	B_{39}
	学位点建设水平	B_{40}
	实习基地建设水平	B_{41}
	联盟主体人才培养数量	B_{42}

1. 技术创新战略联盟运行投入

影响产学研合作的技术创新联盟的运行投入水平的主要因素包括：不同联盟成员在联盟运行过程中的资金、人员和科研设施的投入程度。其中资金投入主要表现在 R&D 投入总额，联盟主体、政府、其他联盟成员对科技经费的投入总额；人员投入主要通过"技术带头人总数"、"R&D 人员总数"、"科技活动人员总数"反映；而科研设施的投入主要通过"用于信息网络建设的科研设施总价值"、"投入运行的科研装备总价值"、"用于科研基地建设的科研设施总价值"来反映。

2. 技术创新战略联盟运行过程

本项目主要从联盟 R&D 的强度、联盟运作满意度、联盟核心成员间沟通交流密切程度、合作创新环境 4 个方面来反映产学研合作的技术创新战略联盟运行过程情况。

(1)联盟运作满意度。主要衡量产学研合作的技术创新战略联盟的合作成员单位对联盟运行过程和运行结果的满意程度。在进行联盟运作满意测评时，具体参阅产学研三个不同联盟组织机构开展的合作项目的项目计划书和结题书的有关评价。

(2)合作创新环境。政府、中介机构、金融机构等部门的支持共同营造了产学研(企业、高校和科研院所)合作的技术创新战略联盟的有利合作环境，合作环境的优越可以在一定程度上降低不同合作主题的阻碍。其主要通过以下指标来衡量：区域产学研结合创新服务平台建设、产学研结合的政策法规支持、区域创新网络的完善程度、区域科技中介服务机构数、科技三项费用财政支出。

(3)联盟核心成员间沟通交流密切程度。企业、高校和科研院所的深度合作是建立在密切沟通的基础上，因此，利用联盟核心成员间的沟通交流密切程度反映其运行过程的基本情况，主要通过以下指标来衡量：核心成员间开展技术论坛会的次数、核心成员间交流会的次数。

(4)联盟 R&D 的强度。主要是通过产学研合作的技术创新战略联盟运行的存续期内开展的相关技术开发项目的总数来衡量。

3. 技术创新战略联盟运行产出

由于产学研技术创新联盟的产出绩效评价表现出一定的特殊性，即不同联盟成员的合作目标的共性与其合作意图的差异性是同时存在的，使得相同的产出绩效对于拥有不同合作意图的联盟主体而言，其主体效用是存在差别的。因此，本项目在对联盟产出情况进行分析时，基于不同联盟主体效用差异，分别从知识产出、人才培养、经济效益 3 个不同角度对其产出绩效进行分析。

（1）经济效益。经济效益是产学研联盟主体效用的重要评价指标，产学研联盟的各个主体非常重视经济效益的实现。本项目采用"新产品市场占有率"、"新产品利润贡献率"、"单位产品成本降低率"、"联盟技术转让或专利许可收益"来反映联盟运行所带来的实际经济效益。其中新产品的利润贡献率衡量的是产学研合作的技术创新战略联盟成员共同开发出的新产品所获取的利润对企业利润的贡献情况，主要通过新产品获取利润占企业利润总额的比例来表示；联盟技术转让或者专利许可获得收益是指产学研合作的技术创新战略联盟在运作过程中，转让其技术给联盟外组织机构或者联盟外主体使用联盟开发专利所获得的收入。

（2）知识产出。既是构建企业核心竞争力的重要因素，也是高校、科研院所科研成果的具体表现。本项目采用"新产品数"、"重大改进产品数"、"制定新标准数"、"技术诀窍数"、"技术文档数"、"技术创新提案数"、"科技论文合著数量"、"专利申请授权数"、"联盟主体研发项目或课题数量"以及"科技奖励数"对技术创新战略联盟各主体所持有的知识存量进行解释。其中，"技术诀窍数"是指联盟成立后研发成果满足专利申请条件但又不希望公开的技术方案；"制定新标准数"指的是联盟成立后所制定的规范市场，推动产业健康发展的新标准总数。

（3）人才培养。是衡量产学研有效性的重要指标，卓越的人才不仅可以为高校赢得名声，也能为企业创造更多的价值。因而，重视对人才的培养是实现产学研三方效用的有益因素。本项目主要从"学生培养数量"、"学生培养质量"、"学位点建设水平"以及"实习基地建设水平"四个方面进行评价。

第 4 章　产学研合作的技术创新战略联盟绩效评价的实证研究

　　基于联盟调查获取的产学研合作的技术创新战略联盟绩效的指标数据，通过综合测算分析，找出当前西部地区部分技术创新战略联盟运行过程中存在的关键性问题，这一过程即为产学研合作的技术创新战略联盟绩效评价的实证分析过程。在这一过程中，为了发现联盟主体在开展产学研合作过程中主体效用未有效发挥的根本原因，进而为制定科学合理的联盟分配机制提供依据，本项目从联盟运行投入、运行过程和运行产出三个维度出发，从西南地区选取 4 个技术创新战略联盟的 29 个联盟成员作为样本，对产学研合作技术创新战略联盟绩效进行了实证分析。

4.1　采集技术创新战略联盟绩效的信息数据

4.1.1　问卷设计

　　由于在反映产学研合作的技术创新战略联盟绩效的各数据源中，存在着海量数据，很多数据对其不会产生任何影响，为避免在产学研合作的技术创新战略联盟绩效分析中获得过多无用的数据，本项目在正式调研之前，对反映产学研合作的技术创新战略联盟绩效的数据属性进行了精简，以此来获取反映产学研合作的技术创新战略联盟绩效的各指标的真实数据。具体来说，是利用所建立的产学研合作的技术创新战略联盟绩效评价指标体系，抽出部分联盟成员作为样本实施调研，以获取技术创新战略联盟绩效评价所需的实际数据。

4.1.2　调查方法

　　为了准确地评价出西部地区产学研合作的技术创新战略联盟绩效，本项目采用重点调查方法对重庆、四川等地区的技术创新战略联盟展开实际调研，采集反映产学研合作的技术创新战略联盟绩效的各项指标的数据。

　　1. 调查范围的确定

　　在正式问卷调查过程中，本项目主要抽取西南地区部分技术创新战略联盟的成员（高校、科研院所、企业)作为样本群,从样本群中选取从事技术研发、成本核算、生产的相关人员为实际调研对象。由于调研对象要对产学研合作的技术创新战略联盟运行情况做出主观评估,所以调研对象主要选自上述机构中有机会参与联盟决策的员工或管理者,这有助于最大限度的保证调研对象熟悉联盟运行的基本情况,进而科学判断联盟成员的主要行为。结合各联盟成员实际,上述抽样对象分别来自高校的管理部门、研究中心、财务部;科研院所的研发部、财务部、行政管理部;企业的高层管理部、生产部、研发部、财务部等。具体来说,按照人员职能岗位的层次结构划分,高层管理者在调研总体占 5.6%,中层管理者在调研总体占 28.8%,基层管理者在调研总体占 38.6%;按照从事的职能工作类型划分,研发部的人员在调研总体中占 53.9%,财务部的人员在调研总体中占 18.3%,来自生产部门和其他管理部的人员在调研总体中分别占 10.1% 和 6.4%。

2. 调查样本的选取

在产学研合作技术创新战略联盟中,采用重点调查法对调研样本进行选取,主要是选择一些在联盟中具有一定核心地位和代表性的,且表现出不同运行特征(联盟运行状况良好、一般和较差)的联盟成员作为样本。这些联盟成员的数量在所有成员单位中所占的比重不高,但能够代表联盟整体的运行状况。选取样本原则:

(1)为了准确确立重点调查的联盟对象及范围,本项目按照产学研合作的技术创新战略联盟绩效的调查任务需求,依据不同联盟成员的实际情况,对样本对象进行选择,其基本准则是重点单位不应过多,但其反映联盟运行状况的各项指标的数值在总体中所占的比例较大,目的在于确保选取单位的典型性。

(2)作为重点调研的产学研合作的技术创新战略联盟成员,应具备科学的管理体制、较强的业务水平以及规范的统计工作流程。

基于以上两个原则,本项目主要从西南地区 4 个技术创新战略联盟企业中选取 29 个相关组织机构作为样本。

3. 调查方法的实施

在开展对产学研合作的技术创新战略联盟成员的问卷调查时,其基本实施过程如下:首先调研的组织机构人员应对本次调查的原由与指标内涵、采取的调查方法以及填写方式向被访者做出详细说明,并提供有针对性的引导;其次,选择联盟成员中的企业管理者、总工程师或技术研发人员作为主要的访谈对象,其目的在于有效保证问卷回收的准确性。本次调查共发放 130 份问卷,在 60 天的调研期间内,共回收 78 份(分别来自 29 个样本单位的实际数据),问卷有效回收率为 60%,达到了有效样本数量为测度指标 5 倍以上的要求。

4.1.3　基于调研数据的问卷信度与效度分析

在调研问卷填写完成后,本项目对问卷的有效性和真实性进行测量,主要通过信度和效度来测量本次调研结果的准确程度。基于信度与效度的检验,充分考核问卷本身设计的合理性,并将其作为修正问卷的主要依据,从而克服数据偏差所带来的错误决断。

1. 信度分析

(1)信度的含义。信度主要衡量的是依据产学研合作的技术创新战略联盟绩效问卷所采集的信息数据资料稳定性及一致性，主要检验联盟运行结果并不会受到联盟成员自身及其所处环境的影响，即调研结果一致性并不会受到上述情况的影响。

可以说，信度的内涵在一定程度上说明：对其可靠性检验主要取决于所设计的产学研合作的技术创新战略联盟绩效的问卷同构类型与联盟成员接受访谈的时间间隔。一致性高表明的是相同联盟成员在接受相同目的、性质及问卷类型的不同调研类型，其调研结果均具有高度的正相关性；而稳定性高表明的是相同联盟成员在任何环境背景下，接受相同调研方法获得的问卷测量结果，均具有较小的差异。

(2)信度的检验。信度的检验主要是通过内部一致性来衡量。若产学研合作的技术创新战略联盟绩效的调查结果一致性和稳定性越高，则问卷信度系数也越高。本项目进行信度检验主要以 Cronbach α 系数为标准。其计算公式如(4-1)：

$$\alpha = \left(\frac{k}{k-1}\right)\left[1 - \frac{\sum S_i^2}{S^2}\right] \tag{4-1}$$

其中，k 为问卷中包含的指标总数；S_i^2 为所有联盟成员在第 i 项指标上的方差($i=1$，2，$\cdots$，k)；S^2 为所有联盟成员在所有指标上的方差($t=1$，2，$\cdots$，k)。

依据调查问卷采集的数据资料，通过公式(4-1)可计算出反映西部地区产学研合作的技术创新战略联盟绩效的各项量测指标 Cronbach α 系数。依据 Guilford 说明，高信度 $\alpha>0.7$，而低信度 $\alpha<0.35$。根据问卷回收结果的测算情况可知，本次产学研合作的技术创新战略联盟绩效的问卷调查的 Cronbach $\alpha=0.72$，大于 Guilford 提出的 0.7 临界值，这表明本次问卷调查结果具有较高的可信性，且与实际结果保持较高的一致性。

2. 效度分析

(1)效度的含义。若一个调查方法不能度量出所要调查对象的特征，则即使信度再高也无法准确衡量调查对象的实际情况。基于此，本项目为了准确衡量出本次调查方法及其所获取数据的准确性，对其效度进行了测量。所谓效度就是对项目设计实施的调查方法、手段和调查结果的有效程度进行度量的指标，其主要由调查内容(内容效度和表面效度)、外部标准(相关标准效度，同期效度和预测效度组成)和作为调查方法的理论基础(构思效度)3 个部分构成。

(2)效度的检验。本项目主要以产学研合作的技术创新战略联盟绩效的调查问卷的题目分布的合理性来对其调查内容的效度进行度量；以调查问卷的分量表分与总量表分的相关度比其分量表分之间的相关度的高低来检验问卷的结构效度，在具体检验过程中是以理论逻辑分析为基础。

本项目度量问卷效度的主要标准主要是通过 Kerlinger 的以各分量表分对总量表分的相关系数。若该系数>0.6，则表明问卷效度较好。基于本项目的问卷调查结果的测算可知，当前产学研合作的技术创新战略联盟绩效的问卷的各分量表分对总量表分的相关系数为 0.624，超过 0.6 临界值，这说明本次问卷调查获得了较为准确的信息资料，且采用的调研方法较为科学。

4.2 基于模糊积分的技术创新战略
联盟绩效评价模型构建

产学研技术创新战略联盟绩效评价，一方面需要集成反映技术创新战略联盟绩效的各项评价指标，得到产学研合作的技术创新战略联盟整体绩效水平来反映联盟的运行状况；另一方面需要深入探究隐藏在技术创新战略联盟绩效综合评价结果中的深层次信息，便于联盟管理者和联盟成员及时发现当前联盟运行过程中所存在的关键问题，为下一阶段寻找能有效刺激其发挥各自的主体效用的分配机制提供决策依据。

产学研合作的技术创新战略联盟绩效评价指标体系，是一个由若干不同要素组合而成的系统，构成该系统的各项指标本身表现出一定的模糊性和复杂性，且指标之间具有一定的相关性。其主要原因在于构建该评价系统时，着重考虑了指标选取信息数据的完整性和代表性，从而导致部分指标存在一定程度的相关性和交互作用。从这一角度来分析可知，西部地区产学研合作的技术创新战略联盟绩效评价属于一个多对象、多因素、多层次和模糊的技术动态评价问题。采用定性的方法开展联盟整体绩效评价，主要凭借评价者的主观感觉，以此确定技术创新战略联盟绩效的"高"与"低"，这种方法难以做到科学、客观，且评价结果无法准确反映出联盟运行过程中所存在的根本问题。

目前，在现有的各类基于数学原理的综合评价方法中，线性加权法、层次分析法、模糊综合评价法等是较为常用的方法。然而，在采用线性加权法进行综合评价时，方法本身对评价体系有严格要求，必须具备以下条件：第一，为了满足可加性，要求反映产学研合作的技术创新战略联盟绩效的各项评价指标间绝对独立；第二，体现出可补偿性，即反映产学研合作的技术创新战略联盟绩效的各项评价，其表现值差的指标一定会被其他指标来补偿。从客观情况考虑，这些条件在现实情况下是很难满足的。因为在现实评价系统中，评价者的主观评价过程通常不遵循线性特征，且各项指标之间也无法满足相互独立性，况且对指标独立性的判别本身很难。可以说，在上述情形下，使用线性加权法得到的评价结果的准确性很难保证。

另外，由于层次分析法、模糊综合评价法等传统评价方法，均是以线性加权法为基础，因而需要对指标间的独立性进行假设。然而，在现实评价系统中，这种加法性很难满足，因为系统中的指标间或多或少都存在一定的相关度。因此，若采用上述方法，必须先处理指标间的相关性。目前处理指标相关性的方法主要有两大类：一类是采用专家主观评价法，该方法强调每个评价体系中的各项指标之间相互独立；另一类是采用 PCA 法、因子分析方法以及聚类分析法等统计分析方法，来对定量指标进行独立性处理。但不论采用哪一类方法进行指标选取，均会存在信息缺失的风险。因此，为了有效解决产学研合作的技术创新战略联盟绩效这类具有一定交互作用的技术性动态评价问题，寻求科学的综合评价方法已成为学者们关注焦点。

那么何种方法才能克服上述问题，科学准确地对这一类评价体系进行综合评价呢？在充分考虑评价系统中各项指标的特性的前提下，部分研究学者提出利用其他类型的测度和积分取代概率测度和 Lebesgue 积分。其中模糊测度的概念被越来越多的学者提出，并将其作为多指标评价问题的数理基础。与概率测度相比，它不需要假设指标间相互独立，仅要求各项指标值满足单调性。而模糊积分作为一种非线性函数，其是在模糊测度的基础上被定义的，可被应用于解决具有一定交互作用的评价系统，特别有利于解决评价者的主观价值判断问题。

　　基于产学研合作的技术创新战略联盟绩效评价系统的主要特征，本项目基于模糊积分法的基本思想，利用语义变量来描述评价指标的主观评价值，利用梯形模糊数来对语义变量进行数量化处理，并集成评价者的决策偏好；之后为了规避单一评价主体所带来的信息缺失，本项目采用群决策方法整合多位专家信息，来确立各项指标在评价系统中的重要性；最终构建了一种基于模糊积分的产学研合作的技术创新战略联盟绩效综合评价模型。

4.2.1　模糊积分方法的基本原理

　　产学研技术创新战略联盟绩效评价，一方面需要利用一定的数理方法对技术创新战略联盟绩效的各项评价指标进行有效整合，得到创新战略联盟整体绩效水平来反映联盟的运行状况；另一方面需要深入探究隐藏在技术创新战略联盟绩效综合评价结果中的深层次信息，便于联盟管理者和联盟成员及时发现当前联盟运行过程中所存在的关键问题，为下一阶段寻找能有效刺激其发挥各自的主体效用的分配机制提供决策依据。基于此，本项目结合研究问题特点，利用模糊积分评价方法，综合评价出不同技术创新战略联盟的实际绩效，并对评价结果进行综合排名，以此来进一步挖掘出各联盟运行过程中所存在的问题，进而为制定可行的运行机制来推动联盟的可持续发展提供一定的决策依据。

　　1. 评价问题描述

　　设 Y 为待评价的技术创新战略联盟，衡量其运行绩效的相应指标为 y_1，y_2，…，y_n，标准化后的评价指标值为 $f(y_i)(i=1, 2, …, n)$。

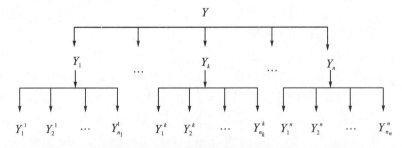

图 4-1　产学研合作的技术创新战略联盟绩效的综合评价模型

　　Y 表示产学研合作的技术创新战略联盟的整体绩效，Y_1，Y_2，…，Y_k，…，Y_n 表示影响技术创新战略联盟整体绩效的准则层面，Y_1^1，Y_2^1，…，$Y_{n_1}^1$，…，Y_1^k，Y_2^k，…，$Y_{n_k}^k$，…，Y_1^n，Y_2^n，…，$Y_{n_n}^n$ 分别表示不同准则层下的基层评价指标。

　　2. 基于 λ 模糊测度的模糊积分评价方法的基本原理

　　基于 λ 模糊测度的模糊积分评价方法的最大优点在于：该方法对反映评价对象的各

项指标之间不需要完全独立。因此，该方法适合处理主观价值判断的评价问题。

(1)λ 模糊测度的界定。1974 年，日本学者菅野(M. Sugeno)给出了模糊测度的基本概念。设 S 是非空集合 Y 的子集构成的一个 δ 一代数，假设存在某变量 $y \in Y$，推断 y 可能隶属于 S 的某个子集 B(即 $B \subset S$，且 $y \in B$)。这种推断表现出一定的不确定性和模糊性，用 g 表示量测其模糊性的量度。

为与其他特定模糊测度模型形成差别，本项目将一般模糊测度的特征概括为有界性、单调性和连续性。

λ 模糊测度是目前被广泛应用的一种受参数 λ 值制约的测度型态，其利用参数 λ 来描述各项指标间的可加程度。其定义如下：

若 $A \cap B = \varphi$，且 $g_\lambda(A \cup B) = g_\lambda(A) + g_\lambda(B) + \lambda g_\lambda(A) g_\lambda(B)$，其中 $\lambda \in (-1, \infty)$。则称 g_λ 为 λ 模糊测度，或 g_λ 测度。

若有限集合 $Y = \{y_1, y_2, \cdots, y_n\}$ 的幂集合为 $P(Y)$，则 $(Y, P(Y))$ 的模糊测度 g 一定满足有界性、单调性和连续性三大特征。

在 λ 模糊测度公式中，$g_\lambda(A \cup B)$ 与 $g_\lambda(A) + g_\lambda(B)$ 之间的关系包括以下集中情况：

当 $\lambda = 0$ 时，$g_\lambda(A \cup B) \geqslant g_\lambda(A) + g_\lambda(B)$，表示 A 与 B 之间存在相互关系，表现出相乘作用。

当 $\lambda < 0$ 时，$g_\lambda(A \cup B) \leqslant g_\lambda(A) + g_\lambda(B)$，表示 A 与 B 之间存在替代作用，表现出互相重复。

当 $\lambda = 0$ 时，$g_\lambda(A \cup B) = g_\lambda(A) + g_\lambda(B)$，表示 A 与 B 之间无相互作用的关系，表现出独立性[154]。

若有限集合 $Y = \{y_1, y_2, \cdots, y_n\}$ 的变量 y_i 的模糊密度函数为 $g(y_i)$，则 g_λ 可以写成：

$$g_\lambda(\{y_1, y_2, \cdots, y_n\}) = \sum_{i=1}^{n} g(y_i) + \lambda \sum_{i1=1}^{n-1} \sum_{i2=i1+1}^{n} g(y_{i1}) g(y_{i2}) + \cdots + \lambda^{n-1} g(y_1) g(y_2) \cdots g(y_n)$$

$$= \frac{1}{\lambda} \left| \prod_{i=1}^{n} (1 + \lambda g(y_i)) - 1 \right| \lambda \in (-1, \infty) \quad \lambda \neq 0 \tag{4.2}$$

(2)模糊积分的界定。作为一种非线性函数，Choquet 模糊积分法的基本内涵如下：

在满足一般性的情况下，假设 $f(y_1) \geqslant f(y_2) \geqslant \cdots \geqslant f(y_n)$，则 Choquet 模糊积分公式(4.2)成为

$$\int f dg = \bigvee_{i=1}^{n} (f(y_i) \wedge g(Y_i)) \tag{4.3}$$

其中 $Y_i = \{y_1, y_2, \cdots, y_i\}(i = 1, 2, \cdots, n)$，∨ 表示取最大值，∧ 表示取最小值。

4.2.2　基于 λ 模糊测度的 Choquet 模糊积分评价方法的基本模型

在评价过程中应用模糊积分方法，首先将 f 视为待评价技术创新战略联盟整体绩效值；g 代表影响技术创新战略联盟运行绩效的主观重要程度；f 与 g 的模糊积分为待评价联盟对象的整体绩效评价值。目前使用广泛的 Choquet 积分，如图 4-2。

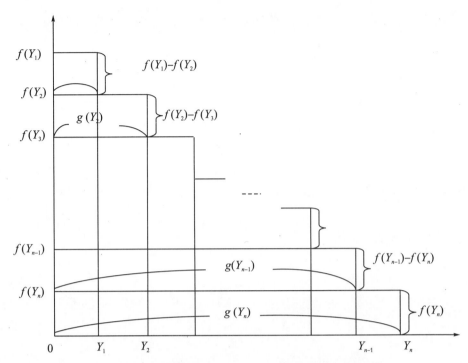

图 4-2　基于 λ 模糊测度的 Choquet 模糊积分方法的结构图

假设本项目评价主体评价值满足一般性状况，即 $f(y_1) \geqslant \cdots \geqslant f(y_i) \geqslant \cdots \geqslant f(y_n)$，则基于模糊测度 g 的 f 在 Y 上 Choquet 模糊积分被表达为以下公式

$$E = \int f \mathrm{d}g$$
$$= f(y_n)g(Y_n) + [f(y_{n-1}) - f(y_n)]g(Y_{n-1}) + \cdots + [f(y_1) - f(y_2)]g(Y_1)$$

$$(4\text{-}4)$$

公式(4-4)则被定义为模糊积分方法的基本模型。其中 E 为综合评价值，$f(y_i)$ 表示待评估对象的第 i 个属性的绩效值，而 $g(Y_i)$ 的测算是基于多个属性 y_1，y_2，$\cdots$，y_i 前提下而得到的，即 $g(Y_1) = g(\{y_1\})$，$g(Y_2) = g(\{y_1, y_2\})$，$\cdots$，$g(Y_n) = g(\{y_1, y_2, \cdots, y_n\})$。

4.2.3　技术创新战略联盟绩效评价模型构建

1. 评价指标值的确定

1)定量指标无量纲处理

由于反映西部地区产学研合作的技术创新战略联盟的各项原始指标值的量纲存在一定差异，因而无直接进行比较的可能，需要对不同指标的量纲进行处理，即无量纲化处理，从而才可直接比较各项指标。目前常用的无量纲化方法有"标准化法"、"极值法"等，本项目主要采用标准化法无量纲化定量指标。具体见表 4-2。

2)定性指标值的确定

(1)基于专家判断确定定性指标语意值。针对通过专家判断确定的定性指标语意值具有一定的模糊性，本项目采用梯形模糊数来表示定性指标的评价值。基于问卷调查，根据定性指标的语意变量表（见表 4-1），由有关不同专家分别确定出各定性指标语意值，构成定性指标语意值集合 $\tilde{f}1$。

表 4-1   定性指标的语意值变量表

语意变量	分值
极差	(0, 0, 0, 0)
非常差	(0, 0, 0.1, 0.2)
很差	(0.1, 0.2, 0.2, 0.3)
稍差	(0.2, 0.3, 0.4, 0.5)
普通	(0.4, 0.5, 0.5, 0.6)
稍好	(0.5, 0.6, 0.7, 0.8)
很好	(0.7, 0.8, 0.8, 0.9)
非常好	(0.8, 0.9, 1, 1)
极好	(1, 1, 1, 1)

$$\tilde{f}1 = \{\tilde{f}_j(Y_i^k) \mid k=1,2,\cdots,n; i=1,2,\cdots,d_{n_k}; j=1,2,\cdots,m\}$$

$\tilde{f}_j(Y_i^k)$ 为专家给出的联盟绩效准则层下的定性指标语意值。$\tilde{f}_j(Y_i^k)$ 为梯形模糊数 $(a_i^k, b_i^k, c_i^k, d_i^k)$，$a_i^k \in [0,1]$，$b_i^k \in [0,1]$，$c_i^k \in [0,1]$，$d_i^k \in [0,1]$；$n$ 为创新联盟准则层面的个数；d_{n_k} 为准则层面下的定性指标个数；m 为专家人数。

(2)通过整合专家意见，计算出影响产学研合作的技术创新战略联盟绩效的定性指标的模糊值，对上述公式中的定性指标语意值实施模糊运算，得出其模糊值集合 $\tilde{f}$。

表 4-2   预处理后的 2011~2012 年产学研合作的技术创新战略联盟绩效评价指标值

指标代码	联盟 1	联盟 2	联盟 3	联盟 4
		2010 年		
a_1	0.391	0.315	1.000	0.476
a_2	0.711	0.239	1.000	0.539
a_3	0.344	0.417	1.000	0.126
a_4	0.678	0.067	1.000	0.032
a_5	1.000	0.033	0.123	0.398
a_6	1.000	0.185	0.937	0.708
a_7	1.000	0.247	0.600	0.322
a_8	1.000	0.067	0.859	0.158
a_9	1.000	0.000	0.333	0.079
a_{10}	1.000	0.000	0.206	0.024
a_{11}	0.295	0.059	1.000	0.161

指标代码	联盟 1	联盟 2	联盟 3	联盟 4
a_{12}	1.000	0.012	0.444	0.222
a_{13}	1.000	0.030	0.401	0.480
a_{14}	1.000	0.111	0.222	0.444
a_{15}	1.000	0.000	0.288	0.410
a_{16}	0.657	0.716	1.000	0.870
a_{17}	0.632	0.692	1.000	0.853
a_{18}	0.697	0.781	1.000	0.922
a_{19}	0.585	0.762	1.000	0.869
a_{20}	0.320	0.480	1.000	0.140
a_{21}	0.556	0.500	1.000	0.500
a_{22}	1.000	0.600	0.350	0.650
a_{23}	1.000	0.038	0.036	0.043
a_{24}	0.936	0.078	1.000	0.035
a_{25}	1.000	0.003	0.014	0.028
a_{26}	1.000	0.030	0.034	0.038
a_{27}	1.000	0.030	0.768	0.681
a_{28}	0.524	0.000	1.000	0.328
a_{29}	1.000	0.046	0.222	0.130
a_{30}	0.645	0.001	1.000	0.072
a_{31}	0.103	0.000	0.526	1.000
a_{32}	0.067	0.000	1.000	0.704
a_{33}	0.398	0.000	1.000	0.456
a_{34}	0.100	0.000	1.000	0.000
a_{35}	0.580	0.710	1.000	0.885
a_{36}	0.465	0.581	1.000	0.592
a_{37}	0.695	0.656	1.000	0.932
2011 年				
a_1	1.000	0.396	0.427	0.813
a_2	1.000	0.033	0.043	0.093
a_3	0.684	0.904	1.000	0.418
a_4	0.692	0.000	1.000	0.057
a_5	1.000	0.036	0.101	0.345
a_6	0.806	0.205	1.000	0.864
a_7	1.000	0.217	0.505	0.343

指标代码	联盟 1	联盟 2	联盟 3	联盟 4
a_8	1.000	0.054	0.577	0.098
a_9	1.000	0.010	0.325	0.099
a_{10}	1.000	0.004	0.190	0.034
a_{11}	0.391	0.062	1.000	0.194
a_{12}	1.000	0.019	0.357	0.245
a_{13}	1.000	0.036	0.364	0.575
a_{14}	1.000	0.077	0.346	0.346
a_{15}	1.000	0.000	0.173	0.402
a_{16}	0.619	0.717	1.000	0.861
a_{17}	0.602	0.729	1.000	0.881
a_{18}	0.686	0.769	1.000	0.869
a_{19}	0.571	0.744	1.000	0.801
a_{20}	0.500	0.700	1.000	0.340
a_{21}	0.833	0.667	1.000	0.722
a_{22}	1.000	0.367	0.367	0.300
a_{23}	1.000	0.041	0.034	0.063
a_{24}	0.969	0.079	1.000	0.610
a_{25}	1.000	0.005	0.021	0.072
a_{26}	1.000	0.074	0.050	0.066
a_{27}	1.000	0.033	0.734	0.676
a_{28}	0.642	0.000	1.000	0.402
a_{29}	1.000	0.028	0.166	0.110
a_{30}	0.738	0.001	1.000	0.079
a_{31}	0.131	0.000	0.301	1.000
a_{32}	0.049	0.000	0.355	1.000
a_{33}	0.442	0.000	1.000	0.960
a_{34}	0.562	0.000	1.000	0.000
a_{35}	0.600	0.744	1.000	0.799
a_{36}	0.487	0.645	1.000	0.592
a_{37}	0.680	0.664	1.000	0.928
2012 年				
a_1	1.000	0.265	0.315	0.553
a_2	1.000	0.058	0.080	0.103
a_3	0.457	0.279	1.000	0.357

指标代码	联盟 1	联盟 2	联盟 3	联盟 4
a_4	0.745	0.305	1.000	0.054
a_5	1.000	0.037	0.103	0.315
a_6	0.912	0.230	1.000	0.985
a_7	1.000	0.215	0.437	0.305
a_8	1.000	0.104	0.969	0.180
a_9	1.000	0.009	0.313	0.094
a_{10}	1.000	0.003	0.180	0.028
a_{11}	0.387	0.053	1.000	0.212
a_{12}	1.000	0.013	0.451	0.288
a_{13}	1.000	0.038	0.577	0.652
a_{14}	1.000	0.063	0.250	0.313
a_{15}	1.000	0.000	0.185	0.405
a_{16}	0.638	0.784	1.000	0.857
a_{17}	0.663	0.722	1.000	0.868
a_{18}	0.686	0.774	1.000	0.864
a_{19}	0.611	0.716	1.000	0.883
a_{20}	0.548	0.645	1.000	0.371
a_{21}	0.917	0.750	1.000	0.708
a_{22}	1.000	0.342	0.244	0.463
a_{23}	1.000	0.031	0.036	0.086
a_{24}	0.853	0.069	1.000	0.829
a_{25}	1.000	0.010	0.026	0.066
a_{26}	1.000	0.100	0.178	0.197
a_{27}	1.000	0.037	0.732	0.656
a_{28}	0.575	0.000	1.000	0.411
a_{29}	1.000	0.037	0.220	0.110
a_{30}	0.800	0.002	1.000	0.095
a_{31}	0.099	0.000	0.293	1.000
a_{32}	0.072	0.000	0.563	1.000
a_{33}	0.420	0.000	0.658	1.000
a_{34}	1.000	0.000	0.875	0.000
a_{35}	0.632	0.772	1.000	0.803
a_{36}	0.609	0.685	1.000	0.673
a_{37}	0.685	0.704	1.000	0.990

$$\widetilde{f}(Y_i^k) = \frac{1}{m} \otimes \{\widetilde{f}_1(Y_i^k) \oplus \widetilde{f}_2(Y_i^k) \oplus \cdots \oplus \widetilde{f}_m(Y_i^k)\}\widetilde{f}$$
$$= \{\widetilde{f}(Y_i^k) \mid k = 1,2,\cdots,n; i = 1,2,\cdots,d_{n_k}\}$$

$\widetilde{f}(Y_i^k)$是整合 m 位专家意见后，计算出产学研合作的技术创新战略联盟绩效准则层面下的定性指标综合模糊值，其中，$\oplus$ 及 $\otimes$ 为模糊运算子。

（3）基于解模糊化计算，得出影响产学研合作的技术创新战略联盟绩效的各定性指标值。目前研究学者们提出多种将定性指标的模糊值转换成明确值的方法，各有优劣势。本项目主要采用距离公式法来进行解模糊化，即将模糊数转换成明确值。

将产学研合作的技术创新战略联盟绩效的准则层面下的定性指标模糊值转换成明确指标值，具体计算方法如式(4-5)：

$$M(\widetilde{f}(Y_i^k)) = \frac{d_i^{k-}}{d_i^{k-} + d_i^{k^*}} \tag{4-5}$$

$$d_i^{k-} = \sqrt{\frac{1}{4}[(a_i^k)^2 + (b_i^k)^2 + (c_i^k)^2 + (d_i^k)^2]}$$

$$d_i^{k^*} = \sqrt{\frac{1}{4}[(1-a_i^k)^2 + (1-b_i^k)^2 + (1-c_i^k)^2 + (1-d_i^k)^2]}$$

利用公式（4-5）计算得到影响联盟绩效的各定性指标的明确值 $\{f(Y_i^k) \mid k=1,\cdots,n; i=1,\cdots,d_{n_k}\}$，具体见表 4-2。

2. 基于模糊积分方法计算技术创新战略联盟绩效各准则层的评价值

第一，确立各层指标的重视度和 λ 值。根据 λ 值与指标重视度的设定原则，有关专家给出模糊积分评价方法中的参数 λ 值，同时以此为依据确立技术创新战略联盟绩效各评价层面中的评价指标的重视度。

表 4-3 重视度及 λ 值的设定原则

评价要求和目的	重视度	λ 值
重视某单项或多项评价指标表现优异的评价对象	该项指标的重视度提高	λ 为趋近于−1 的数
重视任一项或多项评价指标表现优异的评价对象	各项指标的重视度相等	
重视评价指标表现整齐与某单项或多项评价指标表现优异的评价对象	该项指标的重视度提高	λ<0 且趋近于 0 的数
重视评价指标表现整齐与任一或多项评价指标表现优异的评价对象	各项指标的重视度相等	
重视评价指标表现整齐的评价对象	各项指标的重视度无约束	λ>0 的数

$$g_1 = \{g_j(Y_i^k) \mid k = 1,2,\cdots,n; i = 1,2,\cdots,n_k; j = 1,2,\cdots,m\}$$
$$\lambda = \{\lambda_j^k \mid k = 1,2,\cdots,n; j = 1,2,\cdots,m\}$$

$g_j(Y_i^k)$ 为第 j 位专家给出的技术创新战略联盟绩效准则层面 Y_k 下第 i 个评价指标 Y_i^k 的重视度；λ_j^k 为第 j 位专家根据上述原则所确定的 Y_k 的 λ 值。

在整合所有专家意见的基础上，计算得出技术创新战略联盟绩效各评价层面的 λ 值和各个评价层面中评价指标的重视度

$$g = \{g(Y_i^k) \mid k = 1,2,\cdots,n ; i = 1,2,\cdots,n_k \}$$
$$\lambda = \{\lambda^k \mid k = 1,2,\cdots,n \}$$

$g(Y_i^k)$ 为技术创新战略联盟绩效评价层面 Y_k 下第 i 个评价指标 Y_i^k 的模糊密度值；λ^k 为评价层面 Y_k 的 λ 值；n 为评价层面的个数；n_k 为评价层面 Y_k 下的评价指标个数；m 为专家的人数。

第二，按指标值大小重新排序技术创新战略联盟绩效评价层面下的不同指标值 $f(Y_i^k)$，其中 $i = 1, 2, \cdots, n_k$；$f(Y_{i_1}^k) \geqslant \cdots \geqslant f(Y_{i_j}^k) \geqslant \cdots \geqslant f(Y_{i_{n_k}}^k)$，其中 $\{i_j \mid j = 1, 2, \cdots, n_k\} = \{i \mid i = 1, 2, \cdots, n_k\}$。

第三，根据公式(4-2)计算出技术创新战略联盟绩效准则层的模糊测度值，并对其归一化处理，得到

$$g_\lambda(Y_{i_1}^k), g_\lambda(\{Y_{i_1}^k, Y_{i_2}^k\}), g_\lambda(\{Y_{i_1}^k, Y_{i_2}^k, Y_{i_3}^k\}), \cdots, g_\lambda(\{Y_{i_1}^k, Y_{i_2}^k, \cdots, Y_{i_{n_{k-1}}}^k\})$$

第四，利用模糊积分法的计算公式(4-5)计算得到技术创新战略联盟绩效评价层面 Y_k 的评价值：

$$\begin{aligned}
f(Y_k) &= f(Y_{i_{n_k}}^k) + [f(Y_{i_{n_{k-1}}}^k) - f(Y_{i_{n_k}}^k)]g_\lambda(\{Y_{i_1}^k, Y_{i_2}^k, \cdots, Y_{i_{n_{k-1}}}^k\}) + \cdots \\
&+ [f(Y_{i_2}^k) - f(Y_{i_3}^k)]g_\lambda(\{Y_{i_1}^k, Y_{i_2}^k\}) + [f(Y_{i_1}^k) - f(Y_{i_2}^k)]g_\lambda(Y_{i_1}^k) \quad (4\text{-}6)
\end{aligned}$$

第五，循环步骤二至步骤四，计算得出产学研合作的技术创新战略联盟绩效的所有评价层面的评价值 $f = \{f(Y_k)\}(k = 1, 2, \cdots, n)$。

3. 综合评价

根据上述准则，由相关领域专家对 λ 值和技术创新战略联盟绩效的各评价层面的模糊密度值 $\{g(Y_k)\}(k = 1, 2, \cdots, n)$ 进行确认，并计算得出联盟绩效的所有评价层面的评价值 $\{f(Y_k)\}(k = 1, 2, \cdots, n)$，利用模糊积分法，最终计算样本联盟整体绩效综合评价值 Y。

4.3 技术创新战略联盟绩效综合评价

4.3.1 评价步骤

1. 重视度及 λ 值的确定

通过问卷调查，由有关专家给出产学研合作的技术创新战略联盟绩效各评价层面评价指标的重视度，并根据 λ 值与重视度的设定原则给出 $\lambda = -0.5$。见表4-4。

表 4-4　产学研合作的技术创新战略联盟绩效评价指标的重视度

构成维度	指标名称	重视度
技术创新战略 联盟运行投入 (0.813)	R&D 资金总额	0.773
	联盟主体自身对科技经费投入总额	0.706
	政府对产学研的科技经费投入总额	0.750
	其他联盟成员对科技经费投入总额	0.665
	技术带头人总数	0.713
	R&D 人员总数	0.765
	科技活动人员总数	0.741
技术创新战略 联盟运行投入 (0.813)	用于信息网络建设的科研设施总价值	0.667
	投入运行的科研装备总价值	0.780
	用于科研基地建设的科研设施总价值	0.755
技术创新联盟 运行过程 (0.769)	联盟存续期间进行的技术 R&D 项目数	0.781
	核心成员间开展技术论坛会的次数	0.680
	核心成员间交流会的次数	0.682
	区域科技中介服务机构数	0.685
	科技三项费用财政支出	0.797
	联盟运作满意度	0.681
	区域产学研结合创新服务平台建设	0.774
	产学研结合的政策法规支持	0.749
	区域创新网络的完善程度	0.716
技术创新战略 联盟产出(0.800)	新产品数	0.753
	重大改进产品数	0.756
	制定标准数	0.667
	技术诀窍数	0.729
	技术文档数	0.683
	技术创新提案数	0.699
	专利申请授权数	0.741
	科技论文的合著数量	0.684
	联盟主体研发项目或课题数量	0.725
	科技奖励数	0.652
	新产品市场占有率	0.789
	新产品利润贡献率	0.775
	单位产品成本降低率	0.726
	联盟技术转让或专利许可收益	0.713
	人才培养质量	0.722
	学位点建设水平	0.638
	实习基地建设水平	0.714
	联盟主体人才培养数量	0.713

2. 模糊测度的计算

依据专家确定的 λ 值及评价指标的 g_i 值，利用式(4-2)可分别计算得出产学研合作的技术创新战略联盟绩效各准则层面下的所有评价指标的模糊测度 g_λ。

3. 基于模糊积分方法的原理计算联盟绩效各准则层面的评价值

(1)将联盟绩效准则层 Y_k 下的各指标值 $f(Y_i^k)(i=1, 2, \cdots, n_k)$ 进行排序 $f(Y_{i_1}^k) \geqslant \cdots \geqslant f(Y_{i_j}^k) \geqslant \cdots \geqslant f(Y_{i_{n_k}}^k)$，$(\{i_j|j=1, 2, \cdots, n_k\}=\{i|i=1, 2, \cdots, n_k\})$。

(2)归一化处理计算得出的不同准则层 Y_k 下的模糊测度。

(3)利用模糊积分公式(4.5)计算得出联盟绩效准则层 Y_k 的评价值。

(4)重复步骤(1)至(3)，求出产学研合作的技术创新战略联盟绩效各层面评价值分别为 $f=\{f(Y_k)\}$ 和 $F=\{F(Y_k)\}(k=1, 2, \cdots, n)$。见表4-5。

表4-5　产学研合作的技术创新战略联盟绩效准则层的评价值

	A_1	A_2	A_3	A_4
	2010 年			
f_1	0.971	0.305	0.953	0.530
f_2	0.940	0.649	0.942	0.815
f_3	0.961	0.598	0.974	0.867
	2011 年			
f_1	0.981	0.493	0.862	0.646
f_2	0.937	0.643	0.938	0.795
f_3	0.965	0.646	0.973	0.930
	2012 年			
f_1	0.983	0.257	0.886	0.619
f_2	0.940	0.652	0.947	0.807
f_3	0.968	0.674	0.971	0.945

4. 综合评价

有关专家依据 λ 值和重视度的确认准则，对产学研合作的技术创新战略联盟绩效的各准则层面的模糊密度值 $\{g(Y_k)\}(k=1, 2, \cdots, n)$ 和 λ 值进行确认，在已知两者的前提下，由公式(4-2)计算得出联盟绩效的所有准则层的评价值 $\{f(Y_k)\}(k=1, 2, \cdots, n)$；同理，基于模糊积分法的基本原理，得出产学研合作的技术创新战略联盟的综合评价值 Y，并把综合评价值进行排序，即可了解联盟整体绩效及其每个成员在联盟绩效运行过程中的绩效水平。如表4-6和图4-3所示。

表 4-6　产学研合作的技术创新战略联盟绩效综合评价值

2010 年			
	A_1	A_2	A_3	A_4
Y	0.962	0.568	0.962	0.789

2011 年			
Y	0.969	0.616	0.942	0.838

2012 年			
Y	0.971	0.589	0.948	0.844

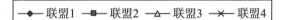

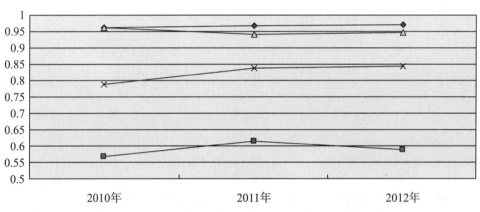

图 4-3　西部地区技术创新战略联盟绩效值的变化趋势

4.3.2　评价结果分析

　　虽然西部地区产学研技术创新战略联盟运行过程中存在一定问题，但指出这些问题缺乏科学合理的依据，原因在于这些问题大多是基于问卷分析得出的，并不能对影响西部地区产学研合作的技术创新战略联盟绩效的关键因素进行深入挖掘。因此，本项目通过对西部地区产学研合作的技术创新战略联盟绩效实证结果的分析，不但发现了联盟运行过程中在绩效管理方面存在的一些不足，而且为进一步了解联盟整体绩效与联盟成员的主体效用之间的关联性提供数据支持，同时验证了前文所构建的西部地区产学研合作的技术创新战略联盟绩效评价指标体系的合理性。

　　通过分析这 4 家技术创新战略联盟绩效的评价结果可知，经过 3 年的运行发展，4 家技术创新战略联盟的实际绩效水平出现了不同程度的波动，其中联盟 1 始终是联盟运行状况最好的，其联盟运行绩效值由 2010 年的 0.962 上升到 2012 年的 0.971；而联盟 3 虽然总体上看，联盟绩效值始终处于 4 个联盟的前列，但是 3 年内，该联盟的绩效水平出现了一定程度的波动，由 2010 的 0.962 下降到 2011 年的 0.942，下降百分比为 2.08%，而 2012 年又略微有所上升，上升百分比为 0.63%；就联盟运行状况最不好的联盟 2 来说，其 3 年的联盟绩效也同样表现出不稳定的态势，先由 2010 年的 0.568 上升到 2011

年的 0.616，后又下降到 0.589；对于一直处于中游的联盟 4 来说，其联盟绩效值始终处于稳中有升的状态，由 2010 年的 0.789 分别上升到 2011 年的 0.838 和 2012 年的 0.844，上升幅度分别为 6.21% 和 0.72%。究竟是何种原因导致 4 家不同的技术创新战略联盟的绩效水平出现这一变化趋势？本项目通过分析技术创新战略联盟绩效值高低的变化情况，发现西部地区技术创新战略联盟运行过程中存在诸多共性问题，这为找出导致联盟不稳定运行的原因提供了分析思路。

1. 技术创新战略联盟 1 的绩效值变化趋势的原因分析

由表 4-6 和图 4-2 可知，第 1 家技术创新战略联盟的实际绩效值始终处于稳中有升的状态，在 4 家技术创新联盟中处于第 1 位。根据技术创新战略联盟绩效评价模型的特征可知，在参数 $\lambda = -0.5$ 时，影响技术创新战略联盟整体绩效的各项指标表现较为均衡，且多项评价指标表现优异的评价对象，其整体绩效的排名才能处于前列。由表 4-5 可知，2010~2012 年，联盟 1 在联盟运行投入、运行过程管理及运行产出方面均表现出了上述特征，以 2012 年联盟 1 的运行情况为例，该联盟的三项指标值分别为 0.983、0.940 和 0.968，其中对联盟整体绩效影响较大的投入和产出指标（重视度分别为 0.813 和 0.8）表现得更为突出。

尽管联盟 1 在三年内的整体绩效值始终表现最优，但并不说明该联盟在整个运行过程中不存在问题，由表 4-5 可知，2011 和 2012 年，该联盟在联盟运行过程管理和运行产出方面均劣于联盟 3，对比 2012 年两个联盟相应指标值，联盟 3 的运行过程管理和运行产出指标值分别为 0.947 和 0.971。究竟是何种原因导致联盟 1 的对应指标值表现较弱呢？由表 4-1 可知，从总体上看，在影响技术创新联盟运行过程和运行产出的各项要素中，其指标值表现的较为均衡，但部分指标值在 4 个联盟中处于劣势，特别是联盟整体的经济效益产出表现得较弱，衡量该产出指标的新产品利润贡献率、单位产品成本降低率和联盟技术转让或专利许可收益的指标值分别为 0.099、0.072 和 0.42，在 4 家联盟中处于中下游位次，仅略优于联盟 2 的相应指标值；其次从衡量联盟运行过程的联盟运作满意度、区域产学研结合创新服务平台建设情况、产学研结合的政策法规支持程度和区域创新网络的完善程度来看，4 家联盟的基本情况相差不多，但联盟 1 在相应指标上的表现仍是处于最末端，其指标值分别为 0.638、0.663、0.686 和 0.611；另外，在影响联盟运行产出绩效的人才培养环节，联盟 1 也表现得较差，其主要归咎于联盟运行过程中，忽略了学位点及实习基地建设，联合培养出的人才数量相对较少，三项指标值分别为 0.632、0.609 和 0.685。

通过以上分析不难发现，技术创新战略联盟 1 目前在其运行过程中所存在的主要问题有：一是在整体技术创新战略联盟运行过程中，联盟运行管理制度以及支持联盟有效运行的政策法规仍有待完善，这在一定程度上影响了产学研创新服务平台和创新网络的建设，最终导致联盟运作的整体满意度不高；二是西部地区产学研合作的技术创新战略联盟的主体过分强调了知识产出，对影响联盟产出绩效的另外两个关键要素，即经济效益和人才培养未予以高度重视，其主要表现在：联盟运行过程中，由联盟开发出的新产品带来的利润率较低，共同研发的新技术所带来的成本降低率不高，联盟技术成果转化率不高而带来的技术转让或专业许可收入水平较低；三是在人才培养方面，由于缺乏人才培养所需的必要实习基地，从而导致联盟主体共同培养的人才数量较少。

2. 技术创新战略联盟 2 的绩效值变化趋势的原因分析

由表 4-6 和图 4-2 可知，2010~2012 年，第 2 家技术创新战略联盟的实际绩效值出现了不同程度的波动，但始终处于 4 家技术创新联盟的最末端。由表 4-5 可知，2010~2012 年，联盟 2 在联盟运行投入、运行过程管理及运行产出方面的各项指标值均处于 4 家联盟的下游位次，且各项指标值也表现得较为不均衡，以 2012 年联盟 2 的运行情况为例，该联盟的三项指标值分别为 0.257、0.652、0.674，其中对联盟整体绩效影响较大的投入指标表现得更为失衡。

联盟 2 在三年内的整体绩效值始终处于最末端，这表明该联盟运行管理存在着诸多问题，由表 4-5 可知，2010~2012 年，该联盟在联盟运行投入、运行过程管理和运行产出方面均劣于其他 3 个联盟。究竟是何种原因导致联盟 2 的对应指标值表现较弱呢？由表 4-1 可知，在影响技术创新联盟运行投入、运行过程和运行产出的各项要素中，从总体上看，其指标值表现得不均衡，以 2012 年该联盟运行的实际产出数据来分析，有部分要素的指标表现的非常突出，其中包括对影响联盟经济效益和人才培养的新产品数量和实习基地建设总数两项指标，其指标值分别为 0.645 和 0.685，处在 4 联盟的第 2 位次；其次，部分指标关键影响要素的指标值表现不突出，有部分影响要素的分值处于 4 家联盟的最末端，包括新产品市场占有率、新产品利润贡献率、单位产品成本降低率、联盟技术转让或专利许可收益和人才培养质量，这表明该联盟运行后，联盟所取得经济效益非常差，这在一定程度上会影响联盟运行的可持续性。不仅如此，该联盟的整体绩效排名之所以落后，更多的是源于该联盟的成员主体间协同性不够，进而导致联盟在投入、运行、产出方面明显劣于其他 3 家联盟。

通过以上分析不难发现，技术创新战略联盟 2 目前在其运行过程中存在诸多问题，但表现较为突出的问题主要包括：一是该技术创新战略联盟组建之初，并没有深入探究联盟运行管理机制，特别是在联盟运行投入方面缺乏相应的激励机制和保障机制，进而使得各主体在 R&D 经费投入、人员投入等方面均较少；二是该联盟运行过程中，缺乏必要的监管机制，进而影响了联盟运行过程的规范性，不同联盟创新成员在联盟组建后的合作交流较少，核心成员间开展技术论坛会、交流会的次数较少，进而导致联盟成员对联盟运作不满意，究其原因则归咎于该联盟所处的区域科技中介服务机构较少，同时未获得相应的科技三项费用财政支持（各项指标的评价值分别为 0.053、0.013、0.038、0.063、0）；三是各种类型的联盟主体未充分发挥各自的主体效用，即高校、科研院所、企业在联盟运行产出中，过分强调了知识产出，而忽视了企业的经济效益，从而使得联盟主体间的协同度不够。

3. 技术创新战略联盟 3 的绩效值变化趋势的原因分析

由表 4-6 和图 4-2 可知，尽管第 3 家技术创新战略联盟绩效出现了一定程度的波动，但始终在 4 家技术创新联盟中处于第 2 位。基于技术创新战略联盟绩效评价的实证结果可知（见表 4-5），联盟 3 的绩效值劣于联盟 1 的主要原因则归咎于衡量该技术创新战略联盟的实际绩效的各项指标在均衡性上表现较弱，以 2011 年联盟运行的实际情况为例，该联盟的 3 项准则层指标值的分布情况表现出极大的不均衡，联盟运行投入、运行过程和运行产出的指标值分别为 0.862、0.938 和 0.973。与此同时，由表 4-5 可知，联盟 3 仅在 2010 年，与联盟 1 的绩效值的排名处于第 1 位，而在 2011～2012 年，由于该联盟在联盟运行投入上表现得相对较弱，从而导致该联盟的整体绩效出现了下滑，以 2011 年联盟 3 运行情况为例，该联盟的运行投入指标值由 2010 年的 0.953 下降到 0.886，与其联盟运行过程和运行产出相比，形成了一定差距，进而导致联盟整体绩效的下滑。

　　由表 4-5 可知，导致联盟 3 的整体绩效出现波动的主要原因归咎于联盟各成员主体在总体运行投入的缩减。那究竟是何种原因导致联盟 3 的对应指标值表现较弱呢？由表 4-1 可知，在影响技术创新联盟运行投入的各项要素中，联盟 3 的多项投入指标数据均出现不同程度波动或下滑。特别是在 2011 年，与 2010 年相比，该联盟多项投入指标均出现了下降，仅有政府和其他联盟成员对产学研科技经费的投入，以及联盟 R&D 人员投入保持不变或略有增长，其中降幅最大的是 R&D 资金总额和联盟主体自身对科技经费投入总额，下降幅度分别为 57.3% 和 95.7%，在 4 家联盟中仅略优于联盟 2 的相关指标值；另外，在影响联盟运行绩效的其他人员和科研设施投入方面，联盟 3 也出现不同程度的波动，其中技术带头人和科技活动人员的总数分别由 2010 的 0.123 和 0.6，下降到 2011 年的 0.101 和 0.505，再上升到 2012 年的 0.103 和 0.437；联盟 3 投入的科研设施总价值（包括用于信息网络建设的科研设施、投入运行的科研装备、用于科研基地建设的科研设施）由 2010 年的 1.398 下降到 2011 年的 1.092，再增长到 2012 年的 1.462。

　　通过以上分析不难发现，技术创新战略联盟 3 目前在运行过程中所存在的突出问题主要表现在联盟运行的投入方面，具体来说包括以下几方面：第一，产学研不同主体对于前期投入（资金、人员、科研基础设施）的投入缺乏足够的获益信心，且在联盟运行之初，又未获得显著的产出成果，因此对外部资金与人才的吸引也无法达到应有的效果。最终导致联盟运行初始阶段，联盟整体对于资金、人员、科研基础设施的投入不足，从而制约着联盟运行的有序开展；第二，联盟运行缺乏足够的激励机制，使得联盟成员的持续性投入较少，从而影响了该联盟的整体运行效率。

　　4. 技术创新战略联盟 4 的绩效值变化趋势的原因分析

　　由表 4-6 和图 4-2 可知，2010～2012 年，虽然第 4 家技术创新战略联盟绩效排名一直处于稳中有升的状态，但绩效值始终处于 4 家技术创新联盟的第 3 位。基于技术创新战略联盟绩效评价模型的分布特征可以看出，在系统变量 $\lambda = -0.5$ 时，虽然影响该技术创新战略联盟绩效的不同效用指标表现出的均衡性相对较弱，但部分关键性指标表现较为优异，从而使得该联盟的整体绩效排名处于增长态势。由表 4-5 可知，2010～2012 年，联盟 4 在联盟运行投入、运行过程管理及运行产出方面均表现出了上述特征，以联盟 4 的运行情况为例，2010 年该联盟的三项指标值分别为 0.530、0.815、0.867，而在 2011 年，虽然该联盟在运行投入和产出方面都有所增加，但在运行过程管理却出现了下滑的趋势，下降幅度达到 2.45%，各项指标之间的均衡性表现得更弱，尽管该项指标在 2012 年出现了一定程度的回升，但未增长到 2010 年的状态，2012 年该项指标的指标值为 0.807。尤其在对联盟整体绩效影响较大的运行投入和运行产出（重视度分别为 0.813 和 0.8）方面一直处于稳步增长状态的前提下，联盟运行管理指标值的波动，势必会影响联盟整体绩效值。

究竟是何种原因导致联盟 4 的效用指标值的均衡性较弱呢？由表 4-5 可知，联盟 4 在影响技术创新联盟运行投入指标表现的最弱，2012 年该项指标值仅为 0.619，与表现相对较为优异的运行产出指标（指标值为 0.945）相比，其指标值的差距百分比为 34.5%，与运行过程指标（指标值为 0.807）相差百分比为 23.3%。由上述对比数据不难看出，联盟 4 的均衡性表现较弱，主要归咎于联盟整体运行投入方面。然而，联盟整体投入较少的主要原因是什么？由表 4-1 可知，影响联盟 4 运行投入指标的各项要素中，仅在 R&D 人员总数和 R&D 资金总额上表现得较为突出，在 4 个联盟中处于第 2 位，而不同联盟主体的科技经费投入、科研设施投入等方面的表现均不是很突出，以 2012 年该联盟投入运行的科研装备总价值和用于科研基地建设的科研设施总价值为例，两者的指标值仅为 0.094、0.028，与运行情况较好的联盟 1 相比，差距百分比达到了 90.6% 和 97.2%。另外，联盟 4 除了在各项指标的均衡性上表现较弱外，联盟运行过程中，联盟运行过程管理指标也出现了一定程度的波动，以 2010～2012 年该联盟的运行过程指标值的变化趋势来看，导致该项指标出现波动的主要原因归咎于以下几方面：一是联盟组建后，缺乏稳定的运行管理机制，从而导致核心成员间交流属于不定期的开展，未形成固定的技术论坛会，三年内该联盟核心成员间开展技术论坛会的次数整体水平均较低，2012 年该项指标值仅为 0.288；二是从衡量联盟运行过程的区域科技中介服务机构数、科技三项费用财政支出、联盟运作满意度、产学研结合的政策法规支持程度和区域创新网络的完善程度来看，4 家联盟的基本情况相差不多，但联盟 4 在相应指标上的表现在 3 年内均出现了不同程度的波动，以区域科技中介服务机构数为例，该项指标值 2010 年为 0.444，而到 2011 年却下滑到 0.346，下降幅度达到 22.1%。

通过以上分析不难发现，技术创新战略联盟 4 目前在运行过程中所存在的主要问题有：一是整体技术创新战略联盟运行过程中，联盟运行管理制度以及支持联盟有效运行的政策法规仍有待完善，这在一定程度上影响了创新网络的建设，最终导致联盟运作的整体满意度不高；二是产学研不同主体对于前期投入（科技经费、科研基础设施的投入）缺乏足够的获益信心，且在联盟运行之初，又未获得显著的产出成果，因此对外部资金与人才的吸引也无法达到应有的效果。最终导致联盟运行初始阶段，联盟整体对于资金、科研基础设施的投入不足，从而制约着联盟运行的有序开展。

综合以上分析可知，虽然西部地区产学研技术创新战略联盟运行较为稳定，但也同样存在着以下几大共性问题：

1）支持联盟有效运行的政策法规仍有待完善

在西部地区产学研合作的技术创新战略联盟组建过程中，出现了组建前后政策配套的不协调，即联盟组建前出台的政策法规，未能有相关配套措施来满足联盟运行发展的需求。到目前为止，西部地区政府未出台任何专门针对技术创新战略联盟可持续发展的相关政策。不仅如此，已出台的关于自主创新的优惠政策的覆盖面又较窄，对于具有一定特殊性的产学研合作的技术创新战略联盟很难适用，从而导致联盟成立容易，运行难的局面。总之，西部地区产学研合作的技术创新战略联盟发展不仅需要科技、财政等方面的配套政策支持，更需要科技中介信息服务支持。同时，在联盟运行过程中，表现出的另一个突出问题就是政府很难对技术创新战略联盟实施监管，缺乏对联盟组织治理的具体要求，其根本原因在于西部地区尚未设立统一的监管部门。

2）联盟的运行机制和管理体制有待完善

从西部地区产学研合作的技术创新战略联盟运行绩效分析结果不难看出，当前联盟运行存在最大的问题就是运行机制和管理存在较多漏洞，从而未能充分发挥机制和管理制度本身的引导和监督作用。其主要原因在于：当前西部地区产学研合作的技术创新战略联盟的运行机制设计不够完善，未从联盟整体运行角度出发，对激励联盟成员的运行机制进行设计。具体表现为：一是对联盟成员贡献程度的量化考核机制不科学，从而使得不同性质的联盟成员合作的主动性不强，无法充分发挥其主体效用；二是联盟内部成员之间的沟通机制不够完善，无法有效发挥其在企业、高校和科研机构三个不同主体之间的协调作用，不同性质的成员之间的联系不够紧密，从而导致联盟内部合作，以及技术与资源共享不充分；三是联盟组建过程中的成员选择仍以主观选择为主，未建立完善的联盟准入机制；四是利益分配机制设计缺乏合理性，无法激励联盟成员有序开展技术创新活动；五是联盟成员退出机制不健全，仅有联盟成员主动申请退出联盟机制，缺少强制性退出机制设计。

此外，当前西部地区产学研合作的技术创新战略联盟的管理体系不够完善，目前多数联盟内部缺少专职的管理人员，这导致联盟日常组织和管理工作难以得到保障，从而影响联盟运行效率；而从组织机构看，联盟组织机构的缺乏导致联盟本身对联盟成员的号召力得不到体现，从而导致联盟各方积极性未得到充分的调动。

3）联盟整体技术创新能力不强

基于实际调研结果分析可知，由于西部地区产学研合作的技术创新战略联盟组建时间不长，内部管理体制的不完善，导致联盟成员之间的联系过于松散，进而直接导致联盟技术创新能力不强。具体表现在：一是当前西部地区产学研合作的技术创新战略联盟的运行经费基本以政府资助为主，这种运行模式难以满足联盟实际工作需求，并会影响联盟的可持续发展；二是当前联盟的项目和技术创新仅停留在表面，无法落到实处，并在推动技术重大突破的能力上有待整合提升；三是联盟对知识产权工作的关注度较少，联盟内现有的知识产权基本属于独立成员个体，几乎没有以联盟名义联合申报的专利数量，从而间接地影响了联盟技术成果转化。

4）辅助创新联盟运行的中介服务机构缺失

基于实际调研结果可知，目前西部地区产学研合作的技术创新战略联盟已建立了部分技术创新公共平台，但目前这些平台尚未有效服务于联盟成员之间的协同创新，再加之相关配套政策法规体系尚不完善，进一步影响了联盟的运行绩效。究其根本在于中介服务机构的缺失，使得尚不完善的联盟运作体系无法有序运行，一方面，辅助中介机构的缺失会导致联盟的创新成果找不到合适的接洽对象，进而使得这些技术和知识得不到有效推广；另一方面，迫切需要技术成果转化的企业无法找到能够为其提供科技成果的研究机构或院校。另外，政府配套机制不完善也导致部分中介机构缺乏参与产学研活动的主动性和能动性。

第 5 章　产学研合作的技术创新战略
联盟分配机制研究

由于产学研联盟不同主体的效用存在差异，所以联盟绩效综合指标的最优不一定是各个主体的最优结果，为了进一步促进西部地区产学研合作的技术创新战略联盟绩效的稳步提高，本项目在对联盟整体绩效和各主体绩效进行实证分析的基础上，运用灰色关联分析方法分别研究各个主体与联盟整体绩效的关联程度，通过对联盟绩效综合指标的分析模拟出联盟最优条件下各个主体的最优效率，并根据联盟最优值和主体单独最优值，实现分配机制的设计。

5.1　技术创新战略联盟主体效用的
关联度分析模型构建

产学研合作的技术创新联盟主体效用评价系统涉及企业、高校和科研院所三大主体，各主体成员的运行绩效与联盟整体最优效率的偏差程度如何，急需寻找一种科学的方法来加以度量。基于此，本项目建立了基于灰色系统理论的产学研联盟主体效用的关联度分析模型。

5.1.1　灰色关联分析模型的基本原理

灰色关联分析方法是通过比较量化分析一个评价问题随时间变化态势的定量方法，其主要原理是通过量化计算的评价对象的某一时间序列的参考数据列和以往年份的若干个比较数据列的关联系数来分析某一要素与评价对象本身之间的的关联程度。在评价问题中，主要是计算关联系数、关联度以及根据关联度的大小对待评对象进行排序，以此判断其主体的关联紧密程度。

5.1.2　构建产学研合作主体效用与联盟整体运行绩效的分析模型

1. 确定分析数列

确定反映西部地区产学研合作的技术创新战略联盟绩效特征的参考绩效数列和影响联盟整体绩效水平的比较数列。反映联盟整体运行绩效特征的数据序列，称为参考绩效数列。影响联盟整体绩效水平的合作成员主体效用组成的数据序列，称合作成员主体效用数列。

设参考绩效数列为 $Y = \{Y(i) \mid i = 1, 2, \cdots, n\}$；合作成员主体效用序列 $X_j = \{X_j(i) \mid i = 1, 2, \cdots, n\}$，$j = 1, 2, \cdots, m$。

2．计算关联系数

$X_0(i)$ 与 $X_j(i)$ 的关联系数

$$\zeta_j(i) = \frac{\min\limits_j \min\limits_i |Y(i) - X_j(i)| + \rho \max\limits_j \max\limits_i |Y(i) - X_j(i)|}{|Y(i) - X_j(i)| + \rho \max\limits_j \max\limits_i |Y(i) - X_j(i)|} \tag{5-1}$$

记 $\Delta_j(i) = |Y(i) - X_j(i)|$，则

$$\zeta_j(i) = \frac{\min\limits_j \min\limits_i \Delta_j(i) + \rho \max\limits_j \max\limits_i \Delta_j(i)}{\Delta_j(i) + \rho \max\limits_j \max\limits_i \Delta_j(i)}$$

其中，分辨系数 $\rho \in (0, \infty)$，ρ 越小，分辨力越大，反之亦然。一般情况下，当 $\rho \leqslant 0.5$ 时，分辨力最好，因此，取 $\rho = 0.5$。

3．计算关联度

由于关联系数是灰色关联分析方法中的比较数列与参考数列在各个时刻的关联程度值，因此其不仅只有一个数值，这会使计算得到的信息过于分散，不便于进行整体性比较。因此有必要将各个时刻（即曲线中的各点）的关联系数集中为一个值，即求其平均值，作为产学研合作成员的主体效用数列与联盟整体绩效的参考数列间关联程度的数量表示，关联度 r_j 公式如下：

$$r_j = \frac{1}{n} \sum_{i=1}^{n} \xi_j(i), i = 1, 2, \cdots, n \tag{5-2}$$

4．关联度排序

将测算得出的关联度从大到小排序，若 $r_1 < r_2$，则参考数据列 Y 与比较数据列 X_2 更相似。在计算两个序列的关联系数的基础上，得出各序列的关联系数平均值，该平均值就是两个序列的关联度。

5.2 基于主体效用的技术创新战略联盟绩效的实证分析

5.2.1 关联度计算

本项目以西部地区产学研合作的技术创新战略联盟的整体绩效与产学研合作成员的主体效用的关联效应为分析对象，采用灰色关联分析法对两者之间的关联度进行测算，以此来验证联盟成员主体效用对联盟整体绩效的提升所发挥的作用，并挖掘出影响联盟成员主体效用发挥的更深层次的因素。

1. 西部地区技术创新战略联盟整体绩效与各成员主体效用的关联分析

1)确定比较序列和参考序列

为了进一步验证不同联盟成员主体效用对其联盟整体绩效之间的关系,衡量联盟成员对联盟整体绩效的影响,本项目首先以基于模糊积分方法测算出的 2010～2012 年西部地区技术创新战略联盟的整体绩效评价值为参考序列。

$$Y = \begin{Bmatrix} 0.962 & 0.969 & 0.971 \\ 0.568 & 0.616 & 0.589 \\ 0.962 & 0.942 & 0.948 \\ 0.789 & 0.838 & 0.844 \end{Bmatrix}$$

同时依据同样方法计算出西部地区 4 个不同技术创新战略联盟的合作成员的主体效用,以其 2010～2012 年的不同联盟成员的主体效用值为比较序列。

$$X_1 = \begin{Bmatrix} 0.749 & 0.684 & 0.669 \\ 0.392 & 0.578 & 0.566 \\ 0.754 & 0.917 & 0.932 \\ 0.211 & 0.186 & 0.181 \\ 0.825 & 0.696 & 0.755 \\ 0.270 & 0.236 & 0.299 \end{Bmatrix} \quad X_2 = \begin{Bmatrix} 0.490 & 0.483 & 0.458 \\ 0.743 & 0.745 & 0.745 \\ 0.510 & 0.519 & 0.592 \\ 0.327 & 0.566 & 0.554 \\ 0.352 & 0.358 & 0.320 \\ 0.369 & 0.374 & 0.436 \\ 0.347 & 0.331 & 0.374 \end{Bmatrix}$$

$$X_3 = \begin{Bmatrix} 0.923 & 0.845 & 0.921 \\ 0.568 & 0.547 & 0.517 \\ 0.461 & 0.358 & 0.380 \\ 0.337 & 0.337 & 0.379 \\ 0.488 & 0.427 & 0.429 \\ 0.848 & 0.849 & 0.847 \\ 0.556 & 0.544 & 0.505 \\ 0.643 & 0.645 & 0.660 \end{Bmatrix} \quad X_4 = \begin{Bmatrix} 0.652 & 0.671 & 0.764 \\ 0.356 & 0.404 & 0.448 \\ 0.596 & 0.605 & 0.492 \\ 0.573 & 0.516 & 0.512 \\ 0.369 & 0.784 & 0.827 \\ 0.573 & 0.558 & 0.576 \\ 0.763 & 0.721 & 0.753 \\ 0.717 & 0.746 & 0.752 \end{Bmatrix}$$

2)计算不同联盟整体与各成员的灰色关联系数

基于西部地区技术创新战略联盟的整体绩效构成的参考序列值,以及各成员的主体效用构成的比较序列值,依据公式(5-1)分别计算出不同联盟的主要成员与联盟整体的关联系数(令 $\rho = 0.5$),具体计算结果如下所示。

$$\zeta_1(i) = \begin{Bmatrix} 0.714 & 0.639 & 0.623 \\ 0.450 & 0.553 & 0.543 \\ 0.720 & 0.972 & 1.000 \\ 0.379 & 0.369 & 0.366 \\ 0.816 & 0.650 & 0.710 \\ 0.399 & 0.385 & 0.407 \end{Bmatrix} \quad \zeta_2(i) = \begin{Bmatrix} 0.660 & 0.528 & 0.532 \\ 0.457 & 0.536 & 0.487 \\ 0.726 & 0.608 & 1.000 \\ 0.379 & 0.756 & 0.820 \\ 0.406 & 0.363 & 0.354 \\ 0.426 & 0.378 & 0.492 \\ 0.400 & 0.340 & 0.407 \end{Bmatrix}$$

$$\zeta_3(i) = \begin{Bmatrix} 0.965 & 0.829 & 1.000 \\ 0.481 & 0.480 & 0.457 \\ 0.417 & 0.379 & 0.386 \\ 0.362 & 0.370 & 0.385 \\ 0.432 & 0.411 & 0.409 \\ 0.796 & 0.838 & 0.821 \\ 0.473 & 0.478 & 0.450 \\ 0.538 & 0.557 & 0.566 \end{Bmatrix} \qquad \zeta_4(i) = \begin{Bmatrix} 0.661 & 0.610 & 0.788 \\ 0.360 & 0.360 & 0.382 \\ 0.571 & 0.520 & 0.411 \\ 0.540 & 0.434 & 0.426 \\ 0.367 & 0.865 & 1.000 \\ 0.540 & 0.471 & 0.482 \\ 0.964 & 0.701 & 0.760 \\ 0.810 & 0.758 & 0.757 \end{Bmatrix}$$

其中 $i=1$，2，3，分别表示不同联盟 2010~2012 年的时间序列。

3)计算不同联盟整体与各成员的灰色关联度

依据灰色关联度计算公式(5-2)，分别计算出 4 个技术创新战略联盟整体与其成员的灰色关联度，具体计算结果如表 5-1 所示。

表 5-1　西部地区技术创新战略联盟整体绩效与各联盟成员主体效用的灰色关联度

	联盟 1	联盟 2	联盟 3	联盟 4
成员 1	0.658	0.572	0.931	0.686
成员 2	0.397	0.492	0.472	0.774
成员 3	0.514	0.776	0.394	0.500
成员 4	0.897	0.649	0.817	0.467
成员 5	0.371	0.373	0.416	0.744
成员 6	0.725	0.431	0.372	0.498
成员 7		0.381	0.466	0.367
成员 8			0.553	0.807

2. 不同联盟成员的主体效用匹配性分析

通过上述测算方法可以准确得出不同技术创新战略联盟整体绩效与其成员主体效用的关联的紧密度，但并不能有效挖掘出不同成员主体效用对联盟整体绩效产生影响的深层原因。基于此，本项目提出沿用灰色关联分析法对联盟内部的各成员的主体效用发挥情况进行深入探究，考虑联盟内部成员主体效用匹配程度对联盟整体绩效的影响。

1)确定联盟成员主体效用匹配程度的比较序列和参考序列

本项目基于模糊积分方法测算出西部地区 4 家不同的技术创新战略联盟的不同合作成员的实际产出绩效，并以 2010~2012 年的不同联盟成员的产出绩效值作为联盟内部成员主体效用匹配度的参考序列。

$$Y_1 = \begin{Bmatrix} 0.749 & 0.684 & 0.669 \\ 0.392 & 0.578 & 0.566 \\ 0.754 & 0.917 & 0.932 \\ 0.211 & 0.186 & 0.181 \\ 0.825 & 0.696 & 0.755 \\ 0.270 & 0.236 & 0.299 \end{Bmatrix} \qquad Y_2 = \begin{Bmatrix} 0.490 & 0.483 & 0.458 \\ 0.744 & 0.745 & 0.745 \\ 0.510 & 0.519 & 0.592 \\ 0.327 & 0.566 & 0.554 \\ 0.352 & 0.358 & 0.320 \\ 0.369 & 0.373 & 0.436 \\ 0.347 & 0.331 & 0.374 \end{Bmatrix}$$

$$Y_3 = \begin{Bmatrix} 0.923 & 0.845 & 0.921 \\ 0.568 & 0.547 & 0.517 \\ 0.461 & 0.358 & 0.380 \\ 0.337 & 0.337 & 0.379 \\ 0.488 & 0.427 & 0.429 \\ 0.848 & 0.849 & 0.847 \\ 0.556 & 0.544 & 0.505 \\ 0.643 & 0.645 & 0.660 \end{Bmatrix} \qquad Y_4 = \begin{Bmatrix} 0.652 & 0.671 & 0.764 \\ 0.356 & 0.404 & 0.448 \\ 0.596 & 0.605 & 0.492 \\ 0.573 & 0.516 & 0.512 \\ 0.369 & 0.784 & 0.827 \\ 0.573 & 0.558 & 0.576 \\ 0.763 & 0.721 & 0.753 \\ 0.717 & 0.746 & 0.752 \end{Bmatrix}$$

　　同时依据同样方法计算出不同技术创新战略联盟的不同合作成员的三类产出绩效，以 2010~2012 年的不同联盟成员的创新成果产出、经济效益产出、人才培养产出的评价值为联盟内部成员主体效用匹配度的比较序列见表 5-2~表 5-5。

表 5-2　西部地区技术创新战略联盟 1 的不同成员的三类产出绩效

成员＼产出绩效年份	2010 年	2011 年	2012 年
X_{11}	0.616	0.608	0.611
	0.416	0.081	0.032
	0.986	1.000	0.986
X_{12}	0.037	0.193	0.200
	0.000	0.426	0.428
	0.811	0.850	0.820
X_{13}	0.968	0.969	0.971
	0.050	0.891	0.866
	0.873	0.811	0.911
X_{14}	0.000	0.000	0.000
	0.000	0.000	0.000
	0.450	0.397	0.387
X_{15}	0.668	0.647	0.640
	0.891	0.597	0.625
	0.817	0.774	0.893

产出 绩效 年份 成员	2010 年	2011 年	2012 年
X_{16}	0.001	0.001	0.001
	0.000	0.000	0.000
	0.577	0.503	0.639

表 5-3　西部地区技术创新战略联盟 2 的不同成员的三类产出绩效

产出 绩效 年份 成员	2010 年	2011 年	2012 年
X_{21}	0.105	0.072	0.045
	0.000	0.000	0.000
	0.973	0.981	0.947
X_{22}	0.981	0.981	0.981
	0.000	0.000	0.000
	0.842	0.847	0.847
X_{23}	0.493	0.571	0.665
	0.000	0.000	0.000
	0.741	0.706	0.795
X_{24}	0.000	0.521	0.486
	0.000	0.000	0.000
	0.697	0.841	0.841
X_{25}	0.000	0.000	0.000
	0.000	0.000	0.000
	0.751	0.765	0.683
X_{26}	0.000	0.046	0.206
	0.000	0.000	0.000
	0.789	0.765	0.785
X_{27}	0.000	0.000	0.020
	0.000	0.000	0.000
	0.741	0.706	0.785

表 5-4　西部地区技术创新战略联盟 3 的不同成员的三类产出绩效

产出绩效年份成员	2010 年	2011 年	2012 年
X_{31}	0.908	0.904	0.907
	0.795	0.416	0.789
	0.989	0.989	0.989
X_{32}	0.550	0.457	0.339
	0.005	0.053	0.020
	0.825	0.826	0.858
X_{33}	0.394	0.141	0.160
	0.000	0.000	0.079
	0.707	0.665	0.665
X_{34}	0.000	0.020	0.108
	0.000	0.000	0.000
	0.720	0.705	0.733
X_{35}	0.367	0.251	0.210
	0.180	0.098	0.084
	0.707	0.694	0.733
X_{36}	0.825	0.842	0.838
	0.891	0.891	0.889
	0.763	0.735	0.735
X_{37}	0.514	0.505	0.387
	0.003	0.001	0.002
	0.826	0.808	0.807
X_{38}	0.640	0.633	0.641
	0.704	0.686	0.681
	0.466	0.542	0.630

表 5-5　西部地区技术创新战略联盟 4 的不同成员的三类产出绩效

产出绩效年份成员	2010 年	2011 年	2012 年
X_{41}	0.746	0.698	0.643
	0.000	0.000	0.416
	0.866	0.941	1.000

产出绩效 成员　　　　　年份	2010 年	2011 年	2012 年
X_{42}	0.076	0.110	0.142
	0.000	0.000	0.000
	0.707	0.785	0.856
X_{43}	0.615	0.597	0.291
	0.122	0.152	0.095
	0.789	0.806	0.807
X_{44}	0.315	0.273	0.206
	0.425	0.164	0.430
	0.789	0.841	0.702
X_{45}	0.000	0.659	0.846
	0.000	0.778	0.794
	0.789	0.843	0.817
X_{46}	0.219	0.144	0.248
	0.478	0.403	0.373
	0.792	0.845	0.860
X_{47}	0.443	0.327	0.394
	0.831	0.832	0.891
	0.851	0.798	0.754
X_{48}	0.960	0.943	0.940
	0.000	0.000	0.090
	0.788	0.917	0.885

2)计算联盟成员主体效用匹配度的灰色关联系数

基于不同联盟成员的主体效用构成的参考序列值，以及各成员的分类产出绩效构成的比较序列值，依据公式(5-1)分别计算不同联盟内部的成员主体效用匹配程度的关联系数(令 $\rho=0.5$)，具体计算结果如表 5-6～表 5-9 所示。

表 5-6　西部地区技术创新战略联盟 1 的不同成员主体效用匹配度的关联系数

关联系数　　　年份	2010 年	2011 年	2012 年
ζ_{11}	0.834	0.954	1.000
	0.578	0.409	0.394
	0.678	0.593	0.592

年份 关联系数	2010 年	2011 年	2012 年
	0.616	0.585	0.604
ζ_{12}	0.578	0.961	1.000
	0.553	0.722	0.750
	0.659	0.923	0.954
ζ_{13}	0.353	0.987	0.892
	0.792	0.814	1.000
	0.909	0.984	1.000
ζ_{14}	0.909	0.984	1.000
	0.838	0.909	0.923
	0.367	0.678	0.447
ζ_{15}	0.599	0.487	0.415
	1.000	0.553	0.400
	0.923	1.000	0.865
ζ_{16}	0.921	0.998	0.864
	0.849	0.927	0.794

表 5-7　西部地区技术创新战略联盟 2 的不同成员主体效用匹配度的关联系数

年份 关联系数	2010 年	2011 年	2012 年
	1.000	0.961	0.958
ζ_{21}	0.858	0.866	0.897
	0.866	0.849	0.859
	0.772	0.773	0.773
ζ_{22}	0.421	0.421	0.421
	1.000	0.992	0.992
	1.000	0.899	0.848
ζ_{23}	0.388	0.384	0.353
	0.594	0.648	0.627
	0.538	1.000	0.935
ζ_{24}	0.538	0.386	0.392
	0.502	0.588	0.575
	0.942	0.932	1.000
ζ_{25}	0.942	0.932	1.000
	0.869	0.858	0.924

年份 关联系数	2010 年	2011 年	2012 年
	0.763	0.821	1.000
ζ_{26}	0.763	0.757	0.685
	0.702	0.736	0.790
	0.971	1.000	0.959
ζ_{27}	0.971	1.000	0.926
	0.895	0.924	0.870

表 5-8　西部地区技术创新战略联盟 3 的不同成员主体效用匹配度的关联系数

年份 关联系数	2010 年	2011 年	2012 年
	0.996	0.836	1.000
ζ_{31}	0.667	0.355	0.660
	0.815	0.637	0.809
	1.000	0.806	0.652
ζ_{32}	0.355	0.386	0.385
	0.556	0.534	0.481
	1.000	0.665	0.660
ζ_{33}	0.430	0.506	0.560
	0.624	0.554	0.577
	0.875	0.910	1.000
ζ_{34}	0.875	0.875	0.811
	0.805	0.827	0.848
	1.000	0.842	0.750
ζ_{35}	0.611	0.585	0.567
	0.750	0.668	0.616
	0.800	1.000	0.970
ζ_{36}	0.640	0.647	0.647
	0.451	0.374	0.379
	0.991	1.000	0.800
ζ_{37}	0.380	0.385	0.405
	0.577	0.584	0.545
	1.000	0.910	0.851
ζ_{38}	0.612	0.707	0.836
	0.345	0.478	0.772

表 5-9　西部地区技术创新战略联盟 4 的不同成员主体效用匹配度的关联系数

年份 关联系数	2010 年	2011 年	2012 年
ζ_{41}	0.844	1.000	0.794
	0.367	0.360	0.530
	0.660	0.599	0.634
ζ_{42}	1.000	0.973	0.951
	0.869	0.803	0.750
	0.877	0.833	0.798
ζ_{43}	0.957	1.000	0.559
	0.345	0.355	0.386
	0.570	0.559	0.444
ζ_{44}	0.595	0.616	0.535
	0.796	0.489	1.000
	0.658	0.515	0.705
ζ_{45}	0.373	0.645	0.943
	0.373	1.000	0.889
	0.343	0.803	0.982
ζ_{46}	0.538	0.486	0.565
	1.000	0.834	0.737
	0.709	0.611	0.615
ζ_{47}	0.383	0.335	0.356
	0.747	0.643	0.591
	0.695	0.723	1.000
ζ_{48}	0.721	0.779	0.791
	0.407	0.397	0.429
	1.000	0.816	0.878

3）计算不同联盟内部成员主体效用匹配度

依据灰色关联度计算公式(5-2)，分别计算出 4 个技术创新战略联盟内部成员主体效用的匹配程度，具体计算结果如表 5-10～表 5-13 所示。

表 5-10　西部地区技术创新战略联盟 1 内部成员主体效用匹配程度

	创新成果产出	经济效益	人才培养
成员 1(高校)	0.929	0.460	0.621
成员 2(科研)	0.601	0.846	0.674
成员 3(企业)	0.848	0.745	0.870

	创新成果产出	经济效益	人才培养
成员 4（企业）	0.965	0.965	0.891
成员 5（科研）	0.501	0.504	0.654
成员 6（企业）	0.927	0.929	0.858

表 5-11　西部地区技术创新战略联盟 2 内部成员主体效用匹配程度

	创新成果产出	经济效益	人才培养
成员 1（高校）	0.973	0.874	0.859
成员 2（企业）	0.773	0.421	0.995
成员 3（科研）	0.375	0.915	0.622
成员 4（高校）	0.823	0.438	0.555
成员 5（高校）	0.958	0.958	0.883
成员 6（企业）	0.861	0.735	0.742
成员 7（企业）	0.976	0.965	0.896

表 5-12　西部地区技术创新战略联盟 3 内部成员主体效用匹配程度

	创新成果产出	经济效益	人才培养
成员 1（科研）	0.946	0.562	0.756
成员 2（高校）	0.819	0.375	0.524
成员 3（企业）	0.775	0.499	0.585
成员 4（企业）	0.929	0.854	0.827
成员 5（企业）	0.864	0.588	0.678
成员 6（高校）	0.640	0.923	0.400
成员 7（高校）	0.931	0.391	0.570
成员 8（企业）	0.925	0.718	0.533

表 5-13　西部地区技术创新战略联盟 4 内部成员主体效用匹配程度

	创新成果产出	经济效益	人才培养
成员 1（科研）	0.419	0.880	0.631
成员 2（科研）	0.975	0.807	0.836
成员 3（企业）	0.837	0.361	0.523
成员 4（科研）	0.582	0.762	0.627
成员 5（企业）	0.656	0.755	0.712
成员 6（高校）	0.530	0.857	0.645
成员 7（科研）	0.358	0.659	0.806
成员 8（高校）	0.762	0.410	0.896

5.2.2　实证结果分析

由于不同联盟受联盟规模、成员实力等客观因素的影响，联盟监管者很难从当前的综合评价结果中找出联盟成员在联盟运行管理过程中的主要努力程度，即发挥的主体效用。因此，本项目通过西部地区产学研合作的技术创新战略联盟整体绩效与各成员的主体效用之间的关联程度，来衡量不同成员在整体联盟运行过程中所发挥的作用，进而挖掘出不同主体效用未得到充分发挥的主要原因。

通过对表 5-1 的分析可知，目前每个成员的主体效用与技术创新战略联盟整体绩效的关联程度主要表现出以下几种情况：一是不同联盟成员根据自身基础条件的优劣，较好地发挥了其在联盟整体运行过程中的作用，其主体效用得到了充分发挥，且与联盟整体的关联程度表现地较为均衡，从而得使联盟整体绩效非常突出。例如联盟 1，在产学研三个不同主体效用与联盟整体绩效的灰色关系度分布情况较为均匀，其中成员 4（企业）与联盟整体绩效的关联度最大，其关联系数为 0.897，而作为另一联盟核心成员高校（成员 1）也充分重视其在联盟中的主体效用，与整体的灰色关联度为 0.658。虽然作为联盟成员之一的科研机构在整个联盟运行过程中会发挥一定作用，但由于其当前所面临的角色转换问题，即改制问题，影响了其在联盟运行过程中的作用，与联盟整体关联度不高，2 家科研机构与整体绩效的灰色关联度分别为 0.397 和 0.371。二是虽然不同联盟成员客观基础条件较好，但其主体效用却未能在联盟运行过程中得到充分发挥，与联盟整体的关联度较低，从而导致联盟整体绩效偏低。以联盟 2 为例，由于联盟整体运行过程缺乏有效的运行机制，从而使得联盟组建之后，各成员未能充分认清自身在联盟运行过程中所发挥的作用，导致其主体效用不能得到有效发挥，进而影响了联盟整体绩效。在该联盟中，与整体绩效关联度最好的成员 3，其灰色关联度也仅为 0.776，而约有 57.1% 的成员主体效用与整体绩效的关联度不超过 0.5。三是客观基础条件不同的联盟成员，由于主体效用得到充分发挥的部分成员的客观条件存在一定差异，从而导致其与联盟整体的关联度存在一定差别，进而导致联盟整体运行绩效的优劣。以联盟 3 为例，尽管联盟 3 成员在联盟三年内的运行过程中，整体联盟绩效值出现了小幅度的波动，但从整体上看，仍然处于较高的位次，这主要归咎于关键联盟成员的主体效用得到了有效发挥。在该联盟中，成员 1（高校）的主体效用与联盟整体绩效的关联度最高，为 0.931，其次是成员 4（企业）的主体效用的有效发挥，两者之间的关联度为 0.817。而联盟 4 则不然，在联盟整体运行起着非关键性作用的联盟成员的主体效用得到了有效发挥，虽然在一定程度上影响了整体绩效，但影响程度不大。该联盟运行过程中，与整体联盟绩效关联程度较高的成员 2 和成员 8（灰色关联度分别为 0.774 和 0.807）在整个联盟中的地位并不高，因此在其他关键成员的主体效用未得到充分发挥的前提下，整个联盟绩效水平不高。

根据上述实证结果分析不难看出，产学研联盟各主体效用与联盟整体绩效的关联存在显著不同，只有不同性质的联盟成员充分认清自身的主体效用，才能够促进联盟绩效的提高和有效运行。即对产学研联盟主体（企业）而言，经济效益对其影响最大，人才培养的影响最小；对科研院所来说，知识产出对效用水平影响最强，人才培养对其影响程度最弱；而对于高校来说，人才培养对其作用最大，而经济效益对其作用最小。尽管从总体上看，研究结果与现实情况拟合程度较好，能从实证结果中发现不同联盟在运行过程中，各联盟成员主体效用的发挥情况，但究竟是什么因素影响联盟成员主体效用的发挥呢？本项目为了深入探究这一问题，分别对 4 家联盟的联盟成员内部的主体效用匹配度进行分析，从而发现当前西部地区产学研合作的技术创新战略联盟运行过程中影响主体效用发挥的主要因素，以期为技术创新战略联盟的分配机制设计提供决策依据。

基于不同主体效用的技术创新战略联盟的联盟成员的整体产出绩效与三类不同产出绩效的匹配程度结果分析不难发现，当前样本主体形成的产学研联盟之间在协同方面表现得较为突出，但仍存在一个关键问题，即缺乏有效的利益分配机制，从而使得联盟成员在进行利益分配时，均是以自身在合作中的主体效用为前提，期望获得最大效益，这势必会引起不同联盟成员之间的利益冲突，从而导致产学研三方均认为自身在技术成果产出、转化的过程中所发挥的效用在整个项目的成败中起着决定性的作用，其根本原因在于各方在进行软性成本和刚性成本核算过程中尚未形成一个合理的换算关系。

以技术创新战略联盟 1 为例，由表 5-11 可知，西部地区技术创新战略联盟 1 的六个主要成员分别包括高校（1 所）、企业（3 家）和科研院所（2 家），从这些内部成员主体效用匹配程度来看，总体上各成员的三类产出绩效与整体产出绩效的关联度表现得较为突出，但在匹配程度上，仅成员 4（企业）和成员 6（企业）表现最好。作为应以经济效益产出为目标的企业来说，在追求经济效益的同时，有效协调了其他成员的主体效用产出，以成员 4 为例，该企业的实际产出绩效与经济效益产出的匹配程度为 0.965，与创新成果和人才培养产出的匹配度分别为 0.965 和 0.87，表现均较为优异。然而，对于该联盟的其他成员来说，在进行协同创新过程中，未完全基于自身主体效用的视角，反而过度追求自身效用之外的产出绩效。以成员 1（高校）为例，其主体效用应以人才培养为核心，然而在高校竞争日益激烈的今天，却偏离了自身的产出目标，过度追求创新成果产出，这两者的主体效用匹配程度分别为 0.621 和 0.929；而作为创新成果的主要产出主体——科研机构来说，则更是过于追求经济效益，而忽视了创新成果产出。以成员 2（科研机构）为例，与该成员主体效用匹配程度最高的是经济效益（其值为 0.846），而创新成果产出的匹配度仅有 0.601。总之，通过分析不难看出，目前西部地区产学研合作的技术创新战略联盟运行过程存在以下共性问题：

1. 高校偏离了自身的主体效用，对人才培养的关注度降低

经济效益和创新成果产出对高校整体效用水平的影响高于人才培养因素。这与有悖于高校办学的宗旨和目标，且偏离于自身的主体效用。高校作为人才培养的主要基地，其关注点应该是人才培养，但从实证结果来看，目前产学研联盟中高校主体对经济效益却表现出极大的兴趣，以技术创新战略联盟 3 的成员 6（高校）为例，与该成员主体效用匹配度最佳的是经济绩效，其匹配度为 0.923，而充分体现该主体效用的人才培养产出的匹配度仅为 0.4。这表明高校对人才培养产出重视度不够，忽视了高校基础性研究和应用性研究背后的人才培养质量，导致人才培养产出因素与高校主体效用的关联度不高。另外，通过对该联盟主体影响因素的二级指标深入分析发现，导致高校人才培养匹配度较低的主要原因在于技术诀窍数属于已经研发出来却未公开的结果，而目前我国对高校的评价以及高校对教师的评价都是以科研成果作为主要考核指标，尤其是学术论文的发表数量。因而造成高校过于重视研究成果本身而获得的学术名声，忽视了创新知识的目的是指导实践、提高劳动生产率，造成创新成果转化率较低。而高校对经济效益的重视不仅与其自身宗旨和组织属性相违背，还会使高校工作重心发生偏移，导致高校盲目从事能够短期获得经济效益的活动，出现对人才培养质量、学科建设水平以及知识产出等因素漠不关心的现象。从长远来看，这不但有损于高校在学术界的学术名声，也会导致其在参与产学研联盟中的核心能力受损，不利于联盟内部创新知识的产出和联盟长效机制的构建。

2. 企业在产学研联盟人才培养中发挥的效用不强

由上述实证结果不难看出，多数联盟中的成员（企业）在人才培养产出方面与其整体效用水平的关联较弱，以联盟 3 为例，该联盟成员 8（企业）的人才培养产出与整体效用的匹配度仅为 0.533，这表明企业对产学研合作中培养人才不够重视，这会对产学研联盟中的三个不同主体的协同创新形成一定的制约。因为高校和科研院所主体培养出的人才素质和能力的高低，要依赖于其在企业主体中所发挥的作用，只有企业主体采取有效的措施加强人才培养，才能达到人才联合培养的目标，且更好地发挥人才在企业发展中的作用。

究竟是何种原因导致企业忽视人才培养呢？通过深入分析各主体的影响因素的下一层级指标可以发现，导致人才培养与企业整体效用水平关联度较低的原因是企业对产学研联合培养人才的质量以及学位点建设水平并不重视，其在相关方面的投入或者支持力度不大。学位点建设是研究生教育的重点，在目前国家重点发展研究生专业学位教育的背景下，不仅要重视研究生的学术科研能力，更应重视其实践能力。而企业对学位点建设水平的忽视一方面不利于高校和科研院所研究生培养质量的提高，尤其是研究生实践和操作能力的提升；另一方面由于新聘研究生缺乏实际工作经验，很难快速适应工作岗位要求，导致企业培训成本增加。此外，人才培养质量的关联度低于人才培养数量，也就是说人才培养数量反而比人才培养质量对企业整体效用水平的影响更大。这给我们提供了启示，在目前川渝两地产学研联盟中，仍处于对人才培养数量的累积阶段。很多企业仅仅将产学研联盟合作培养的人才数量作为评价产学研联盟是否成功的主要标志，尚未真正意识到高质量的优秀人才对于企业以及联盟长效发展的重要性和关键性。

3. 创新成果产出对科研院所主体效用的贡献度较低。

由上述实证结果不难看出，当前西部地区产学研合作的技术创新战略联盟中，科研院所对创新成果产出的关注度不够，两者之间的关联度相对较低。以联盟 1 为例，由表 5-10 可知，当前该联盟中，成员 2（科研院所）作为科研机构，其主体效用匹配程度较低，其创新成果产出绩效与该成员的整体产出绩效的关联度仅为 0.601，是三类产出绩效最低的。这在一定程度上说明，该联盟成员在联盟运行过程中，未从长远发展视角出发，过于关注院所的经济效益，而忽视了自身的主体效用，从而导致其创新成果产出较少。

究竟是何种原因导致这一结果的出现呢？结合当前西部地区科研院所的实际调研可知，自 2000 年国家提出对科研院所，特别是开发类科研院所实施转制开始，不同类型的科研院所开始转移他们的运营视角，开始关注院所自身的经济效益，而忽视效益背后的创新成果产出，从而导致具有市场前景的科研产出较少；加之近年来西部地区的科研条件和收入待遇与其他地区存在明显差异，所以联盟运行过程中，面临的一个关键性问题就是高层次科研人才的流失，这在严重制约科研院所创新能力的同时，也进一步影响了联盟整体产出绩效。

5.3　基于主体效用的技术创新战略联盟的分配机制设计

5.3.1　分配机制设计的基本思路

基于上述实证分析结果可知，当前产学研合作前提下的部分技术创新战略联盟的利益分配均存在一定的不合理现象，即高校、科研院所、企业三方主体的利益分配过于强调对经济利益的关注，以及科研产出的培育，而忽视了整个利益链条上的另一关键环节——人才培养，而导致这一结果的主要原因在于产学研合作各方未充分认识到主体效用在整个联盟运行过程中所发挥的作用。也就是说，当前西部地区产学研合作的技术创新战略联盟建立后，其维护联盟运行稳定性的利益分配机制设计更多以经济利益为分配主线，忽视了不同联盟主体在整个联盟运行过程中的效用绩效差异性。基于此，本项目从主体效用最大化视角出发，对西部地区产学研合作的技术创新战略联盟的利益分配机制进行设计。

西部地区产学研合作的技术创新战略联盟的分配机制设计的基本思路是：首先以利益分配结构最优、利益合作转化等分配机制设计的基本原则为指导，在融合基于主体效用关联度的实证分析结果的基础上，结合技术创新战略联盟运行过程中存在的利益分配不合理，且产学研合作成员的利益关注点存在一定偏差等问题，从利益分配方式、政府引导、利益补偿等多视角，对西部地区产学研合作的技术创新战略联盟的分配机制进行了设计。

5.3.2　分配机制设计的基本原则

由于产学研合作的技术创新战略联盟是建立在高校、科研院所和企业三方的共同利益实现的基础上，因而他们之间必然存在一定的利益结盟博弈。在这种情况下，若要实现三方的共赢，保持联盟各方获得利益达到其自身的效用最大化，则势必需要建立公平合理的利益分配机制，而利益分配机制建立的合理与否，首先取决于联盟所确立的利益分配指导思想和原则。结合本项目特色化的研究视角，在确立联盟利益分配机制时，主要遵循以下基本原则：

1. 利益分配结构最优原则

产学研合作的不同利益主体，在技术创新战略联盟运行过程中的利益分配首先应遵循利益分配结构最优化原则。该原则是指在进行利益分配时，高校、科研院所和企业的管理者应充分考虑到各因素对合理利益分配结构的影响，基于不同主体效用视角，通过切实可行的方式构建最优分配方案，在满足联盟各主体的不同个体理性和联盟整体的集体理性需求的同时，更好地保障促进技术创新战略联盟整体绩效的提升。

　　2．利益合理转化原则

　　尽管产学研合作的技术创新战略联盟的建立是在各方利益共享的基础上，但这种利益应该从广义的视角加以理解，它既包括经济利益，也包括创新成果及人才培养效益。从这一角度来分析，一个技术创新战略联盟若想保持长期的稳定性，则应在利益分配时，遵循利益合理转化原则，即各方在充分发挥其主体效用的前提下，将各方关注的利益点进行合理转化，企业在获得经济利益的同时，应给予高校和科研所有的产出效用更多的支持，使其不拘泥于经济利益的追逐，有更多的精力投身于其能发挥最大主体效用的科学研究活动和人才培养项目上；而高校和科研院所也应将自身产出效用不同程度的共享给企业，使企业能加快技术革新的步伐，更快的优越于其他竞争对手。

　　3．协商让利原则

　　在产学研技术创新战略联盟利益分配过程中，可能会产生由不完备的契约或者协议所导致的利益不均衡问题，即无法客观有效地分配合作过程中获得上述协议或契约没有预计出的新利益，从而影响联盟的有效运行。在这种情况下联盟成员之间进行利益分配时，应遵循协商让利原则。在利益分配机制设计时，应充分考虑利益分配给联盟运行带来的影响，本着充分协商和民主决策的机制设计思路，以此有效解决联盟运行过程中产生的新利益分配不合理问题给联盟整体带来的负面影响。

5.3.3　基于主体效用关联度分析的分配机制设计

　　产学研合作的技术创新战略联盟以合作各方共同的目标愿景为合作基础，追求的是联盟整体绩效的最大化。但同时，各联盟主体也有自身的利益诉求，本项目将其称之为"主体效用"。在这种情况下，如何在实现联盟整体绩效的前提下，保证各方均能按照主体效用最大化的目标实现各自的利益就成为维持技术创新战略联盟稳定性的关键所在。基于此，本项目在对产学研合作成员主体效用与联盟整体绩效的关联分析的基础上，提出相应的利益分配机制，以期为联盟主管部门制定出切实可行的运行机制提供决策参考。

　　由于利益分配合理与否是直接决定产学研合作的技术创新战略联盟能否有效运行的重要杠杆，合作中如何基于主体效用的差异，对各方主体的利益进行合理配置，已成为影响和制约产学研合作的重要因素。因此，本项目根据部分地区技术创新战略联盟的产学研合作的现状，借鉴国外或者国内发达地区的成功经验提出借助政府和中介机构的政策导向和资金导向，推动加快调整利益分配方式的构成，建立基于不同主体效用的利益补偿机制，为联盟成员形成的创新成果确立相应的定价机制，并从约束联盟成员角度，构建基于 TPM 协议的契约保障机制。具体分配机制设计方案如图 5-1 所示。

1. 基于主体效用最优化选择兼容的利益分配方式

由西部地区产学研合作的技术创新战略联盟整体绩效与合作成员各自主体效用的关联度分析可知，当前部分联盟成员的主体效用与联盟整体绩效的关联度不高，其主要原因在于以往国内外产学研合作联盟的利益分配方式多沿用传统的利益分配方式，主要包括固定报酬方式、利益共享方式和混合支付方式，这些利益分配方式的选择会受到产学研合作主体的合作模式影响。以委托开发模式为例，该模式下选择的利益分配方式主要采用的是"固定报酬方式＋利益共享方式"，这两种方式的融合，虽然可以在一定程度上刺激合作方按照约定进行项目开发，但因为每一个合作主体仅是在项目上密切合作，除该项目外他们均具有不同的利益关注目标，因而无法确保合作的持久性和成功率。从这一点来看，当前产学研合作主体间的利益分配方式选择，并未充分考虑不同主体的效用差异，即不同联盟主体在联盟运行过程中效用发挥的充分与否会受到利益分配方式的影响。

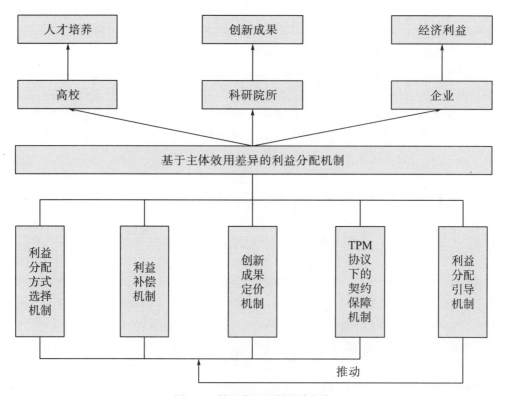

图 5-1　利益分配机制设计方案

基于此，为了更大程度上激励联盟成员最大化的发挥其主体效用，进而带动整体联盟绩效的提高，本项目在借鉴国内外产学研合作联盟或技术创新战略联盟的利益分配方式的成功经验，提出基于主体效用最优化目标，选择兼容的利益分配方式。这种兼容的利益分配方式是以最大程度地实现不同主体效用和联盟整体绩效为双重利益目标，在推动成果转化的市场效益提成的利益分配方式的同时，兼容主体效用实现的利益补偿分配方式（充分考虑联盟成员实现自身主体效用过程中的损失特定利益，在产学研三方之间进行经济效益、知识产出、人才培养等利益的协调和重新分配，实现利益的互为补偿方式）。尽管这种兼容利益分配方式操作相对复杂，并且需要一定的条件保证，但可以兼顾整体利益与个体效用，有效驱动合作双方有机联系在一起，有利于技术的实现和依市场需求不断改进技术，并且实现人才培养质量提升的目标。这种利益分配方式的最大优点在于可以实现联盟整体与不同关联主体的共赢，刺激各方成员主体从自身效用最大化角度去获取利益，实现效用与利益共享。兼容性的利益分配是产学研合作稳定持续发展的关键，需要各方主体在实践中不断摸索与完善。

2. 建立基于主体效用的动态定价机制

通过对西部地区产学研合作的技术创新战略联盟绩效与主体效用进行评估可知，目前导致联盟整体绩效与产学研合作成员的主体效用关联不高的另一主要原因在于利益分配的定价机制不合理。由上述联盟 2 的实例分析不难看出，当前联盟运行的利益分配定价机制，主要依赖于各方在联盟运行之初所投入的资本估价，以此为基准确立其在利益分配中的比例。这种利益分配的定价机制，在进行资本估价时存在一定偏差，如在进行人力资本估价时，往往以高校、科研院所的创新成果入股作价，但这种创新成果往往无法利用现有市场价格作参考，从而导致估价的偏差，并最终导致其分配比例的确立得不到合作主体的认同。

基于此，本项目提出建立基于主体效用的动态定价机制，该机制设计的核心在于找出每一个产学研成员的主体效用的衡量标准，以此标准为参考依据，对不同效用标准的投入资本所产生的预期收益进行折现，以此折现后的价值为基础，确立具体的分配比例。其中，对于高校、科研院所的利益分配比例，主要以其主体效用标准(创新成果产出和培养人才)投入联盟后所产生的预期现金流量折现后的价值为依据。对其中预期现金流的估算主要是根据资本投产后的市场行情以及历史经验来预测；而折现率的估算主要是依据同期市场一般利率和人力资本要求的必要报酬率共同确定。

3. 建立不同主体共赢的政府引导机制

政府的引导与监管是技术创新战略联盟的不同主体利益得到合理分配的重要保障，因此，如何建立能够实现不同主体共赢的引导机制是确保产学研合作的技术创新战略联盟的持续发展的关键所在。通过对部分西部地区产学研合作的技术创新战略联盟运行绩效水平的评价分析可知，目前导致技术创新战略联盟运行不理想的主要原因之一是缺乏具有一定的刺激效应的政府引导机制。

基于此，为了切实保障产学研各利益主体效用和联盟整体绩效的共赢，作为第三方，政府应借助市场手段，在加强执法力度和完善监督机制的同时，切实发挥政府第三方中介机构的职能，科学规范技术创新战略联盟利益分配的政府引导机制。具体来说，政府在联盟运行过程中，应当充当第三方的角色或者引入第三方中介机构，完善信息披露机制、成果评价机制和联盟参与方的沟通协作机制。首先应借助法律手段，对联盟运行过程中的技术研发成果定价进行约束和规范。同时，加大对专业资产评估人才(特别是无形资产评估人才)培养的投入力度，保障产学研合作的投入资本的科学评估；其次，建立科学规范的监督机制，对技术创新战略联盟成员违反合作宗旨的行为予以处罚，发挥中介机构协调沟通作用，促进产学研技术创新战略联盟运行过程中的技术成果鉴定；最后，政府应当结合产学研合作项目的预期收益，从财税政策上扶持联盟的有效运行，即从财政政策、专项计划、公共服务平台共享等方面来降低联盟项目的研发风险。

4. 建立降低合作风险的 TPM 协议的利益补偿机制

由于在西部地区产学研合作的技术创新战略联盟运行过程中，不可避免地会存在各方利益矛盾，以联盟 1 为例，通过对西部地区产学研合作的技术创新战略联盟绩效与产学研合作成员的主体效用的关联效果来看，联盟 1 的关联效果最好，但仍不可避免出现了产学研三方的利益关注点差异，而导致这一现象出现的诱因在于：一是高校和科研院所认为其在合作中发挥的主体效用要比企业更大，而企业度不认同，从而导致产学研三方在进行利益分配时，均是以自身在合作中的主体效用为前提，想获得最大利润；二是产学研三方均认为自身在技术成果产生、转化的过程中所发挥的效用在整个项目的成败中起着决定性的作用。因为各方在进行软性成本和刚性成本核算过程中尚未形成一个合理的换算关系。

基于此，本项目以降低联盟运行过程的合作风险为目的，建立了基于 TPM 协议的利益补偿机制。TPM 协议就是在高校和科研院所的技术成果产生不同价值时，实行不同的利益补偿方式，对企业来说，在前者的技术成果未成熟，与预期达到目标还存在一定差距时，高校和科研院所的前期投入在从企业获得部分补偿的同时，继续拥有对技术成果的进一步研发和完善的知识产权，而企业也可以减少因一次性购买产权而造成的利益损失；而当企业在预期前者的技术成果会产生巨大的经济效益时，企业应以更高的补偿价格去购买技术成果的产权。可以说，基于 TPM 协议的利益补偿机制可以有效规避因研发项目失败或是研发成果无法产业化给企业造成损失的风险。

第 6 章　产学研合作的技术创新战略联盟运行机制研究

技术创新战略联盟的整体绩效的最大化与产学研合作成员主体效用最大化之间可能存在不同程度的冲突，技术溢出、风险分担、利益分享、监督管理、知识安全等要素会对联盟成员之间合作的长期性和稳定性产生一定影响，如何协同好这些要素的关系就显得尤为必要，因此，建立能促进西部地区产学研技术创新战略联盟可持续发展的运行机制，具有重要的现实意义。本项目在结合西部地区产学研合作的技术创新战略联盟的实证分析结果的基础上，基于不同产学研合作成员的主体效用与联盟整体绩效的双赢目标，从联盟构建、运行管理、利益分配以及外部推进等方面建立了技术创新战略联盟的运行机制。

6.1　技术创新战略联盟运行的影响因素

为了科学设计西部地区产学研技术创新战略联盟的运行机制，本项目首先基于相关文献梳理和深度访谈结果，概括总结出影响西部地区产学研合作的技术创新战略联盟运行过程的关键因素包括内外部两大方面，具体见表 6-1。

表 6-1　产学研合作的技术创新战略联盟运行过程的影响因素指标体系

	影响因素	关键指标 a_i
产学研合作的技术创新战略联盟运行过程的影响因素	联盟内部因素	人力资源配置效率 a_1
		联盟成员技术资源条件完善程度 a_2
		联盟成员知识资源分布情况 a_3
		联盟成员资金资源投入 a_4
		联盟成员科研基础设施资源投入 a_5
		信息资源共享程度 a_6
		政策资源依附程度 a_7
	联盟外部因素	社会经济因素 a_8
		科学技术环境 a_9
		政策环境 a_{10}
		法律环境 a_{11}
		社会文化环境 a_{12}

6.1.1　影响技术创新战略联盟运行的内部因素分析

产学研合作的技术创新战略联盟是在有效整合不同联盟成员的优势资源基础上，在实现资源共享的同时，为达成成员之间的有效协同目标而组建起来的组织。从这一角度来分析，如何有效利用技术创新战略联盟内部资源就成为该组织平稳运行的关键，这对保证联盟机制的运行效果具有重要的现实意义。基于此，本项目从内部资源的角度对影响西部地区产学研合作的技术创新战略联盟运行的内部因素进行分析。主要包括以下几方面：

1. 人力资源配置效率

产学研合作的技术创新战略联盟运行过程得到有序进行首先得益于合理的人力资源配置。来自于企业、科研院所和高校的所有人员（服务人员、科研人员、管理人员），其作为联盟开展创新活动的行为主体，如何在联盟运行过程中合理配置来自于不同机构的各类人员，势必会对创新活动的有序开展产生至关重要的作用。其中，企业的科研人员是指企业家、技术人员和R&D人员等；高校的科研人员是指教师及其培养的学生；科研机构的科研人员是指研究员、专家和院士等。这些人力资源的配置方式一般是以项目合作的方式来实现，通过共同解决技术难题，实现技术突破来进行分工协作。

2. 技术资源条件完善程度

产学研合作的技术创新战略联盟运行过程中，作为联盟成员开展创新活动的基础性保障，技术资源条件已成为技术创新战略联盟构建之初连接各成员的纽带。只有拥有可保障联盟运行的基础技术资源条件（包括技术图纸、技术成果、技术诀窍等），才能使产学研合作的技术创新战略联盟的合作成员以此为纽带，开展相应的协同创新活动。

3. 知识资源分布情况

产学研合作的技术创新战略联盟内部的知识资源可划分为显性知识和隐性知识，其中能通过文字和语言等表达出来，易被联盟成员理解的知识称之为显性知识；而那些难以清晰表述出来的模糊知识（如理解能力和技术诀窍等），则被称为隐性知识。在技术创新战略联盟运行过程中，这两大类知识的分布情况不同会对联盟运行机制设计产生重要影响。若在联盟之间所传递的知识更多的偏于隐性知识，则应强化学习机制的建立，原因在于联盟成员所掌握的隐性知识，只能通过交流和学习才能被有效吸收，因此，只有建立完善的学习机制，增强彼此之间的学习和交流，才能更有助于联盟的平稳运行。

4. 资金资源投入

影响产学研技术创新战略联盟运行的关键在于资金资源的投入情况，因为不同联盟主体在开展创新活动之初，首先需要的是财力保障。然而，在联盟组建之初，各方合作主体均会基于利益和风险的考虑，在投入创新资本时，会因自身的风险评估结果不同而存在较大差异。联盟开展技术创新活动所需资金主要来源于政府财政资金、企业资金、银行贷款和风险投资基金等。然而，当前西部地区产学研合作的技术创新战略联盟运行的创新活动资金主要以政府拨款和企业投入为主，高校和科研院所的投入主要以人力资源和科研设施为主。其中政府投入的资金是以研究经费、技术转向资金等形式体现，而企业投入资金则主要表现为研发经费。

5. 科研基础设施资源投入

科研基础设施是用于保障和促进产学研合作的技术创新战略联盟的创新活动而建设的基础性设施，它有两个基本特点：一是科研基础设施的公共物品属性；二是科研基础设施不仅包括物质和信息系统，而且包括依附于这些有形物质上面的无形服务。在整个联盟运行过程中，不同联盟主体对科研基础设施资源的投入程度，会在一定程度上影响联盟创新活动的效果。

6. 信息资源共享程度

面对当前不断变化的技术创新环境，产学研合作的技术创新战略联盟的成员主体之间的信息资源共享程度，对联盟的稳定运行会产生重要影响。因为在当前联盟成员相互未熟知的情况下，只有共享大量的信息，才能扩充联盟内的信息量，降低联盟运行过程中面临的风险，从而有利于联盟的群决策的制定，并取得更高的联盟绩效。通常情况下，人才信息、技术信息、市场信息是技术创新战略联盟成员之间可共享的信息资源，同时，还包括联盟成员主体及服务机构拥有的设备、网络平台以及 MIS 等基础设施。

7. 政策资源依附程度

由于当前西部地区产学研合作的技术创新战略联盟运行过程中，会受到来自联盟内外多项不稳定因素的影响，因此，若想保证联盟运行的可持续性，政策资源的保障尤为重要。可以说，产学研合作的技术创新战略联盟对政策资源的依附程度高低，影响着联盟整体的运行效率。政策资源是政府为确保联盟创新活动的开展而提供的各项优惠政策，既面向联盟成员，也面向为联盟服务的中介机构。

6.1.2　影响技术创新战略联盟运行的外部因素分析

营造有利的外部环境因素是产学研合作的技术创新战略联盟有序开展技术创新活动和联盟持续发展的保障。影响产学研合作的技术创新战略联盟运行的外部因素是指对联盟运行产生直接或间接影响的各项因素，包括社会经济因素，技术环境因素，法律环境因素，以及社会文化环境因素等。

1. 社会经济因素

随着社会经济环境的不断变化，产学研合作作为技术创新及产业化的成功模式被沿袭下来。在这种环境背景下，技术创新能力的提高更依赖于社会经济的进步，也就是说，单纯依赖组织自有资源开展技术创新已几乎无法实现。在这种情况下，社会经济因素就成为了推动技术创新战略联盟发展的主要支柱。

2. 科学技术环境

任何产学研合作的技术创新战略联盟的发展和运行效果首先取决于其所处国家或地区整体的科技发展水平，其水平的高低会直接影响联盟技术创新活动的开展。因为科技水平的提升能为联盟开展技术创新带来更多的技术和知识资源，使得联盟成员之间通过相互学习，积累和创造更多的新知识、新技术，从而更好地适应不断变化的科学技术环境。

3. 政策环境

政策环境因素对产学研合作的技术创新战略联盟开展创新活动会起到双面作用，即制约和激励两方面。一方面，基于产业战略布局的需要，国家和地区会出台鼓励或者限制部分产业发展的政策措施，这势必会对产学研技术创新战略联盟的组建产生一定影响；另一方面，政府也根据产学研合作的技术创新战略联盟的运行效果，调整对联盟技术创新活动的资金、技术、人员等方面的投入力度和扶持力度，促使其平稳高效地运行。

4. 法律环境

政府出台的各项法律法规既会对产学研合作的技术创新战略联盟发展起到一定的约束作用，影响联盟运行效率，同时，完善的法律环境对联盟外成员的加入或参与联盟创新活动的积极性也会起到一定的保障作用，有利于维护联盟所有成员的基本利益。

5. 社会文化环境

社会文化的发展，既为产学研合作的技术创新战略联盟的稳定发展提供了良好的文化氛围，同时又为联盟提供了新的知识、技能和高素质的技术人才，促进联盟的可持续发展。因此，良好的社会环境能够促进技术创新活动开展，推动联盟向更好的方向发展。

6.2　基于 DEMATEL 方法的联盟运行影响要素的因果关系分析

决策实验与评价试验室（Decision Making Trial and Evaluation Laboratory, DEMATEL）方法是于 1976 年由美国巴特尔纪念研究院的科学与人类事物项目提出的。基于 DEMATEL 方法的技术创新战略联盟运行影响因素分析模型是在对创新联盟运行系统的影响要素进行定性分析的基础上，基于矩阵与图论两种方法的基本原理，对影响创新战略联盟运行的各项要素的相互作用进行分析，以此识别出关键因素。

6.2.1　DEMATEL 方法的基本原理

DEMATEL 方法是一种简化复杂问题的计算方法，可以通过简单的运算程序来表示出问题间的逻辑关系。基于 DEMATEL 方法的影响因素分析的基本原理如下：

1. 确定系统设计的相关影响因素

根据研究系统设计的有关信息，找出系统设计的主要影响因素，以此建立相应指标体系，设为 a_1，a_2，$\cdots$，a_m。

2. 基于系统影响因素之间的关系来建立直接影响矩阵

对比分析不同影响因素，以此来确立相应的语意量表。首先根据不同要素的影响程度强弱划分 5 个评价等级，分别用 $0\sim4$ 标度来表示，0 表示没有任何影响，4 表示影响强度最大。其次，基于调查问卷和专家打分来量化各影响因素之间的直接关系。若因素 a_i 对因素 a_j 有直接影响，则表示为 y_{ij}，则 m 个影响因素的相互作用关系可以表示成 $m \times m$ 直接影响矩阵，即：

$$Y = \begin{bmatrix} 0 & y_{12} & \cdots & y_{1m} \\ y_{21} & 0 & \cdots & y_{2m} \\ \vdots & \vdots & & \vdots \\ y_{m1} & y_{m2} & \cdots & 0 \end{bmatrix} = (y_{ij})_{m \times m} \tag{6-1}$$

式中 $1 \leqslant i \leqslant m$，$1 \leqslant j \leqslant m$，并且当 $i = j$，$y_{ij} = 0$。

3. 归一化处理

按公式(6-2)归一化处理直接影响矩阵 Y，得到矩阵 B

$$B = \frac{Y}{\max\limits_{1 \leqslant i \leqslant m} \sum\limits_{j=1}^{m} y_{ij}} = (b_{ij})_{m \times m} \tag{6-2}$$

式中 $1 \leqslant i \leqslant m$，$1 \leqslant j \leqslant m$。

4. 测算综合影响矩阵 S

$$S = B(I - B)^{-1} \tag{6-3}$$

其中 I 为单位阵，$(I - B)^{-1}$ 为 $I - B$ 的逆。

5. 测算影响度 R、被影响度 D、中心度 $R + D$ 和原因度 $R - D$

$$R_i = \sum_{j=1}^{m} S_{ij} \quad (1 \leqslant i \leqslant m, 1 \leqslant j \leqslant m) \tag{6-4}$$

$$D_j = \sum_{i=1}^{m} S_{ij} \quad (1 \leqslant i \leqslant m, 1 \leqslant j \leqslant m) \tag{6-5}$$

其中，影响度 R_i 表示第 i 因素对其他所有因素的综合影响值。被影响度 D_j 表示第 j 因素受其他所有因素的综合影响值。中心度 $R_i + D_j$ 表示第 i 因素在系统中的重要性程度。原因度 $R_i - D_j$ 表示第 i 因素与其他因素的因果逻辑关系程度，若原因度 $R_i - D_j > 0$，表明该因素对其他因素的影响大，称为原因因素；若原因度 $R_i - D_j < 0$，则表示该因素受其他因素的影响大，称为结果因素。这也表明在众多影响因素中，结果组中的影响因素是原因组中影响因素的影响结果。

6. 绘制因果关系图

根据(R_i+D_j,R_i-D_j)数组，将中心度和原因度分别作为横纵坐标，其中横坐标表示各因素的重要性，纵坐标用以区分各因素的归属组（原因组或结果组），以此来绘制各因素间的因果关系图，并在图中标注出上述数组。

6.2.2　基于 DEMATEL 方法的影响要素的因果关系分析

1. DEMATEL 方法运用

本项目在确定了西部地区产学研技术创新战略联盟运行的影响因素后，首先基于问卷调查结果，来获取各项要素之间的相互影响程度，并采用 0～4 级标度（分别用 0、1、2、3、4 表示"无影响"、"影响较弱"、"影响弱"、"影响强"、"影响很强"）进行打分。通过整理分析来确定影响西部地区产学研合作的技术创新战略联盟运行的各项因素间的直接影响矩阵，然后测算其综合影响矩阵（如表 6-2 所示）。最后，运用公式(6-4)和(6-5)计算出各因素的 R、D、$R-D$ 和 $R+D$，如表 6-3 所示。

表 6-2　产学研合作的技术创新战略联盟运行的影响因素间的综合影响矩阵

	a_1	a_2	a_3	a_4	a_5	a_6
a_1	0.353	0.294	0.036	0.173	0.088	−0.051
a_2	0.055	0.324	0.193	0.108	0.089	0.154
a_3	0.358	0.164	0.196	0.212	0.116	0.121
a_4	−0.273	−0.094	0.180	0.507	0.311	0.225
a_5	0.226	0.096	0.090	0.108	0.282	0.091
a_6	0.226	0.249	−0.087	0.196	0.191	0.245
a_7	−0.103	−0.011	0.213	−0.012	0.336	0.377
a_8	0.246	−0.032	0.256	−0.011	0.086	0.221
a_9	0.328	0.054	0.163	0.205	0.197	0.155
a_{10}	0.372	0.036	0.268	0.059	0.492	0.547
a_{11}	0.528	0.060	0.417	0.154	0.656	0.645
a_{12}	0.372	0.240	0.030	0.310	0.307	0.143
	a_7	a_8	a_9	a_{10}	a_{11}	a_{12}
a_1	0.076	0.022	0.009	0.000	0.000	0.000
a_2	−0.091	0.120	0.048	0.000	0.000	0.000
a_3	0.027	−0.138	−0.055	0.000	0.000	0.000
a_4	−0.012	0.112	0.045	0.000	0.000	0.000
a_5	0.030	0.056	0.022	0.000	0.000	0.000

续表

	a_1	a_2	a_3	a_4	a_5	a_6
a_6	0.057	−0.054	−0.022	0.000	0.000	0.000
a_7	0.012	0.132	0.054	0.000	0.000	0.000
a_8	0.009	0.160	0.065	0.000	0.000	0.000
a_9	−0.064	−0.074	0.041	0.000	0.000	0.000
a_{10}	−0.521	−0.076	−0.176	0.000	0.000	0.000
a_{11}	−0.610	−0.086	−0.417	−0.347	0.000	0.000
a_{12}	−0.048	−0.098	−0.197	−0.059	0.000	0.000

表 6-3　综合影响关系表

序号	影响度 R	被影响度 D	原因度 $R-D$	中心度 $R+D$
a_1	1.0001	2.686	−1.6859	3.6861
a_2	1.0009	1.955	−0.9541	2.9559
a_3	1.0010	1.380	−0.3790	2.3810
a_4	1.0004	−1.1381	2.1385	−0.1377
a_5	1.0011	3.1524	−2.1513	4.1535
a_6	1.0000	2.8722	−1.8722	3.8722
a_7	1.0005	2.0100	−1.0095	3.0105
a_8	0.9996	0.0788	0.9208	1.0784
a_9	1.0008	−0.5847	1.5855	0.4161
a_{10}	1.0013	−0.4059	1.4072	0.5954
a_{11}	0.9997	0.0000	0.9997	0.9997
a_{12}	1.0003	0.0000	1.0003	1.0003

2. 实例结果分析

基于 DEMATEL 算法进行西部地区产学研合作的技术创新战略联盟运行的关键影响因素的识别，主要是通过判断各要素的 $R-D$，$R+D$。但若仅以此为依据，对各要素的因果关系进行分析，会存在部分误差，基于此，本项目根据影响度和被影响度的得分情况，对实例结果进行分析。

1)原因度分析

首先根据影响西部地区产学研技术创新战略联盟运行的主要因素的原因度计算结果，将各因素划分为原因因素或结果因素。

(1)原因因素分析。基于 DEMATEL 算法的计算原理，原因要素的原因度＞0，表示该要素对其他要素影响较大。原因因素不仅显著影响联盟整体，而且也会影响其他联盟成员。由表 6-3 可知，对于西部地区产学研合作的技术创新战略联盟运行效果来说，首先产生重要影响的是外在因素(a_8、a_9、a_{10}、a_{11}、a_{12})，他们作为外在的诱因，能不同程度引起内部要素的变化，其中科学技术环境和政策环境对联盟的构建及运行的影响程度较大，其原因度分别为 1.5855 和 1.4072。这在一定程度上说明，营造良好的科学技术环境和政策环境，是西部地区产学研合作的技术创新战略联盟开展创新活动的重要前提；社会文化环境(a_{12})是为了使开展创新活动的联盟行为主体具备高素质的队伍资源而应被予以关注的重要元素。此外，社会经济环境(a_8)和法律环境(a_{11})的原因度虽然在外部因素中处于最末端，其值分别为 0.9208 和 0.9997，但其影响度得分都较高，这说明这些要素对其他因素的影响较大。因此，不能否定这些因素对产学研合作的技术创新战略联盟运行效果也具有显著影响，对这些因素也应该给予足够重视。另外，除了上述外部因素构成的原因因素外，还有一个内部要素——资金资源投入的原因度也为正，其值在 12 个影响要素中最大，为 2.1385，这表明西部地区产学研合作的技术创新战略联盟无论是在组建阶段，还是在运行阶段，首先要有资金上的保障，这样联盟才能在运行过程中有效协调其他资源要素，进而营造出更好的外部环境。

(2)结果因素分析。对比于原因因素而言，结果因素属于易受其他因素以及系统的影响的要素，其原因度<0，主要表现为影响产学研合作的技术创新战略联盟运行的内部要素，其对联盟运行效果会产生最直接的影响。由表 6-3 可知，在 7 项内部要素中，有 6 项要素的原因度<0，其包括人力资源配置效率(a_1)、技术资源条件完善程度(a_2)、知识资源分布情况(a_3)、科研基础设施资源投入(a_5)、信息资源共享程度(a_6)和政策资源依附程度(a_7)。其中，最易受影响的是科研基础设施资源投入(a_5)和信息资源共享程度(a_6)，其原因度分别为 −2.1513 和 −1.8722，这表明，目前联盟稳定运行的关键在于科研基础设施资源的有效投入以及信息资源共享平台的建立。此外，人力资源的配置效率(a_1)、技术资源条件完善程度(a_2)和政策资源依附程度(a_7)的原因度很高，且这些因素的被影响度也较高(其值分别为 2.686、1.955 和 2.0100)，这说明这些因素在西部地区产学研合作的技术创新战略联盟运行过程中，发挥着重要作用。

2)中心度分析

为了表明某个因素在所有影响因素中所处的位置，本项目利用中心度对其予以解释。若某因素的中心度值越高，则其在所有因素中的核心位置越明显，越会对其他因素产生显著影响，反之亦然。由表 6-3 和图 6-1 可知，在产学研合作的技术创新战略联盟运行过程的影响因素中，处于核心地位的因素多数表现为与联盟运行存在直接关联作用的内部要素，其中人力资源配置效率(a_1)的中心度为 3.6861，科研基础设施资源投入(a_5)的中心度为 4.1535，信息资源共享程度(a_6)的中心度为 3.8722，政策资源依附程度(a_7)的中心度为 3.0105，而技术资源条件完善程度(a_2)和知识资源分布情况(a_3)的中心度则分别为 2.9559 和 2.3810。

基于上述分析不难看出，在影响西部地区产学研合作的技术创新战略联盟的各项因素中，内部因素处于核心位置，而外部因素则处于驱动层面。从这一角度来分析，在构建西部地区产学研合作的技术创新战略联盟运行机制时，首先应从优化外部环境方面，明确产学研技术创新战略联盟有序运行的实际需求，进一步完善现有相关政策法规的同时，提升区域经济发展对产学研技术创新战略联盟的关注，充分发挥政府的引导性和强制性作用，调动联盟各成员开展创新活动的积极性。其次，在外部因素的引导下，构建内部运行机制时，应从西部地区产学研合作的技术创新战略联盟的行为主体自身出发，考虑如何运用相应机制激发联盟主体的主动性,最大化各行为主体的主体效用,从而提高联盟整体的运行绩效。

6.3 基于主体效用的技术创新战略联盟运行机制设计

良好的产学研合作的技术创新战略联盟运行机制是联盟构建和可持续发展的关键,也是联盟建设的重点内容。联盟运行机制建设始终贯穿于联盟建设与发展的过程中,其合理与否直接影响着联盟整体的运行效率与效果,并对联盟成员之间利益分配的合理性以及联盟成员合作的积极性产生重要影响。基于此,本项目在深入探究西部地区产学研合作的技术创新战略联盟运行影响因素的基础上,基于产学研三个不同联盟成员的主体效用差异分析,设计构建了西部地区技术创新战略联盟运行机制。

6.3.1 技术创新战略联盟运行机制设计的整体框架

技术创新战略联盟作为一个由多个不同组织机构的联合体,已成为连接各联盟成员的主要纽带,其主要表现为各联盟成员自身利益与外在制约的有效联合。在联盟运行过程中,若要保证联盟完成目标任务,就必须对各方成员的角色进行准确定位,使其明确相应的责任与义务。因此,本项目基于上述西部地区产学研合作的技术创新战略联盟运行过程的影响因素分析结果,结合不同联盟主体效用差异特征,从西部地区技术创新战略联盟的构建机制、治理机制和推进机制等方面建立联盟整体运行机制。整体框架如图6-1 所示。

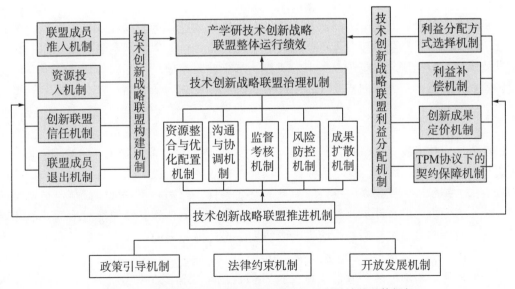

图 6-1 西部地区技术创新战略联盟运行机制设计的整体框架

6.3.2　技术创新战略联盟构建机制设计

1. 联盟成员准入机制

能否合理选择产学研合作的技术创新战略联盟的成员，是一个联盟能否组建起来或可否有效运行的关键所在，尤其是应清晰认识潜在成员的实力和发展状况。基于此，在设计联盟构建机制时，首要考虑的就是战略联盟成员的准入机制。在组建西部地区产学研合作的技术创新战略联盟之初，筛选联盟成员时应遵循两大原则：第一，衡量新加入的成员对联盟的长远发展是否有利；第二，联盟吸纳新成员后，对比由其所带来的利益与联盟为此付出的代价之间的关系。其次，充分借鉴相关领域的产学研合作的技术创新战略联盟的成功经验，确立联盟成员准入标准，主要从联盟成员战略目标的一致性、联盟成员之间资源优劣势的互补性、联盟成员规模实力的匹配性三个方面予以确认。

2. 资源投入机制

由西部地区产学研合作的技术创新战略联盟运行过程的主要影响因素分析可知，资源投入作为中心度较高的结果因素，与联盟运行有效性存在直接的关联作用。基于此，在联盟构建机制建立过程中，确立有效资源投入机制，是确保联盟整体运行稳定性的又一关键所在。资源投入机制设计应遵循以下准则：基于主体效用差异的资源投入准则，以及以投入资源价值评估结果为准则进行利益分配。

3. 创新联盟信任机制

西部地区产学研合作的技术创新战略联盟的构建除了基于公平合理的利益分配机制外，更重要的是以联盟成员之间的相互信任来促进联盟整体的可持续发展。然而，由于产学研技术创新战略联盟涉及多个不同类型的行为主体，如何实现联盟成员之间的相互信任就成为联盟构建之初应予以考虑的重点。基于此，本项目从影响信任机制建立的主要因素分析出发，来诠释创新联盟信任机制。具体如图 6-2 所示。

4. 联盟成员退出机制

西部地区技术创新战略联盟构建机制中，不但要强化联盟成员的准入机制，同时，也要让联盟成员明晰相应的退出机制。可以说，有效的联盟成员退出机制是西部地区产学研合作的技术创新战略联盟可持续发展的必要条件。原因在于：联盟成员退出机制的设立，一方面，可以有助于西部地区产学研合作的技术创新战略联盟随时根据外部环境的变化，对联盟成员进行调整，增强联盟的竞争力；另一方面，联盟成员同样可以根据灵活的退出机制，结合自身的情况变化，作出快速反应。

一般来说，西部地区产学研合作的技术创新战略联盟成员在发生以下三种情况下，可以申请退出联盟：第一，随着外部环境变化，联盟成员战略目标发生调整，使其无法与联盟整体战略目标一致，违背了联盟成员准入机制，允许退盟；第二，联盟成员以往所具备的竞争优势，在市场环境改变的情况下，无法与联盟其他成员形成资源互补，进而导致其无法为联盟整体运行提供相应的服务，允许退盟；第三，联盟成员过度强调自身利益，在联盟运行过程中，严重违反联盟章程，允许退盟。

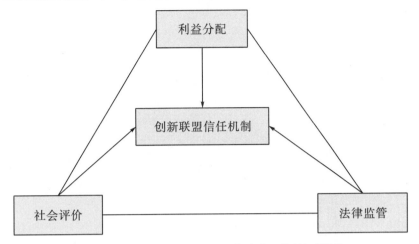

图 6-2　产学研合作的技术创新战略联盟信任机制框架

6.3.3　技术创新战略联盟治理机制设计

1．资源整合与优化配置机制

组建由企业、大学、科研机构等创新主体组成的产学研合作的技术创新战略联盟，其目的之一就是形成资源互补，而资源互补的关键就在于如何实现联盟成员的资源整合与优化配置，这既是联盟成员开展协同创新的基础，又有助于提高联盟整体的运行绩效。其中，联盟成员之间的资源整合更强调灵活性，即联盟成员可根据联盟创新活动的实际需求对联盟共享资源进行动态、有机地有效利用。可以说，联盟成员之间的资源整合与优化配置，既能表现出联盟成员的合作诚意，同时也有助于联盟内创新资源的高效配置和增值服务。

2．沟通与协调机制

由于西部地区产学研合作的技术创新战略联盟成员（企业、高校、科研机构）分别来自于不同领域和系统，它们的组织文化、战略目标、知识技能、机构运营经验等存在较大差异，在这种情况下，若想实现技术创新战略联盟内部的知识共享与组织融合，则联盟成员之间必须要建立起有效的沟通与协调机制，学习和吸收其他成员的知识和技术，进而形成资源优势互补，为联盟整体稳定运行和发展提供可靠保证。联盟的沟通与协调机制是在遵守协调成本最低、保持高效率运行原则的前提下，明确联盟成员各方的权利和义务，制定出联盟发展战略规划，加快不同组织文化背景下的联盟成员之间的融合，并探寻其最佳契合点，提高技术创新战略联盟的运行效率。

3．监督考核机制

在西部地区产学研合作的技术创新战略联盟中，政府虽无法直接参与联盟的创新活动，但应高度重视对联盟成员产学研合作项目的监管和评估考核，其目的在于使联盟协同创新方向与区域经济发展实际诉求相融合。基于此，本项目提出在联盟运行过程中，建立相应的联盟监督考核机制。其中监督机制的建立可以使联盟成员基于一定压力的情况，增强合作性，并有助于对联盟创新资金的使用效率进行科学监督。

4. 风险防控机制

不论是在西部地区产学研合作的技术创新战略联盟组建阶段，还是在其具体运行过程中，不可避免地会存在诸多风险，而对于这些风险该如何防控，已成为联盟管理机构关注的焦点。因此，建立一套完善的联盟风险防控机制对联盟可持续发展具有重要意义，主要从两个方面着手：一是风险防范机制，主要从风险预测、识别和处理三个方面构建相应的防范系统。首先，联盟成员均应结合自身情况，对联盟运行过程中可能产生的风险进行预警，并及时准确地将信息传递给联盟风险控制中心；然后，联盟管理机构根据其风险控制中心采集的信息，对风险来源及产生的诱因进行分析，找出联盟运行中存在的问题；最后，针对联盟运行过程中可能出现的风险，制定出一系列风险防控预备方案，以便在风险即将发生时做出快速反映。二是风险控制机制，在探寻到西部地区产学研合作的技术创新战略联盟运行过程中可能存在的风险后，通过正式控制和非正式控制两种形式实施风险控制。

5. 成果扩散机制

任何一个产学研合作的技术创新战略联盟的成立，都是源于对联盟运行后取得的创新成果进行扩散，这是联盟运行绩效的重要表现。基于此，为了有效推动联盟创新成果的扩散，应建立相应的联盟成果扩散机制，以便于不同效用差异的联盟成员能充分发挥各自的作用，即核心企业的龙头带动作用、高校和科研机构的创新源头作用。可以说，这一机制的建立能够为技术创新战略的创新成果转化应用搭建重要载体和平台，使不同效用主体均能受益。对于创新成果扩散机制的建立主要从以下几方面着手：第一，建立知识产权保护机制。知识产权共享作为西部地区技术创新战略联盟内部的成果扩散的重要形式，能充分体现成果在行业内的辐射效果，有助于新技术、新产品的推广和应用，但在这一过程中，应充分重视对联盟创新成果的知识产权保护；第二，确立科技成果转移机制。

6.3.4 技术创新战略联盟推进机制设计

为了实现西部地区产学研合作的技术创新战略联盟的可持续发展，政府作为联盟的主要推动者，应充分结合联盟需求，制定各种政策，切实发挥政府在联盟构建、运行和利益分配三个不同阶段的外推作用，从政策引导、法律约束和开放发展三个方面制定相应的联盟发展推进机制。

1. 政策引导机制

政策引导是保障西部地区技术创新战略联盟有效运行的重要手段。2009 年，我国相继出台了《关于推动产业技术创新战略联盟构建与发展的实施办法(试行)》等一系列相关规定,形成了促进联盟合作的政策保障体系。但现行的政策保障体系对战略联盟的长期发展与深度合作缺乏有效的激励机制与制约,使得联盟成员之间的合作愿望不强。基于此,应建立政府主管部门组织与引导的政策机制,从参与制定联盟运行管理办法、设立专项资金支持联盟发展、出台支持联盟发展的各项财税金融优惠政策等方面着手,从政策上鼓励支持联盟成员之间进行多层面的战略合作,搭建合作平台,营造良好的合作环境。

2. 法律约束机制

法律约束机制是西部地区技术创新战略联盟构建机制、治理机制和利益分配机制有效运行的重要保障。作为外部推进机制之一,法律约束机制的作用在于:一方面能够对联盟成员的行为形成约束,降低其机会主义行为风险;另一方面,也可以保障联盟成员的合法利益,在具有法律约束力的协议中,还会进一步明确科技成果转化收益的分配办法及其违约责任。联盟成员共同签订具有法律约束力的协议,协议明确规定技术创新目标、任务分工、经费安排等,明晰联盟成员责权利关系。这要求联盟成员在合作过程中,要以协议为准绳,对其投入和风险形成自我约束,规避机会主义行为。

3. 开放发展机制

开放发展机制对西部地区产学研合作的技术创新战略联盟的构建和运行至关重要,它既是创新战略联盟持续运行的重要根源,也是避免联盟成员自闭或形成行业技术垄断的保障机制。只有增强产学研合作的技术创新战略联盟的开放程度,才能有效整合创新力量,吸引新成员加入来不断满足其技术发展的诉求,进而推动联盟创新活动的持续开展。具体来说,主要从以下几方面来建立开放发展机制:一是对行业创新主体的开放;二是技术标准的开放;三是建立外部学习和交流机制,拓展联盟运营的战略视角。

第7章 研究结论与政策建议

7.1 研 究 结 论

作为推动我国技术创新的重要途径，产学研技术创新战略联盟作为我国实践探索中产生的一种全新的合作模式，对建设创新型国家有着十分重要的现实意义。而对于快速发展中的西部地区而言，技术创新战略联盟引领和促进地区产业发展的作用更加凸显。基于此，本项目在现有国内外关于产学研技术创新战略联盟研究的基础上，针对我国，尤其是西部地区产学研技术创新战略联盟的特殊性，构建了"基于主体效用的联盟绩效综合评价体系"，并通过实证方法探索"主体效用绩效"与"联盟机制有效性"之间的规律性联系，为改善西部地区产业技术创新战略联盟运行机制的建设提供了一定的理论依据，为西部地区及国家各级政府、企业、科研院所的产学研技术创新战略联盟的发展提供了决策参考。主要得到了以下几点结论：

(1)当前西部地区产学研合作的技术创新战略联盟运行过程中存在一定问题，但问题的找出都源于对问卷结果的分析，并且没有考虑影响西部地区产学研合作的技术创新战略联盟绩效的关键因素。因此，通过剖析西部地区产学研技术创新战略联盟绩效的实证结果，本项目不但发现了联盟运行过程中在绩效管理方面存在的一些不足，而且为进一步了解联盟整体绩效与联盟成员的主体效用之间的关联性提供了数据支持。

(2)在对联盟整体绩效和各主体绩效进行实证分析的基础上，运用灰色关联分析方法分别研究各个主体与联盟整体绩效的关联程度，通过对联盟绩效综合指标的分析模拟出联盟最优条件下各个主体的最优效率，并根据联盟最优值和主体单独最优值，实现分配机制的设计。本项目根据部分地区技术创新战略联盟的产学研合作的现状，借鉴国内外发达地区的成功经验提出借助政府和中介机构的政策导向和资金导向，推动加快调整利益分配方式的构成，建立基于不同主体效用的利益补偿机制，为联盟成员形成的创新成果确立相应的定价机制，并从约束联盟成员角度，构建基于 TPM 协议的契约保障机制。

(3)在结合西部地区产学研合作的技术创新战略联盟的实证分析结果的基础上，本项目基于不同产学研合作成员的主体效用与联盟整体绩效的双赢目标，从联盟构建、运行管理、利益分配以及外部推进等方面得出技术创新战略联盟的运行机制，并提出了保障机制运行的主要对策与建议。

7.2　政　策　建　议

7.2.1　技术创新战略联盟构建机制运行的主要保障措施

1. 权衡联盟成员战略目标的一致性

任何一个组织机构在运营过程中，均是在一定战略目标的引导下开展经营活动的，战略目标是一个组织机构在实现其使命过程中所追求的长期结果，其在一定程度上会约束不同成员的主体行为。在这种情况下，产学研技术创新联盟在选择联盟成员时，首先应考虑各成员的战略目标是否一致，因为只有一致的战略目标才能保证联盟持续稳定运行。在选择联盟成员时，主要从以下几方面对联盟成员的战略目标一致性进行权衡：第一，对联盟成员入盟动机进行考核；第二，客观评估联盟成员所投入的科研设备、人员及其技术资源的专用性；第三，分析潜在入盟成员的竞争优劣势。特别需要指出的是考核联盟成员目标一致性，并不是强调各成员的战略目标完全一致，只要其潜在新加入者的核心目标与联盟整体目标一致即可。

2. 度量联盟成员资源互补性

在对技术创新战略联盟成员进行择取时，要对其成员的竞争优劣势进行权衡，其目的在于考核联盟成员之间的资源优劣势是否存在互补性，因为若实现优势互补可以得到多方共赢的效果，即联盟成员之间利用互补性资源在保持和发展其核心竞争力的同时，能最终实现联盟整体绩效的提升。基于此，在联盟成员准入标准中，应高度关注各联盟成员的资源优势互补性，主要从人力资源、物质资源、技术资源和资金资源等方面寻求不同联盟成员的资源优势。

3. 衡量联盟成员规模实力的匹配性

在对技术创新战略联盟成员进行选择时，要权衡联盟成员规模实力的匹配程度。原因在于：外部社会经济环境的变化，势必会引起不同规模实力的组织机构经营策略的改变，若联盟成员之间的规模实力差异较大，极有可能导致规模小的联盟成员在运转过程中，由于其决策流程不够规范，在组织文化、执行力等方面出现与规模大的联盟成员不相容的现象，进而影响联盟整体的有效运行。特别是针对契约型产学研联技术创新战略联盟而言，由于没有股权约束，联盟成员之间的规模实力匹配度对联盟运行的稳定性就显得尤为重要。

4. 确立基于主体效用差异的资源投入准则

若想确保西部地区产学研合作的技术创新战略联盟成员能够对各类资源(资金、人力、技术、科研设施等)进行合理投入，首先联盟各行为主体应考虑自身主体效用差异，以合理投入保证联盟的有序运行，即在联盟成员投入资源过程中，要遵循联盟成员资源优势互补的投入原则。联盟中的创新活动经营主体——企业是以获取经济效益为核心目标，其在进行资源投入时应更多偏向于资金投入；而作为创新活动前期的研究主体——高校和科研机构，则在进行资源投入时更偏向于科研设施、技术和人力资源等方面。

5. 以投入资源价值评估结果为准则进行利益分配

由于产学研技术创新联盟存在三个不同效用主体，其在组建联盟过程中，所投入的资源价值和形式存在一定差异，因此，客观评估不同效用主体的资源价值，并以此为依据进行利益分配，是联盟构建时就应予以着重考虑的因素。基于此，为了提高不同效用主体的联盟成员资源投入的积极性，在建立联盟构建机制时，科学测算联盟成员投入的有形资源和无形资源价值量显得相当重要。通过市值法、重置成本法和实物期权定价模型测算物质资源价值量、人力资源价值量和技术专利价值量；而对财务资源价值总量则以账面价值为依据来核算；对于联盟成员投入的创新能力资源、管理资源和关系资源的价值量，则采用定性分析法，由联盟理事会、专家委员会和专业资产评估人员组成的资源价值评估小组共同确定。

6. 以基于主体效用差异的利益分配机制为依托增强联盟成员间的信任度

不管产学研任何一方，在组建技术创新战略联盟时，均会从自身利益出发，来考虑其他联盟成员与其合作的诚信度，即联盟成员的合作意愿。在这种情况下，只有建立联盟信任机制，才能有效克服联盟成员之间的疑虑，增强彼此的信赖程度，进而推动联盟组建。基于此，本项目以前文建立的基于主体效用差异的利益分配机制为依托，在联盟组建之初确立的契约保障条款中，明确联盟成员的利益分配基本原则，即严格根据联盟成员的效用差异，制定利益分配制度，增强成员间信任度。

7. 以完善的法律制度保障增强联盟成员之间的信任度

若完全依靠产学研合作的技术创新战略联盟契约条款，并不能完全消除联盟成员的疑虑，特别是新加入成员。基于此，本项目依据影响西部地区产学研技术创新战略联盟绩效的外部因素分析结果，在强化契约保障的同时，提出以完善的法律制度保障为依托，在联盟组建之初，让每一个联盟成员均明确法律对其的监管力度，即若存在背盟行为的联盟成员，则一定会受到法律的严惩。只有这样，才能更好地巩固技术创新战略联盟成员之间的信任关系。

8. 利用社会评价中介机构强化联盟成员之间的信任度

基于西部地区产学研技术创新战略联盟通常是由政府牵头组建的现状，政府在产学研合作过程中，往往处于中立的角色，对联盟组建过程涉及的各类因素并不能完全顾及，有时可能会存在一定不公平情况，进而加大了联盟成员之间的失信风险。基于此，本项目提出建立社会评价机制，利用社会评价中介机构来强化联盟成员之间的信任度。

9. 建立灵活的联盟成员退出制度

灵活的联盟成员退出机制会直接影响西部地区产学研技术创新战略联盟运行的可持续性。一般来说，产学研合作的技术创新战略联盟成员在发生以下三种情况下，可以申请退出联盟：第一，随着外部环境变化，联盟成员战略目标发生调整，使其无法与联盟整体战略目标保持一致，违背了联盟成员准入机制，允许退盟；第二，联盟成员以往所具备的竞争优势，在市场环境改变的情况下，无法与联盟其他成员形成资源互补，进而导致其无法为联盟整体运行提供相应的服务，允许退盟；第三，联盟成员过度强调自身利益，在联盟运行过程中，严重违反联盟章程，允许退盟。

然而，对联盟成员申请退出联盟的三种情况，联盟成员退出机制会作出不同的抉择，其中，因为外部环境变化而导致联盟成员不再符合联盟成员准入标准的，其在退出联盟时，联盟成员可主动申请，经联盟管理机构表决后，按照相应的利益分配机制和风险补偿机制，结算成本收益，终止合同；而对于因违反联盟章程的联盟成员，联盟管理机构可强行终止合同。另外，由于有限理性，联盟成员在订立联盟契约时，通常对联盟成员退出情况是无法估计的。针对这种情况，联盟成员之间应共同协商解决由联盟成员退出所带来的矛盾和冲突。

7.2.2　技术创新战略联盟治理机制运行的主要保障措施

1. 开放联盟成员的物质资源

物质资源是联盟构建与运行的基础，其主要包括科研仪器设备、科技数据库、信息平台等。对于这些物质资源的开放和共享是西部地区产学研合作的技术创新战略联盟实现资源整合的重要依托。在技术创新战略联盟运行过程中，联盟成员为了共同完成联盟整体承担的任务，首先必须要开放其相关的科技数据库与信息平台，这样既有助于两者的充分利用，又有助于降低由于信息不对称而导致的联盟内运行风险。其次，大量仪器设备的共享有助于降低联盟运行成本，提高仪器设备使用效率。另外，联盟成员在合作创新过程中，为了提高联盟整体科研基础设施的水平，还会因创新活动需求，共同购置或开发更加尖端、复杂的仪器设备。

2. 依据组织分工机制实现资源优势的整合

组织分工机制就是依据不同联盟成员的资源优势，合理分配其在联盟运行过程中的责任，推动联盟在不同技术领域的研发活动，实现成员创新优势的最佳整合，进而保证联盟的顺利运行。可以说，西部地区产学研技术创新战略联盟成员在资源方面各有优势，其中企业的优势在于能够准确把握市场需求变化趋势，并根据市场环境变化及时获取市场需求信息，这有助于科研机构和高校的技术开发，促进技术研发成果经济价值的实现；而高校与科研机构的优势在于对技术创新前沿信息的掌握，且拥有图书馆、科研实验室和实验设备等科研基础设施，拥有高素质的科技人才等资源，这为企业提高其产品研发速度，快速占领市场提供必要保障。总之，在联盟运行过程中，企业偏向于从事联盟市场经营方面的业务；而高校和科研机构偏向于从事技术研发方面的业务。他们之间有效的分工协作是实现资源整合的重要方式。

3. 建立规范的信息披露制度

西部地区产学研合作的技术创新战略联盟运行过程中，若要实现联盟成员之间的有效沟通，首先各联盟成员要建立规范的信息披露制度，保证各方均能及时获得相关信息，增强合作方之间的信任度。建立通畅的联盟成员沟通与协商渠道，以正式和非正式的多样化的信息沟通方式，加强联盟内部成员之间、人员之间、部门之间的沟通效果。具体来说，以规范化的方式实现信息的有效沟通，消除信息差别带来的影响；同时，以网络信息化为媒介，通过联盟内部的网络办公，提高联盟管理机构的工作效率。

4. 利用政府搭建便捷的信息沟通与协调渠道

充分发挥政府在平台搭建和协调管理上的优势，可以推动西部地区产学研合作的技术创新战略联盟建立起相应的沟通与协调机制。第一，政府应着力打造有利于产学研三方合作的信息平台、公共研发平台、成果转化平台、科技资源共享平台和科技服务体系，加强技术、成果、人才等信息的交流共享；第二，在共性技术、制约企业的技术难题解决方面，由政府牵头组织产学研联盟在人才优势互补的基础上协同攻关，并进行成果的转化和推广应用。

5. 基于组织学习机制来实现联盟成员之间的有效沟通

任何技术创新战略联盟若想提升自身的创新能力，都需要经过一段时间的积累，这实质上就是联盟成员之间的一个相互学习和沟通的过程。基于此，本项目提出利用组织学习机制来提高联盟成员之间的沟通效率。西部地区产学研技术创新战略联盟成员在知识的开发、创造、扩散和吸收应用过程中，各成员主体间要相互学习，使其能在信息的输入、输出与反馈中，吸纳其他成员的优点，通过交流来提升自身实力，在营造良好学习氛围的同时，提高联盟整体的运行效率。具体来讲，可以通过讲座、报告等正式学习形式，也可通过座谈、研讨等非正式的学习形式来实现联盟内部的有效沟通。

6. 利用危机处理机制处理联盟内部矛盾

作为联盟内部矛盾的主要解决手段，危机处理机制是西部地区产学研合作的技术创新战略联盟沟通与协调机制的核心要素之一，其主要包括冲突文化协调制度、危机防范与预警制度、争端处理制度等。具体可以通过以下三个方式对内部矛盾进行协调处理：第一，联盟内部成员协商处理，即各成员方在科学分析和沟通交流中自我解决矛盾，而这一结果的实现需要各方将联盟整体战略目标放在第一位；第二，联盟内部其他成员来调和解决，即通过联盟内部冲突双方外的第三方辅助其客观分析矛盾成因，帮助矛盾双方及时捕获未获信息，从而使其消除误解；第三，司法部门介入解决，即在联盟内部矛盾无法通过内部力量解决时，司法部门利用其公正性和强制性，对矛盾双方做出司法判决。

7. 建立科学的监督考核体系

监督体系的建立可以使联盟成员基于一定压力的情况下，增强合作性，并有助于对联盟创新资金的使用效率进行科学监督。具体措施包括：一是通过长期的实际调研，严格监督联盟研究创新资金的使用情况，以此规避经费被挪用的风险；二是建立相应的联盟契约来约束联盟成员的权利和责任；三是组建技术创新战略联盟运行的监管机构，即联盟层级的董事会，同时每个联盟成员也可以成立专门的联盟职能部门来对战略联盟进行管理。而考核体系则是在充分借鉴英美创新联盟运行成功经验的基础上，针对区域产业发展的实际技术需求，定期或不定期的评估各地区技术创新战略联盟的经营目标和创新项目，特别是要严格考核研发项目、科技奖励及科技人才职称评审等成果，对研发成果的创新性及其技术水平、可应用性和市场前景进行预估。

8. 采取有效的风险防范措施

为了有效规避技术创新联盟运行过程中所存在的风险，本项目提出采取以下风险防范措施：第一，为了度量联盟成员的任务执行情况，应建立联盟运行评价标准；第二，为了准确预测与识别联盟运行风险，应建立相应的信息反馈机制；第三，为了有效抑制风险，进一步完善联盟运行的安全防范系统，应组建联盟监管机构；第四，为了有效鼓励联盟成员，应建立检查、反馈等配套评估机制。

9. 采用正式和非正式形式控制联盟运行风险

联盟风险控制可以通过正式控制和非正式控制两种形式实现。其中正式控制是通过联盟契约来对联盟成员行为和运行结果实施控制，在降低联盟成员机会主义行为对联盟整体运行所带来的风险同时，也有助联盟更好地对其运作绩效进行控制，以便于坚定联盟成员对其联盟可持续发展的信心。而非正式控制则是通过行为准则来实现，主要是通过培养联盟成员共同价值观和联盟文化，来树立联盟经营理念，通过增强联盟成员合作意识来降低联盟的风险。

10. 进一步规范知识产权保护制度

知识产权共享作为西部地区产学研合作的技术创新战略联盟内部的成果扩散的重要形式，能充分体现成果在行业内的辐射效果，有助于新技术、新产品的推广和应用。但在这一过程中，应充分重视对联盟创新成果的知识产权保护，建立相应的知识产权保护制度。主要措施包括：一是明确联盟创新成果的知识产权的转让性质，即有偿或无偿转让；二是无论何种性质的转让，都应通过契约或者合同的方式，明确联盟成员承担的知识产权保护的权利和义务；三是从制度和技术上，提高知识产权的保密性。

11. 拓宽科技成果转移渠道

在联盟内部，利用西部地区产学研合作的技术创新战略联盟搭建的网络信息平台，对科研院所和高校待转化的科技成果信息进行实时发布，便于成员企业及时获取相应信息；同时，由联盟管理机构组织企业相关人员进行相关培训，通过联盟科技成果研发部门的人员入驻企业指导,来推动联盟成员之间的技术对接。在联盟外部,通过开展外部服务与外界建立相应的关联渠道,能够进一步扩大联盟创新成果的扩散面。对外服务主要包括市场拓展、展览、展会、政府沟通及合同开发。另外,通过委托开发提供技术服务给联盟外成员,不仅可以达到获得联盟外部资源的目的,而且可以满足联盟运作的资金需求,加强外部技术向内溢出。

7.2.3　技术创新战略联盟推进机制运行的主要保障措施

1. 建立以项目为导向的政策引导机制

若要实现西部地区产学研技术创新战略联盟的各成员方的深度合作,首先应建立政策引导机制,该机制主要以政府项目为主导,鼓励产学研三方从战略层面上实现深度合作。在设立政策引导合作项目上,则应建立联盟成员互认的政策牵引平台,促进技术创新成果和人才培养个性化发展。

2. 建立以财政金融支持为重点的政策带动机制

若要保障西部地区产学研技术创新战略联盟的有序运行,则应建立相对完善的财政金融支持体系,这也是联盟实现有效合作的重要条件。在西部地区产学研合作的技术创新战略联盟发展过程中,财税优惠政策的出台、专项资金的设立、金融风险投资的介入等,均已成为支撑战略联盟的重要手段。基于此,本项目提出建立以财政金融支持为重点的政策带动机制。主要措施包括:第一,建立财政金融支持体系,充分发挥财政政策的经济杠杆和利益机制的导向作用,组织引导联盟成员参与战略联盟合作,搭建适宜的联盟组织机构、协调机构、管理架构和经费保障;第二,实施政府主管部门主导的以项目、经费为牵引的项目合作战略,通过项目带动联盟成员之间的实质性合作,依靠项目培育提升联盟成员的优势和核心竞争力;第三,要建立以政府经费投资、政府引导为主体的联盟成员资源共享体系,促进优质资源效益的最优化,减少低水平的重复建设,实现设施共享,完善利益分配机制,实现联盟成员资源使用效益的最大化。

3. 建立以信息资源共享为基础的政策驱动机制

若要提高西部地区产学研合作的技术创新战略联盟软实力,实现联盟成员之间的信息共享是必要途径,其中信息资源主要包括有形的科研仪器设备、科研基础设施、图书资料,以及无形的科技信息、科技发展动态等。为了实现产学研三方的深入合作,促进联盟的可持续运行,政府主管部门应建立以信息资源共享为基础的政策驱动机制。具体措施有:第一,建立覆盖面较为广泛的信息共享平台,该平台主要是在政府主导的前提下,为不同联盟成员提供信息服务,具体来说是基于政府资金项目引导建立不同类型的信息交流中心,以实现联盟成员的信息共享。第二,建立联盟成员各具优势的信息交换共享平台,通过不同联盟成员的差异化政策支持,推动联盟成员之间多方位的战略合作,促进联盟有效运行。

4. 对行业创新主体的开放

产学研合作的技术创新战略联盟是一个由企业、高校和科研机构共同组建的创新联合体，其在运行过程中，秉承自愿入盟和退盟的基本准则，任何有意愿承担创新任务的主体均可申请加入联盟，联盟管理机构依据联盟准入机制对其评估，来确定其在联盟中的级别。该开放发展机制对联盟成员与外界建立联系发挥着重要作用，能及时补充联盟科技力量。此外，从创新战略联盟长远战略目标考虑，联盟应尽可能实现对全球相关业务领域的有关机构开放，这样有助于联盟的技术愿景与世界科技市场接轨，增强联盟的全球竞争力。

5. 制定开放的技术标准

若联盟成员想取得一定的竞争优势，则在市场准入上制定具有一定排他性的技术标准是关键点，其核心是知识产权。尽管联盟实施技术标准战略的实质是想实现技术垄断，但这种垄断是建立在一定的推广规模上的，也就是说，只有使得联盟所掌握的技术标准在市场中的消费群体达到一定规模，才能使联盟成员达到垄断的目的。基于此，西部地区产学研合作的技术创新战略联盟必须建立相应的技术标准开放机制，即联盟组建成员均可无偿使用其技术规范，无需投入任何专利费用，一经创新战略联盟测试认证，即可投入市场。这种开放技术标准的机制能够有助于联盟科技成果的转化，使技术标准不断升级，并与国际标准接轨甚至上升为国际标准。

6. 加强联盟成员的外部学习和交流

联盟成员外部学习和交流是西部地区产学研合作的技术创新战略联盟开展研发合作和前端研究的基础，有助于联盟外部成员参与到联盟创新活动中，拓展联盟运营的战略视角。也就是说，这种外部学习和交流应扩展到联盟之外，支持和鼓励联盟成员参与区域及全球范围的技术研讨、会议等，扩大联盟影响力，并使其在技术愿景上保持一致。而对于联盟内部的交流与学习，可以通过沟通与协调机制予以实现。联盟组建过程中，对外交流与学习，有助于联盟成员单位增加相互交流机会，最大限度地了解彼此，这对成员在联盟之外开展资源共享与合作会产生正面影响。另外，在联盟组建完成后的运行阶段，联盟成员也可以通过对外交流与学习，加强人员之间的流动，进而促进联盟成员技术水平的提升。

参 考 文 献

埃德. 瑞格斯比. 2003. 发展战略联盟[M]. 贺痴, 雷小兵译. 北京: 机械工业出版社.

奥利弗·E·威廉姆森. 2002. 资本主义经济制度[M]. 北京: 商务印刷馆.

毕克新. 2007. 中小企业技术创新测度与评价研究[M]. 北京: 机械工业出版社.

蔡继荣, 郭春梅. 2007. 战略联盟的稳定性边界研究[J]. 管理工程学报, 21(2): 103-105.

蔡泽伟. 2012. 探索践行"总部-基地"办学模式打造政校企合作产学研创新示范基地[J]. 中国科技产业, 2: 38-39

曹静, 范德龙, 唐小旭. 2010. 产学研结合技术创新绩效评价研究[J]. 科技进步与对策, 27(7): 114-118.

曹霞, 于娟. 2015. 产学研合作创新稳定性研究[J]. 科学学研究, 33(5): 741-747.

曹小华. 2009. 基于博弈论的汽车技术战略联盟利益分配研究[D]. 长沙: 湖南大学.

柴珺芳. 2013. 产业技术创新战略联盟绩效评价及激励机制研究[D]. 杭州: 浙江工业大学.

常荔, 李顺才, 邹珊刚. 2002. 论基于战略联盟的关系资本的形成[J]. 外国经济与管理, 24(7): 29-33.

常民, 李忠立, 宋文华. 2006. 层次分析法(AHP)在企业建立战略联盟中的应用[J]. 北京: 北京工业大学.

陈爱祖, 唐雯, 唐继红. 2013. 产业技术创新战略联盟利益分配模型研究[J]. 科技管理研究, (12): 119-123.

陈佳. 2011. 产业技术创新战略联盟治理模式影响因素探析[J]. 科技管理研究, 31(11): 94-96.

陈甲华, 邹树梁, 刘兵, 等. 2005. 基于价值链的战略联盟协同效应评价指标体系与模糊综合评价[J]. 南华大学学报(社会科学版), 6(3): 46-49.

陈劲. 2009. 新形势下产学研战略联盟创新与发展研究[M]. 北京: 中国人民大学出版社.

陈菊红, 汪应洛, 孙林岩. 2001. 虚拟企业伙伴选择过程主方法研究[J]. 系统工程理论与实践, 21(7): 48-52.

陈立勇. 2012. 产业技术创新战略联盟知识治理研究[D]. 长沙: 湖南大学.

陈培樗, 屠梅曾. 2007. 产学研技术联盟合作创新机制研究[J]. 科技进步与对策, 24(6): 37-39.

陈文波. 2012. TPM 协议下的校企合作利益分配机制研究[J]. 商, (15): 22-23

陈雪善, 王卫彬. 2012. 嘉兴区域产业技术创新战略联盟建设研究——基于产业集群的视角[J]. 科技和产业, 12(9): 19-22.

陈耀, 连远强. 2014. 战略联盟研究的理论回顾与展望[J]. 南京社会科学, (11): 24-31.

崔强等. 2013. BP-DEMATEL 在空港竞争力影响因素识别中的应用[J]. 系统工程理论与实践, 33(6): 1471-1478.

大卫·福克纳, 克利夫·鲍曼. 1997. 竞争战略[M]. 李维刚译. 北京: 中信出版社.

戴彬, 屈锡华, 李宏伟. 2012. 产业技术创新战略联盟风险的灰色模糊综合评价模型[J]. 统计与决策, (10): 48-51.

戴彬, 舒畅. 2014. 给予政府角度的产业技术创新战略联盟绩效评价研究综述[J]. 科技管理研究, (18): 53-55.

戴忠义. 2010. 产学研联盟信任机制研究[D]. 呼和浩特: 内蒙古大学.

单泪源, 江黎明, 吴炜炜. 2008. 供应商与零售商的动态非对称演化博弈[J]. 商业研究, (7): 9-12.

德鲁克. 1989. 创业精神与创新: 变革时代的管理原则与实践[M]. 北京: 工人出版社.

邓雪. 2010. 企业战略联盟组织间学习的实证研究[D]. 沈阳: 辽宁大学.

邓雪. 2010. 中国企业跨国战略联盟中的组织学习研究[J]. 企业活力, (4): 89-91.

郎晓燕, 张赤东. 2011. 产业技术创新战略联盟的类型与政府支持[J]. 科学与科学技术管理, (4): 78-84.

刁志友. 2012. 我国产业技术创新战略联盟实践和风险管理研究[J]. 财经界(学术版), (9): 71-72.

董广茂, 李垣. 2004. 战略联盟、价值网络中关系形成的效用组合分析[J]. 中国管理科学, 12(3): 55-60.

樊菁霞. 2013. 以创新型企业为核心的技术创新战略联盟绩效评价研究[D]. 昆明: 昆明理工大学.

范德成, 唐小旭. 2009. 我国各省市产学研结合技术创新的绩效评价[J]. 科学学与科学技术管理, 30(1): 66-70.

冯锋, 王欣, 张弢, 等. 2014. 产业技术创新战略联盟治理结构、机制与问题--以汽车轻量化产业技术创新战略联盟为例[J]. 科技管理研究, 17: 68-73.

冯晓青. 2011. 知识产权侵权归责原则之探讨[J]. 江淮论坛,（2）：87-94＋193.

冯子朔. 2013. 技术创新、战略联盟与企业经营绩效关系研究[D]. 长春：吉林大学.

弗里曼. 2004. 工业创新经济学[M]. 北京：北京大学出版社.

付超俊. 2013. 产学研合作运行机制与绩效评价研究[D]. 北京：中国地质大学.

付苗,张雷勇,冯锋. 2013. 产业技术创新战略联盟组织模式研究——以 TD 产业技术创新战略联盟为例[J]. 科学学与科学技术管理,34(1)：31-38.

付向梅,曹霞. 2015. 产学研联盟社会资本的形成机理及仿真分析——基于最优投资视角[J]. 科学学与科学技术管理,（1）：99-107.

高广文. 2008. 国际产业技术创新联盟的发展及启示[J]. 科技发展研究,（12）：45-49.

高建,汪剑飞,魏平. 2004. 企业技术创新绩效指标：现状、问题和新概念模型[J]. 科研管理,25(S1)：14-22.

高兴民,张祥俊. 2015. 禀赋效应与产学研合作收益分配机制研究[J]. 科技进步与对策,（5）：15-19.

高扬. 2009. 产业技术创新战略联盟中政府行为研究[D]. 武汉：华中科技大学.

葛京. 2004. 战略联盟中组织学习效果的影响因素及对策分析[J]. 科学学与科学技术管理,25(3)：136-140.

龚红,李燕萍. 2010. 产业技术创新战略联盟研究综述及其最新进展[J]. 中国科技产业,（7）：49-51.

桂黄宝. 2007. 合作技术创新内部风险的识别及控制研究[J]. 科技管理研究,27(11)：16-19.

桂黄宝. 2011. 合作创新战略联盟治理机制分析[J]. 科技管理研究,31(16)：18-21.

桂萍,夏谦谦. 2007. 企业战略联盟的稳定性分析[J]. 武汉理工大学学报,29(3)：150-152.

桂萍. 2008. 企业研发联盟 O-SCP 风险源分析[J]. 科技管理研究,28(12)：335-336.

郭士俊. 2012. 产业技术创新战略联盟运行机制研究[D]. 天津：河北工业大学.

郭焱,刘月荣,郭彬. 2014. 战略联盟中伙伴选择、伙伴关系对联盟绩效的影响[J]. 科技进步与对策,31(5)：25-29.

国际经济与合作组织. 1997. 国家创新体系专题报告[R].

何景昆. 2009. 水平型战略联盟模式选择研究[D]. 长沙：中南大学.

赫晓峰,李刚. 2004. 战略联盟中资源与绩效关系模型[J]. 河北经贸大学学报,25(5)：76-82.

后小仙. 2010. 基于合作伙伴关系的产学研联盟利益分配机制分析——以安徽为例[J]. 商业经济,（11）：26-28.

胡大立. 2006. 基于价值网模型的企业竞争战略研究[J]. 中国工业经济,（9）：87-93.

胡大伟. 2011. 产业技术创新联盟模式研究[D]. 南京：南京邮电大学.

胡建波,安丹. 2014. 产业技术创新战略联盟发展的国际经验与启示[J]. 工业技术经济,（10）：125-131.

胡梅,刘安松. 2009. 战略联盟利益分配及分配监督机制[J]. 广东农业科学,（1）：121-124.

胡枭峰. 2010. 产业技术创新战略联盟研究评述[J]. 商场现代化,（20）：8-9.

胡争光,南剑飞. 2010. 产业技术创新战略联盟：研发战略联盟的产业拓展[J]. 改革与战略,26(10)：38-42.

胡争光. 2013. 产业技术创新战略联盟利益分配方式选择研究[J]. 科技管理研究,33(5)：104-108.

黄娟娟. 2012. 产业技术创新战略联盟治理机制研究[D]. 武汉：武汉理工大学.

黄平利,周凌峰. 2007. 国家创新体系理论综述[J]. 湖北行政学院学报,（5）：25-26.

霍妍. 2009. 产学研合作评价指标体系构建及评价方法研究[J]. 科技进步与对策,26(10)：125-128.

贾生华,吴波,王承哲. 2007. 资源依赖、关系质量对联盟绩效影响的实证研究[J]. 科学学研究,25(2)：334-339.

贾素红. 2006. 中小企业技术创新应构建战略联盟[J]. 企业活力,（7）：46.

简兆权,李垣. 1998. 战略联盟的形成机制——非零和合作博弈[J]. 科学学与科学技术管理,（9）：17-18.

姜成峰. 2008. 第三方物流企业战略联盟信任机制研究[D]. 杭州：浙江大学.

蒋芬. 2009. "联合开发、优势互补、利益共享、风险共担"：产业技术创新战略联盟是产学研结合的趋势[J]. 华东科技,（12）：36-37.

蒋樟生,胡珑瑛,田也壮. 2009. 基于知识转移价值的产业技术创新联盟稳定性研究[J]. 科学学研究,26(S2)：506-511.

蒋樟生. 2009. 基于知识转移的产业技术创新联盟稳定性分析及判断研究[D]. 黑龙江：哈尔滨工业大学.

金芬. 2006. 企业项目投资风险的识别评估与应对[J]. 贵州工业大学学报(社会科学版),（4）：43-45.

金芙蓉,罗守贵. 2009. 产学研合作绩效评价指标体系研究[J]. 科学管理研究,27(3)：43-46.

靖继鹏，吴宪忠．2007．战略联盟中制造企业信息化建设模式研究[J]．情报科学，25(2) 173-176.

赖馨正．2008．产业技术创新战略联盟模式及运行研究[D]．长沙：中南大学.

李峰．2014．基于 ANT 视角的产业技术创新战略联盟机制研究——以闪联联盟为例[J]．科学学研究，32
　　(6)：835-841.

李红宇．2010．论产业技术创新战略联盟背景下高校科技创新团队的培育基础理论研讨[J]．科技信息，(14)：60.

李加胜，郑智．2013．产业技术创新战略联盟研究综述及其未来展望[J]．科技经济市场，(3)：68-70.

李坚．2005．基于信任因素分析的铁路集装箱多式联运运作策略研究[D]．成都：西南交通大学.

李建，金占明．2007．战略联盟伙伴选择、竞合关系与联盟绩效研究[J]．科学学与科学技术管理，28(11)：
　　161-166.

李建花．2012a．宁波市产业技术创新联盟的运行机制和模式选择[J]．今日科技，(5)：60-62.

李建花．2012b．宁波市产业技术创新联盟运行机制选择策略[J]．科技与管理，14(4)：8-11.

李林，肖玉超，王永宁．2010．基于产业集群的产学研战略联盟合作机制构建研究[J]．重庆大学学报(社会科学版)，
　　16(2)：11-15.

李荣，吴晨生，刘彦君．2014．产业技术创新联盟信息服务模式及发展对策研究[J]．情报理论与实践，37
　　(10)：35-39.

李瑞光，段万春．2015．产业技术创新战略联盟投机行为研究[J]．技术经济与管理研究，(2)：12-15.

李新男．2007．创新"产学研"结合组织模式，创建产业技术创新战略联盟[J]．中国软科学，(5)：9-12.

李新男．2009．推动产业技术创新战略联盟构建提升我国自主创新能力[J]．科技潮，(9)：12-15.

李新运，任栋，原顺梅．2013．产业技术创新战略联盟利益分享博弈分析[J]．经济与管理评论，(2)：58-64.

李学勇．2007．创新产学研结合机制和模式构建产业技术创新战略联盟[N]．科技日报.

李雪，李菁华．2008．产学研联合的深化：产业技术创新战略联盟研究[J]．科学管理研究，26(1)：45-48.

李雪梅．2009．基于资源投入的技术创新战略联盟稳定性研究[J]．商业研究，(24)：17-18.

李永峰．2008．内部控制战略性应用问题研究——基于审计视角与管理视角的结合[D]．天津：天津商业大学.

李永锋．2006．合作创新战略联盟中企业间相互信任问题的实证研究[D]．上海：复旦大学.

李挚．2010．技术创新战略联盟管理风险控制[J]．价值工程，(35)：3-5.

林菊洁，盛林．2011．基于生命周期理论的战略联盟风险识别与管理重点研究[J]．企业技术开发，(19)：126-127.

林雨洁．2013．基于协同创新理论的产业技术创新战略联盟伙伴选择研究科技与经济[J]．科技与经济，(6)：6-10.

刘朝．2011．复杂产品技术创新联盟信任机制研究[D]．哈尔滨：哈尔滨理工大学.

刘和东．2008．产学研合作创新的博弈分析[J]．工业技术经济，27(1)：28-31.

刘洪民．2013．产业技术创新战略联盟：新时期我国产业共性技术研发的组织模式创新[J]．科技与管理，
　　(6)：43-46.

刘军，徐丰伟．2010．产业技术创新视角下产学研战略联盟模式选择[J]．中国高校科技与产业化，(10)：36-39.

刘军鹏，何凤，张展．2012．沈阳市产业技术创新战略联盟发展研究[A]//第九届沈阳科学学术年会论文集[C].

刘林舟，武博．2012．产业技术创新战略联盟构建原则及政策取向[J]．科技进步与对策，29(14)：102-106.

刘旻，李建伟．2008．基于租金视角的产业技术创新战略联盟研究[J]．产业经济，(27)：222-223.

刘旭东，赵娟．2009．产学研战略联盟可持续发展的运行机制研究[J]．太原科技，(4)：32-34

刘芸，程虹．2007．利益一致性的标准理论框架与体制创新——"联盟标准"的案例研究[J]．宏观质量研究，
　　(2)：92-106

刘珍．2009．信息化环境下钢铁企业战略联盟研究[D]．武汉：武汉科技大学.

柳朝．2011．复杂产品技术创新联盟信任机制研究[D]．哈尔滨：哈尔滨理工大学.

卢润德，张霞．2005．战略联盟运行机制探究[J]．生产力研究，(8)：188-190.

吕欧．2013．构建我国产业技术创新战略联盟的协调机制[J]．中国高新技术企业，(16)：5-7.

罗必良，吴忠培，王玉蓉．2004．企业战略联盟：稳定性及其缓解机制[J]．经济理论与经济管理，(5)：33-37.

罗党，刘思峰．2005．灰色关联决策方法研究[J]．中国管理科学，13(1)：101-106.

罗洪云，林向义，王磊，等．2015．产学研协同知识创新体系创新绩效评价研究[J]．现代情报，35(2)：8-11.

罗娜．2008．工程项目动态联盟的构建及运行机制研究[D]．长沙：中南大学.

罗雪英. 2014. 福建省农业产业技术创新联盟创新绩效影响因素实证研究[J]. 福建论坛(人文社会科学版), (6)：148-152.

骆远婷, 李延喜. 2015. 产业技术创新战略联盟的绩效评价体系研究[J]. 当代经济, (19)：25-27.

马士华, 林勇. 2010. 供应链管理环境[M]. 北京：机械工业出版社.

马秀梅. 2012. 创新战略联盟的知识共享——以湖北省产业技术创新战略联盟为例[J]. 物流工程与管理, 34 (5)：135-138.

马雪君. 2012. 产业技术创新战略联盟运行绩效指标体系的构建及综合评价[A]//第三届教学管理与建设学术会议论文集.

马永红, 王丽丽, 王展昭. 2011. 产业技术联盟的运行机制分析与构建[J]. 科技和产业, (8)：90-94+133.

毛雁征. 2012. 技术创新战略联盟核心企业领导力对联盟绩效影响研究[D]. 西安：西安电子科技大学.

孟林, 王冬梅. 2007. 企业风险识别与应对措施[J]. 会计之友, (7)：31-33.

孟琦. 2007. 战略联盟竞争优势获取的协同机制研究[D]. 哈尔滨：哈尔滨工程大学.

聂辉华. 2003. 企业：一种人力资本使用权交易的粘性组织[J]. 经济研究, (8)：64-69+93.

牛振喜. 2012. 基于协同理论的产业技术创新战略 联盟体系构建研究[J]. 科技进步与对策, (22)：76-78.

潘东华, 孙晨. 2013. 产业技术创新战略联盟创新绩效评价[J]. 科研管理, (S1)：296-301.

彭绪梅, 徐晗. 2013. 协同创新理论下辽宁高校在产业技术创新战略联盟中的发展路径[J]. 高等农业教育, 12：22-25.

戚文举. 2011. 产业技术创新战略联盟运行机制效率评价研究[D]. 重庆：重庆理工大学.

漆东. 2004. 技能型战略联盟中伙伴关系选、伙伴关系与联盟绩效关系的实证研究[D]. 重庆：重庆大学.

齐述丽, 佟立洲, 何砚. 2014. 产业技术创新战略联盟的构建与运行机制研究[J]. 科学大众：科学教育, (4)：135-135.

邱光宇. 2009. 用现代企业管理理念管理产业技术创新战略联盟[J]. 科技管理研究, (12)：259-261.

曲波, 田传浩. 2005. 基于平衡计分卡的战略联盟绩效评价框架[J]. 技术经济与管理研究, (1)：56-57.

任慧军. 2007. 建立中小企业技术创新战略联盟的策略[J]. 中小企业科技, (2)：34-35.

任玉菲. 2012. 产业技术创新战略联盟利益分配研究[D]. 哈尔滨：东北农业大学.

阮捷. 2004. 企业战略联盟利用分配机制研究[D]. 长沙：中南大学.

石娟, 刘珍. 2015. 国外产业技术创新战略联盟发展比较分析[J]. 理论与改革, (2)：67-70.

石娟. 2015. 国外产业技术创新战略联盟发展比较分析[D]. 天津：天津理工大学.

石淑玲. 2008. 企业动态联盟绩效评价体系研究[D]. 天津：天津商业大学.

史国栋. 2014. 提升产学研联盟创新绩效的障碍与对策[J]. 中国高等教育, (13)：14-17.

苏靖. 2011. 产业技术创新战略联盟构建和发展的机制分析[J]. 中国软科学, (11)：15-20.

隋波, 薛惠锋. 2005. 战略技术联盟成因的新视角[J]. 科学管理研究, (2)：69-71.

孙东川, 叶飞. 2001. 基于虚拟企业的合作伙伴选择系统研究[J]. 科学管理研究, 19 (1)：59-62.

孙亮, 李建玲, 李岱松. 2015. 产业技术创新战略联盟的组织模式与政府作用[J]. 中国科技论坛, (3)：12-17.

孙文华. 2012. 营销渠道冲突及其管理策略[J]. 企业改革与管理, (7)：70-72

孙肖楠, 钟书华. 2001. 构建我国企业技术联盟的协调机制[J]. 软科学, (4)：83-87.

所建国. 2009. 政府在产学研协调机制中的角色定位思考[J]. 中国成人教育, (23)：15-16.

索玮岚, 樊治平, 冯博. 2008. 一种合作研发风险因素识别方法[J]. 运筹与管理, (2)：62-67.

唐继红. 2010. 石家庄市医药产业技术创新战略联盟运行机制研究[D]. 石家庄：河北科技大学.

陶立波. 2010. 房地产企业战略联盟全过程管控及绩效评价研究[D]. 哈尔滨：东北林业大学.

田雪莲, 宋彧. 2013. 基于 DEMATEL 模型的黑龙江省石墨产业可持续发展影响因素分析[J]. 中国矿业, 22 (8)：49-53.

王发明. 2009. 基于市场导向的产学研合作障碍研究[J], 科学管理研究, (2)：171-173.

王积田, 任玉菲. 2013. 产业技术创新战略联盟利益分配模型研究[J]. 哈尔滨商业大学报(社会科学版), 4：59-66.

王静. 2011. 产业技术创新战略联盟运行绩效的评价研究[D]. 杭州：杭州电子科技大学.

王瑭. 2012. 典型国家产业技术创新联盟运行特征研究[D]. 南京：南京邮电大学.

王晓辉, 余佳群. 2008. 高科技企业战略联盟绩效评价研究[J]. 现代管理科学, (4): 62-64.

王雪原, 王宏起. 2008. 政府引导下的产学研战略联盟运行机制及策略研究[J]. 科技进步与对策, 26(6): 32-35.

王雪原, 王宏起. 2009. R&D 联盟的动因分析[J]. 科技管理研究, (10): 377-379.

王雪原, 王雅林, 蔡野. 2009. R&D 联盟优势资源识别与管理重点确定[J]. 科学管理研究, (6): 114-118.

王亚新. 2012. 农业龙头企业技术创新战略联盟探讨[J]. 科技进步与对策, 29(23): 1-5

王燕平. 2014. 产业技术创新战略联盟稳定性研究[D]. 长沙: 湖南大学.

王章豹, 祝义才. 2000. 产学合作: 模式、走势、问题与对策[J]. 科技进步与对策, (9): 115-117.

魏权龄. 2004. 数据包络分析[M]. 北京: 科学出版社.

魏玮. 2006. 战略联盟组织的稳定性、组织治理与信用约束机制[J]. 经济管理, (8): 49-55.

文小奇. 2008. 企业战略联盟伙伴选择研究[D]. 沈阳: 东北大学.

文秀英. 2008. 产业技术联盟信任机制不可或缺[J]. 创新科技, (8): 24-25.

邬备民, 李政. 2010. 产业技术创新战略联盟运行机制及策略研究[J]. 中国高校科技与产业化, (7): 24-25.

吴殿达. 2007. 供应链战略联盟协调机制研究[D]. 南京: 南京航空航天大学.

吴刚, 颜平. 2011. 产业技术创新战略联盟的创新意义[J]. 绍兴文理学院学报, 31(7): 80-84.

吴晓松. 2013. 国家创新体系对企业创新能力及创新绩效影响研究[D]. 昆明: 昆明大学.

吴正刚, 韩玉启, 周业铮. 2004. 基于企业能力指数的合作伙伴挖掘模型[J]. 统计与决策, (11): 6-8.

武文智. 2011. 房地产开发企业的战略联盟绩效评价研究[D]. 石家庄: 石家庄经济学院.

向刚, 樊菁霞. 2012. 技术创新战略联盟绩效评价研究[J]. 技术经济与管理研究, (12): 27-30.

向荟. 2013. 产业技术创新战略联盟运行机制研究[D]. 陕西: 陕西科技大学.

向芸, 孙明. 2013. 完善鼓励民企技术创新配套机制[N]. 中华工商时报.

肖丁丁, 朱桂龙. 2013. 产学研合作创新效率及其影响因素的实证研究[J]. 科研管理, (1): 11-18.

谢科范. 1999. 联合创新的收益配置与风险配置[J]. 科技进步与对策, (5): 55-56.

谢园园, 梅姝娥, 仲伟俊. 2011. 产学研合作行为及模式选择影响因素的实证研究[J]. 科学学与科学技术管理, 32 (3): 35-43.

邢乐斌, 王旭, 代应, 等. 2010. 基于资源投入的技术创新战略联盟稳定性研究[J]. 科技进步与对策, 27 (13): 1-4.

邢乐斌, 王旭, 徐洪斌. 2010. 产业技术创新战略联盟利益分配风险补偿研究[J]. 统计与决策, (14): 63-64.

熊彼特. 2008. 经济发展理论[M]. 北京: 北京出版社.

徐莉. 2011. 江西产业技术创新体系的产学研战略联盟问题研究[J]. 企业经济, (12): 31-33

杨红, 孙翔鸿. 2008. 构建创新战略联盟, 推进行业技术进步[J]. 农业装备与车辆工程, (2): 54-56

杨居正, 张维迎, 周黎安. 2008. 信誉与管制的互补与替代--基于网上交易数据的实证研究[J]. 管理世界, (7): 18-26.

杨鹏洁. 2013. 我国有色金属产业技术创新战略联盟利益分配机制研究[D]. 昆明: 昆明理工大学.

杨瑞龙. 2002. 当务之急是培育企业的核心竞争力[J]. 中国经济快讯, (19): 20-21.

杨栩. 2006. 基于技术创新的产学研合作运行机制与模式研究[J]. 商业研究, (1): 131-133.

杨志峰. 2006. 基于战略联盟视角的组织间学习研究[D]. 苏州: 苏州大学.

姚洁, 高玮. 2014. 产业技术创新战略联盟的构建[J]. 价格月刊, (9): 92-94.

叶建木. 2010. 武汉市高新企业技术创新联盟政策现状及对策[J]. 武汉理工大学学报, (4): 153-156.

殷群, 贾玲艳. 2013. 产业技术创新联盟内部风险管理研究——基于问卷调查的分析[J]. 科学学研究, (12): 1848-1853.

殷群, 王世庆. 2013. 产业技术创新战略联盟信任机制研究[J]. 科技与经济, (1): 19-23.

殷群, 王小爽. 2014. 产业技术创新联盟成员竞合关系管理——基于产业技术创新联盟调查问卷的分析[J]. 科技与 经济, 27(1): 76-80

殷群. 2014. 产业技术创新联盟合作伙伴选择研究[J]. 河海大学学报(哲学社会科学版), (2): 62-68.

余世玮. 2006. 技术创新战略联盟[D]. 北京: 对外经济贸易大学.

袁磊. 2001. 战略联盟合作伙伴的选择分析[J]. 中国软科学, (9): 53-57.

袁萍. 2010. 技术创新型战略联盟间的内部风险问题研究[J]. 技术与创新管理，(4)：401-403.

原顺梅，李维翠. 2012. 山东省产业技术创新战略联盟的运行现状及主要问题分析[A]//战略性新兴产业与科技支撑—2012 年山东省科协学术年会议文集[C].

原毅军，田宇，孙佳. 2013. 产学研技术联盟稳定性的系统动力学建模与仿真[J]. 科学学与科学技术管理，34(4)：3-9.

约翰·蔡尔德. 2001. 组织学习与知识创新[M]. 上海：上海人民出版社.

岳建明. 2011. 区域产业技术创新联盟与产业集群的协同发展机制构建策略探讨[J]. 中国外资，(14)：194.

岳建明. 2012. 技术创新联盟中的利益统计与分配机制架构研究[J]. 调研世界，(2)：57-60.

曾德明，张丹丹，张磊生. 2015. 高技术产业技术创新战略联盟利益分配研究[J]. 经济与管理研究，(7)：119-126.

张成考，吴价宝，纪延光. 2006. 虚拟企业中知识流动与组织间学习的研究[J]. 中国管理科学，14(2)：129-135.

张道亮. 2012. 产学研联盟的基本模式与共赢机制研究[D]. 合肥：合肥工业大学.

张光宇，廖建聪，马文聪. 2015. 中美日产业技术创新战略联盟比较研究[J]. 社会工作与管理，15(4)：79-83.

张华. 2009. 企业技术创新战略联盟构建思路[J]. 创新科技，(1)：26-27.

张晖明，丁娟. 2004. 企业技术创新战略联盟的理论分析[J]. 社会科学，(8)：5-10.

张晖明，丁娟. 2006. 美国企业技术战略联盟发展新动向与启示[J]. 世界经济研究，(8)：73-78.

张敬文，江晓珊，邓久根. 2014. 产业技术创新战略联盟发展策略[J]. 经济纵横，(10)：72-75.

张磊生. 2013. 产业技术创新战略联盟利益分配机制研究[D]. 长沙：湖南大学.

张米尔，武春友. 2001. 产学研合作创新的交易费用[J]. 科学学研究，19(1)：89-92.

张敏杰，秦江涛. 2014. 模糊层次分析法在供应链绩效评价中的应用[J]. 中国集体经济，(30)：53-54.

张明. 2010. 产学研战略联盟发展现状与对策研究[J]. 科技管理研究，(16)：116-119.

张琦. 2014. 产业技术创新战略联盟的问题与对策探究[J]. 齐鲁师范学院学报，29(4)：135-139.

张少杰，任伶. 2008. 知识创新联盟风险分析及其防范[J]. 情报科学，(10)：1491-1493.

张树义，赵冬梅，李强. 2001. 论企业战略联盟分配机制设计[J]. 郑州工业大学学报，22(4)：45-48.

张万宽. 2008. 高新技术领域的产学研技术联盟绩效研究——基于资源依附和交易成本的分析视角[J]. 科技进步与对策，25(6)：12-16.

张小兰. 2008. 企业战略联盟存在的风险及防范[J]. 云南民族大学学报(社会科学版)，25(3)：78-80.

张晓，盛建新，林洪. 2009. 我国产业技术创新战略联盟的组建机制[J]. 科技进步与对策，26(20)：52-54.

张晓梅. 2014. 哈尔滨农业产业技术创新联盟稳定性研究[J]. 中国农学通报，30(23)：56-61.

张学文，赵慧芳. 2014. 产业技术创新战略联盟绩效影响因素研究：基于两素产业的实证测量[J]. 科技管理研究，(5)：120-123.

张枝军. 2012. 电子商务环境下中小企业动态联盟绩效评价[J]. 中国商贸，(12)：113-114.

赵燕子，王庆金. 2012. 产业技术创新战略联盟研究综述[J]. 管理观察，(18)：52-53.

赵志泉. 2009. 产业技术创新联盟的运行机制研究[J]. 创新科技，(4)：18-19.

郑丽娟，万志芳. 2014. 基于 DEMATEL 的国有林可持续经营影响因素研究[J]. 林业经济，(5)：11-13.

智刚. 2014. 有形和无形的科研资源共享[N]. 科技日报.

中国科学院. 1983. 迎接知识经济时代，建设国家创新体系[J]. 世界科技研究与发展，(3)：81-85.

中华人民共和国科学技术部. 2008. 关于推动产业技术创新战略联盟构建的指导意见[Z].

周海燕. 2011. 产业技术创新战略联盟的构建研究[D]. 长沙：湖南大学.

周静. 2009. 产业技术创新战略联盟组织形式的法律解读[J]. 研究生法学，(4)：121-126

周青. 2013. 产业技术创新战略联盟的阶段性冲突演化研究[J]. 软科学，(7)：57-60

周蓉蓉. 2010. 河北省产业技术创新战略联盟构建与运行机制探讨[J]. 现代商业，(15)：132-134.

周勇，郑丕谔. 2005. 基于平衡记分卡的动态联盟绩效评价[J]. 工业工程，8(5)：70-75.

朱丽丽. 2012. 安徽省产学研合作绩效评价研究[D]. 合肥：安徽大学.

朱丽颖. 2010. 企业技术创新中的政府行为：诱因、动机及其耦合[J]. 东北大学学报，(9)：420-425.

朱晓彤. 2010. 中小企业技术创新的战略联盟构建及运行绩效评价[D]. 哈尔滨：哈尔滨理工大学.

Narayanan V K. 2002. 技术战略与创新－竞争优势的源泉[M]. 程源，高建，杨湘玉，等译. 北京：电子工业出版社：238-244.

Porter M E. 1988. 竞争优势[M]. 北京：中国财政经济出版社.

Albert E D. 2004. The power of an idea and its "trickle-down" effect: the case of the innovation system approach in Canadian and Quebec science and technology policy[R]. American Sociological Association.

Andreasen A R. 1996. Profits for Nonprofits[J]. Harvard Business Review, 76 (6): 47-55.

Anderson. 1990. Two firms, one frontier: on assessing joint venture performance[J]. MIT Sloan Management Review, 2: 19-30.

Bacila M F, Gica O A. 2004. Strategic alliances between companies and universities: causes, factors and advantages [EB/OL]. http: //www. univie. ac. at/EMNET/ download/ Bacila Gica.

Bae Z T. 2000. Overcoming the barriers in creating and managing high-Tech ventures: a case study of Korean ventures in Silicon Valley[R]. Stanford University.

Barney J B, Hansen M H. 1994. Trust worthiness as a source of competitive advantage[J]. Strategic management journal, 15(S1): 175-190.

Barney J B. 1991. Firm resource and sustained competitive advantage[J]. Journal of Management, 17(1): 99-120.

Bresnahan T F, Brynjolfsson E, Hitt L M. 1999. Information technology, workplace organization and the demand for skilled labor: firm-level evidence[R]. National Bureau of Economic Research.

Bronder C, Pritzl R. 1992. Developing strategic alliances: a conceptual framework for successful co-operation[J]. European Management Journal, 10(4): 412-421.

Brouthers K D, Brouthers L E, Wilkinson T J. 1995. Strategic alliances: choose your partners[J]. Long Range Planning, 28(3): 18-25.

Butler R J, Gill J. 2003. Managing instability in cross-cultural alliances[J]. Long Range Planning, 36(6): 543-563.

Canakoglu E, Bilgic T. 2007. Analysis of a two-stage telecommunication supply chain with technology dependent demand[J]. European Journal of Operational Research, 177(2): 995-1012.

Churchill Jr G A. 1979. A paradigm for developing better measures of marketing constructs[J]. Journal of marketing research, 64-73.

Coase R H. 1937. The nature of the firm[J]. Economica, New Series, 4(16): 386-405.

Cyert R M, Goodman P S. 1997. Creating effective university industry alliances: an organizational learning perspective [J]. Organizational Dynamics, 25(4): 45-57.

Das T K, Teng B S. 2000. Instabilities of strategic alliances: an internal tensions perspective[J]. Organization Science, 11 (1): 77-101.

Das T K, Teng B S. 2001a. A risk perception model of alliance structuring[J]. Journal of International Management, 7(1): 1-29.

Das T K, Teng B S. 2001b. Trust, control, and risk in strategic alliances: an integrated framework [J]. Organization Studies, 22(2): 251-283.

Das T K, Teng B S. 2003. Partner analysis and alliance performance[J]. Scandinavian Journal of Management, 19: 279-308 .

Das T K, Teny B S. 2000. A resource-based theory of strategic alliance[J]. Journal of Management, 26(1): 31-61.

Delgado M, Herrera F, Herrera-Viedma E, et al. 1998. Combining numerical and linguistic information in group decision making[J]. Information Sciences, 107(1): 177-194.

Doz Y L. 1996. The evolution of cooperation in strategic alliances: initial conditions or learning processes? [J]. Strategic Management Journal, 17: 55-83.

Dunning J H. 1995. Reappraising the eclectic paradigm in an age of alliance capitalism[J]. Journal of International Business Studies, 26(3): 461-491.

Dyer J H, Chu W. 2003. The role of trustworthiness in reducing transaction costs and improving performance: empirical evidence from the United States, Japan, and Korea[J]. Organization science, 14(1): 57-68.

Flam S D, Jourani A. 2003. Strategic behavior and partial cost sharing[J]. Games and Economic Behavior, 43

(1)：44-56.

Gary D Y L H. 1998. Alliance Advantage[M]. Boston：Harvard Business Scholle Press.

Globerson M, Neely A, Platts K. 1995. Performance measurement system design：a literature review and research agenda[J]. International Journal of Operations & Production Management, 15(4)：32-45.

Grant R M. 1991. The resource-based theory of competitive advantage：implication for strategy formulation[J]. California Management Review, 33(3)：114-135.

Grant R M. 1996. Toward a knowledge-based theory of the firm[J]. Strategic Management Journal, 17：109-122.

Guilford J P. 1965. Fundamental Statistics in Psychology and Education[M]. New York：McGraw-Hill.

Gulati R. 1995. Does familiarity breed trust? The implications of repeated ties for contractual choice in alliances[J]. Academy of Management journal, 38(1)：85-112.

Harrigan. 1988. Joint ventures and competitive strategy[J]. Strategic Management Journal, 9(2)：141-158.

Hennart J F. 1988. A transaction costs theory of equity joint ventures[J]. Strategic Management Journal, 9 (4)：361-374.

Huber G P. 1991. Organizational learning：the contributing processes and literatures[J]. Organization Science, 2191 (1191)：88-115.

Inkpen A C, Currall S C. 1998. The nature, antecedents, and consequences of joint venture trust[J]. Journal of International Management, 4(1)：1-20.

Inkpen A C. 1998. Learning and knowledge acquisition through international strategic alliances[J]. The Academy of Management Executive, 12(4)：69-80.

Irwin D A, Klenow P J. 1996. Sematech：purpose and performance[J]. Proceedings of the National Academy of Sciences of the Sciences of the United States of America, 93(23)：12739-12742.

Johnson M, Meade L, Rogers J. 1995. Partner selection in the agile environment[C]. Proceedings of the Fourth Annual Agility Forum Conference.

Kale P, Singh H. 2007. Building firm capabilities through learning：the role of the alliance learning process in alliance capability and firm-level alliance success[J]. Strategic Management Journal, 28(10)：981-1000.

Kerlinger F, Orlando L H. 2000. Foundations of Behavioral Research[M]. Orlando：Harcourt College Publishers.

Kinney W R. 2000. Research opportunities in internal control quality and quality assurance[J]. Auditing：A Journal of Practice & Theory, 19 (S1)：83-90.

Kulatunga U, Amaratunga D, Haigh R. 2007. Performance measurement in the construction research and development[J]. International Journal of Productivity and Performance Management, 56(8)：673-688.

Langfield-Smith K. 2008. The relations between transactional characteristics, trust and risk in the start-up phase of a collaborative alliance[J]. Management Accounting Research, 19(4)：344-364.

Langfield-Smith K. 2008. The relations between transactional characteristics, trust and risk in the start-up phase of a collaborative alliance[J]. Management Accounting Research, 19(4)：344-364.

Lee K M, Lee-Kwang H. 1995. Identification of λ-fuzzy measure by genetic algorithms[J]. Fuzzy Sets and Systems, 75(3)：301-309.

Lee Y C, Yen T M, Tsai C H. 2008. Using importance-performance analysis and decision making trial and evaluation laboratory to enhance order-winner criteria-a study of computer industry[J]. Information Technology Journal, 7(3)：396-408.

Lei D, Slocum J W, Pitts R A. 1997. Building cooperative advantage：managing strategic alliances to promote organizational learning[J]. Journal of World Business, 32(3)：203-223.

Lemaire J. 1991. Cooperative game theory and its insurance applications[J]. Insurance Mathematics & Econanics, 21 (1)：17-40.

Levinson. 1995. Cross-national alliances and inter -or-ganizational learning[J]. Organizational Dynamics, 2：50-63.

Limmerick D, Cunnington B. 1993. Managing the New Organization-A Blue Print for Network and Strategic Alliances [M]. Australia：Business & Professionals Publishing.

Lundvall B A. 1992. National Systems of Innovation: Towards a Theory of Innovation and Interactive Learning[M]. London: Pinter Publishers.

Luo Y. 1997. Partner selection and venturing success: the case of joint ventures with firms in the People's Republic of China[J]. Organization Science, 8(6): 648-662.

Luo Y D. 1999. Learning to compete in transition economy: experience enviroment, and performance[J]. Journal of International Business Studies, 30(2): 269-295.

Luo Y D. 2002. Building trust in cross-cultural collaborations: toward a contingency perspective[J]. Journal of Management, 28(5): 669-694.

March J G. 1991. Exploration and exploitation in organizational learning[J]. Organization Science, 2(1): 71-87.

McAllister D J. 1995. Affect- and cognitation-based trust as foundations for interpersonal cooperation in organizations [J]. Academy of Management Journal, 38(1): 24-59.

Metcalfe J S. 1995. Technology systems and technology policy in an evolutionary framework[J]. Cambridge Journal of Economics, 19(1): 25-46.

Mohr J, Spekman R. 1994. Characteristics of partnership success: partnership attributes, communication behavior, and conflict resolution techniques[J]. Strategic Management Journal, 15(2): 135-152.

Murofushi T, Sugeno M. 1989. An interpretation of fuzzy measures and the Choquet integral as an integral with respect to a fuzzy measure[J]. Fuzzy sets and Systems, 29(2): 201-227.

Nelson R R. 1987. Understanding Technical Change as an Evolutionary process[M]. Amsterdam: North-Holland.

Nonaka I. 1994. A dynamic theory of organizational knowledge creation[J]. Organization Science, 5(1): 14-37.

Osland G E, Yaprak Y. 1993. Multinational Strategic Alliances[M]. New York: International Business Press.

Parkhe A. 1993. Strategic alliance Atructring: a game theory and transaction cost examination of interfirm cooperation [J]. Academy of Management Journal, 36: 794-829.

Porter M E. 1985. Competitive Advantage: Creating and Sustaining Superior Performance[M]. New York: The Free Press.

Rayport J F, Sviokla J J. 1995. Exploiting the virtual value chain[J]. Harvard Business Review, 13: 58-62.

Ring P S, Van de Ven A H. 1994. Developmental processes of cooperative interorgnizational relationships[J]. Academy of Management, 19: 90-118.

Ring P S. 1996. Fragile and resilient trust and their roles in economic exchange[J]. Business Society, 35(2): 148-175.

Santoro M D, Gopalakrishnan S. 2000. The institutionalization of knowledge transfer activities within industry-university collaborative ventures[J]. Journal of Engineering & Technology Management, 17(3-4): 299-319.

Shee D Y, Tzeng G H, Tang T I. 2003. AHP, fuzzy measure and fuzzy integral approaches for the appraisal of information service providers in Taiwan[J]. Journal of Global Information Technology Management, 6(1): 8-30.

Sheppard B, Tuchinsky M. 1996. Micro-OB and the network organization[A]// Kramer R, Tyler T. Trust in Organizations: Frontiers of Theory and Research[M]. Thousand Oaks, CA: Sage.

Sherwood A L, Butts S B. 2004. Partnering for knowledge: a learning framework for university-industry collaboration [EB/OL]. http://www.midwestacademy.org/Proceedings/2004/papers/Sherwood.doc.

Shieh J I, Wu H H, Huang K K. 2010. A DEMATEL method in identifying key success factors of hospital service quality[J]. Knowledge-Based System, 23(3): 277-282.

Shrivastava P. 1983. A typology of organizational Learning Systems[J]. Journal of Management Studies, 20(1): 7-28.

Sierra M, Cauley de la. 1995. Managing Global Alliances: Key Steps for Successful Collaboration[M]. Addison-Wesley.

Sugeno M. 1977. Fuzzy measures and fuzzy integrals: a survey[J]. Readings in Fuzzy Sets for Intelligent Systems, 6: 251-257.

Teece D J. 1992. Competition, cooperation, and innovation: organizational arrangements for regimes of rapid technological progress[J]. Journal of Economic Behavior and Organization, 18(1): 1-25.

Teubal M. 2002. What is the systems perspective to Innovation and Technology Policy (ITP) and how can we apply it to developing and newly industrialized economies? [J]. Journal of Evolutionary Economics, 12(1-2): 233-257.

Urbański M K, Wa J. 2008. Fuzzy measurement theory[J]. Measurement, 41(4): 391-402.

Wernerfelt B. 1984. A resource-based view of the firm[J]. Strategic Management Journal, 5(5): 171-180.

Wu C H. 2007. On the application of grey relational analysis and RIDIT analysis to Likert scale surveys[J]. International Mathematical Forum, 2(14): 675-687.

Xue J M. 2012. Construction and comprehensive evaluation of index system of technological innovation performance in strategic alliances for industrial technology innovation[R]. The 3rd International Annual Conference on Teaching Management and Curriculum Construction, 62-66.

Yan A, Gray B. 1994. Bargaining power, management control, and performance in United States-China joint ventures: a comparative case study[J]. Academy of Management Journal, 37(6): 1478-1517.

Zaheer A, Mcevily B, Perrone V. 1998. Does trust matter? Exploring the effects of interorganizational and interpersonaltrust on performance[J]. Organization Science, 9(2): 141-159.

附录：西部地区产学研合作的技术创新战略联盟绩效系列评价调查问卷

尊敬的产学研技术创新战略联盟主体的相关负责人：

您好！首先感谢您在百忙之中参与本次问卷调查。众所周知，当前产学研技术创新战略联盟已经成为当今企业突破自我限制，寻求合作，发现新的生机的重要组织模式，受到了学术界和企业界的极大关注。尽管创新联盟已经投入运行，但联盟各构成主体是否真正改善了其原有绩效，以及联盟目前的运行绩效是呈现积极的还是消极的作用并不明确，亟待解决。为此，设计此调查问卷，了解西部地区产学研技术创新战略联盟运行到现阶段，各联盟主体及联盟整体分别在投入，运行和产出三个层面上呈现的效果如何。

由于产学研联盟主体的组织宗旨与社会功能定位不同，联盟的产出绩效相对于不同主体其效用则不同，主要表现在以下三个方面：①产学研联盟"投入"的成本核算方式具有特殊性。由于产学研主体宗旨上存在差异性，使得某项投入能够同时实现"联盟共性目标"与"主体差异性目标"；②产学研联盟"产出"的绩效评价具有特殊性。由于合作目标的共性与主体宗旨差异性并存，相同的产出绩效指标相对于不同的合作主体的组织宗旨来说，其效用也是不同的。比如，"人才培养"的绩效指标对于高校来说，其效用显然要大于企业，"成果产业化"的绩效指标对于企业来说，其效用显然要大于高校；③产学研联盟机制运行的有效性并非与联盟绩效相关联，而是从机理上与联盟绩效的效用相关联。联盟绩效的效用不仅与主体宗旨性质有关，也与联盟的投入与分配机制相关联。

为全面准确地了解我国西部地区产学研技术创新战略联盟绩效的状况，为改善我国西部地区产业技术创新战略联盟运行机制提供理论依据与政策建议，为国家及西部地区各级政府、企业、科研院所的产学研技术创新战略联盟的发展提供决策参考，受重庆市科委和国家社会科学基金委员会的委托，"西部地区产学研技术创新战略联盟绩效调查组"现对 2010~2012 年我国西部地区产学研技术创新战略联盟的运行绩效情况进行问卷调查，调查的重点是重庆、成都等西部地区产学研技术创新联盟。本调查采用匿名方式，结果只为学术研究之用。

感谢各位的参与和支持！以下为调研内容，烦请认真填写。

西部地区产学研合作的技术创新战略联盟绩效调查组
2013 年 3 月 31 日

填写说明：

1. 为正确理解相关问题的含义，请在填写问卷之前理解以下概念：本次调查问卷中所涉及的产学研技术创新战略联盟，是指企业、高校和科研院所基于共同目标而结成的开发新技术、新产品或专业项目以获取竞争优势的战略联盟；

2. 本次调查问卷仅限于"西部地区产学研技术创新战略联盟绩效"系列评价，其填报内容用于联盟整体及每个联盟主体绩效指数的测算，最终结果不体现原始数值，以量化后的指数所体现，不做任何其他用途。调查组所涉及的有关单位对有关信息将严格履行保密义务，敬请放心作答；

3. 本评价属于学术性研究；

4. 问卷中的所有题目，如无特殊说明，烦请填写；如有特殊说明，请企业按照说明填写；

5. 本问卷建议各联盟主体多部门配合填写；

6. 问卷发放单位：西部地区产学研技术创新战略联盟调查组；

7. 通讯地址：重庆市巴南区红光大道 69 号重庆理工大学科研处转调查组　　邮编：400054；

8. 联系电话：13983720042（孙金花），13608301816（谭建伟），E-mail：sjh1009@163.com，联系人：孙金花　谭建伟；

9. 贵机构联系方式。

机构名称					
联系人		电　话		传　真	
		手　机		E-mail	

一、贵机构基本情况

1. 机构属于联盟主体的类型（将选择合适代号填在前面横线处，下同）_____。
　　A. 科研院所　　B. 高等院校　　C. 企业　　D. 科技中介服务机构
2. 企业所属行业（若贵机构为企业填写）为_____。
　　A. 能源产业　　B. 电子信息业　C. 生物业
　　D. 装备制造业　E. 节能环保业　F. 其他_____（请注明）
3. 机构于_____年在_____省（直辖市、自治区）注册成立。

二、产学研技术创新战略联盟运行投入情况

产学研技术创新联盟的运行投入阶段主要提取各联盟主体资金的投入程度、人员的投入程度和科研设施的投入程度三个指标，请结合贵机构的实际情况，对其 2010~2012 年产学研技术创新战略联盟运行投入情况进行填写，具体见表 1 所示。

表 1　2010～2012 年产学研技术创新战略联盟运行投入情况①

项　目			2010 年	2011 年	2012 年
联盟主体投入运行的资金总额（单位：万元）					
其中	R&D 资金总额				
	科技经费投入总额				
	其中	联盟主体自身对科技经费投入总额			
		政府对产学研的科技经费投入总额			
		其他联盟成员对科技经费投入总额			
联盟主体投入运行的全部人员总数（单位：人）					
其中	技术带头人总数				
	R&D 人员总数②				
	科技活动人员总数③				
联盟主体投入运行的科研设施总价值（单位：万元）					
其中	联盟主体用于信息网络建设的科研设施总价值				
	联盟主体投入运行的科研装备总价值				
	联盟主体用于科研基地建设的科研设施总价值				

三、产学研技术创新联盟运行过程情况

　　由于产学研技术创新战略联盟发展仍在初期，许多联盟成立的时间很短，具体的经济性的量化产出不明显，联盟运行绩效的重点还应体现在运行过程中。而联盟运行的过程因素对联盟绩效具有重大影响，着重于关系因素的影响作用，伙伴关系的好坏决定了联盟运行过程的畅通与否。此外，联盟运行过程还受到外界环境的影响，政策因素和经济因素对运行的过程起着重要的推动作用。也就是说，从联盟整体来看，运行过程中进行的主要活动是共有技术的研发，因此项目运行的健康程度是运行过程是否健康的重要表现；从联盟成员来看，联盟内成员对运作过程的满意度衡量了成员角度的联盟绩效；从联盟成员间的伙伴关系角度来看，联盟进行各种联系的密切程度从另一方面展现了联盟的运行绩效。另外，产学研技术创新联盟的合作环境对运行过程绩效的表现仍不容忽视。基于此，本项目从联盟 R&D 的强度、联盟运作满意度、联盟核心成员间沟通交流密切程度、合作创新环境 4 个方面来反映产学研技术创新战略联盟运行过程情况。1. 联

---

　　① 科技活动经费筹集：指从各种渠道筹集到的计划用于科技活动的经费，包括政府资金、企业资金、事业单位资金、金融机构贷款、国外资金和其他资金等。

　　② 联盟主体 R&D 人员：参与研究与试验发展项目研究、管理和辅助工作的人员，包括项目（课题）组人员，企业科技行政管理人员和直接为项目（课题）活动提供服务的辅助人员。

　　③ 科技活动人员：指直接从事科技活动、以及专门从事科技活动管理和为科技活动提供直接服务累计从事科技活动的实际工作时间占全年制度工作时间 10% 及以上的人员。

盟运作满意度①：联盟建立后联盟主体对执行过程和执行状况的满意程度的衡量。（请您在认为的选项上√）

①极好；②非常好；③很好；④稍好；⑤普通；⑥稍差；⑦很差；⑧非常差；⑨极差。

表 2　2010～2012 年产学研技术创新联盟运行过程情况

项　目	2010 年	2011 年	2012 年
联盟存续期间进行的技术 R&D 项目数(件)②			
核心成员间开展技术论坛会的次数(次)			
核心成员间交流会的次数(次)③			
核心成员间研发项目首期			
区域科技中介服务机构数			
地方政府科技投入经费年增长率			
科技三项费用财政支出			

2. 合作创新环境：企业、高校和科研院所的成功合作离不开周围的环境，政府、中介机构、金融机构等部门的支持能够激发各方的阻碍。其主要通过以下指标来衡量：

（1）区域创新网络的完善程度：联盟行为主体（企业、大学、科研院所、地方政府等组织及其个人）之间在长期的正式或非正式的合作和交流关系的基础上，所形成系统的相对稳定和完善程度，（请您在认为的选项上√）。

①极好；②非常好；③很好；④稍好；⑤普通；⑥稍差；⑦很差；⑧非常差；⑨极差。

（2）科技中介服务机构的服务能力④：科技中介机构为联盟行为主体提供各种服务时，其在科技评估信息咨询、技术贸易、创新孵化和知识产权法律服务等工作方面的能力。（请您在认为的选项上√）

①极好；②非常好；③很好；④稍好；⑤普通；⑥稍差；⑦很差；⑧非常差；⑨极差。

（3）地方政府对产学研合作的支持程度：主要表现为政府对产学研合作的政策倾斜、政策优惠、法律保护、知识产权保护措施的颁布及实施情况。（请您在认为的选项上√）

①极好；②非常好；③很好；④稍好；⑤普通；⑥稍差；⑦很差；⑧非常差；⑨极差。

（4）区域产学研结合融资平台建设：由产学研合作领导小组组织多家银行、风险投资公司、基金等金融机构与企业、高校和科研机构开展产学研项目对接活动的情况。（请您

---

①　联盟运作满意度主要通过联盟主体对联盟执行过程和执行状况的满意程度的衡量，具体衡量时，可以参考每一项目的项目计划书和结题书的相关评价。

②　联盟 R&D 的强度用联盟存续期间进行的技术 R&D 项目的数量测度。

③　联盟核心成员间沟通交流密切程度。

④　科技中介机构主要包括生产力促进中心、科技成果转化中心、科技评估中心、科技企业孵化器、企业技术创新服务中心以及大批民办科技中介机构等。

在认为的选项上√）

　　①极好；②非常好；③很好；④稍好；⑤普通；⑥稍差；⑦很差；⑧非常差；⑨极差。

　　（5）区域产学研结合创新服务平台建设：主要通过科技发展环境建设情况来反映，具体是指高新技术开发区、民营示范区、科技企业孵化器、大学科技园等机构的建设与服务功能。（请您在认为的选项上√）

　　①极好；②非常好；③很好；④稍好；⑤普通；⑥稍差；⑦很差；⑧非常差；⑨极差。

　　（6）产学研结合的政策法规支持：联盟的运行活动获得政府政策的支持程度，以及相关的联盟协议运行约束于相关法律法规或受到法律法规保护的程度。（请您在认为的选项上√）

　　①极好；②非常好；③很好；④稍好；⑤普通；⑥稍差；⑦很差；⑧非常差；⑨极差。

四、产学研技术创新战略联盟产出情况

　　实现联盟产出绩效是任何产学研技术创新战略联盟建立的初衷。就以往学者们对于联盟绩效的研究来看，分别从经济效益和社会效益方面提取指标，对联盟产出绩效进行定性和定量的测算。然而，由于产学研联盟"产出"的绩效评价具有特殊性，由于合作目标的共性与主体宗旨差异性并存，相同的产出绩效指标相对于不同的合作主体的组织宗旨来说，其效用也是不同的。因此，本项目在对联盟产出情况进行分析时，基于不同联盟主体效用差异，分别从不同角度对其产出绩效进行了调研，具体见表3所示。

表3　2010～2012年产学研技术创新战略联盟产出情况

项　目	2010 年	2011 年	2012 年
新产品数			
重大改进产品数			
制定新标准数①			
技术诀窍数②			
技术文档数③			
技术创新提案数④			
专利申请授权数			
科技论文的合著数量			
联盟主体研发项目或课题数量			

---

①　制定新标准数：联盟成立后所制定的规范市场，推动产业健康发展的新标准总数。

②　技术诀窍数：是指联盟成立后研发成果满足专利申请条件但又不希望公开的技术方案。

③　技术文档数：是指联盟成立后研发中要用到的研发文档数量。

④　技术创新提案数：是指联盟成立后联盟主体内员工所提的技术创新提案总数。

续表

项　目	2010 年	2011 年	2012 年
科技奖励数			
联盟主体学生培养数量①			
新产品市场占有率			
新产品利润贡献率②			
单位产品成本降低率			
联盟技术转让或者专利许可收入③			

1．学生培养质量：主要是指联盟成立后，通过联合培养，促使学生的能力、素质水平提高的程。（请您在认为的选项上√）

①极好；②非常好；③很好；④稍好；⑤普通；⑥稍差；⑦很差；⑧非常差；⑨极差。

2．学位点建设水平：主要是指联盟成立后，高等院校、科研机构在学术队伍、科学研究、人才培养和学术声誉等方面所达到的水平，（请您在认为的选项上√）。①极好；②非常好；③很好；④稍好；⑤普通；⑥稍差；⑦很差；⑧非常差；⑨极差。⑧非常差；⑨极差。

3．实习基地建设水平：联盟成立后，高等院校、科研机构在实习基地建设方面所达到的程度。（请您在认为的选项上√）

①极好；②非常好；③很好；④稍好；⑤普通；⑥稍差；⑦很差；⑧非常差；⑨极差。

另外，请您根据您的丰富专业经验，对影响西部地区产学研合作技术创新战略联盟绩效的各项指标的重要性给予适当的评价，并在□中划勾☑。详见表 4 至表 16 所示。

表 4　西部地区产学研技术创新战略联盟绩效调查表

终级评价指标	重要性								
	极重要	非常重要	很重要	稍微重要	普通	稍微不重要	很不重要	非常不重要	极不重要
联盟运行投入情况	□	□	□	□	□	□	□	□	□
联盟运行过程	□	□	□	□	□	□	□	□	□
联盟产出情况	□	□	□	□	□	□	□	□	□

---

① 人才的培养情况：具体包括联合培养博士生、硕士生以及对于专业技术人才的培养情况等。

② 新产品的利润贡献率：主要考察联盟研发出来的新产品对企业利润的贡献情况，即新产品所带来的利润占企业利润总额的多少。

③ 联盟技术转让或者专利许可获得的收入：联盟在运作过程中对外界进行技术转让或者外界使用联盟的专利所给联盟带来收益。

表5　产学研技术创新战略联盟运行投入情况调查表

终级评价指标	重要性							
	极重要	非常重要	很重要	稍微重要	普通	稍微不重要	很不重要	非常不重要	极不重要
投入运行的资金总额	□	□	□	□	□	□	□	□
投入运行的全体员工总数	□	□	□	□	□	□	□	□
投入运行的科研设施总价值	□	□	□	□	□	□	□	□

表6　产学研技术创新战略联盟运行过程情况调查表

终级评价指标	重要性							
	极重要	非常重要	很重要	稍微重要	普通	稍微不重要	很不重要	非常不重要	极不重要
联盟运作满意度	□	□	□	□	□	□	□	□
联盟合作创新环境	□	□	□	□	□	□	□	□
联盟R&D的强度	□	□	□	□	□	□	□	□
联盟主体间沟通交流的密切程度	□	□	□	□	□	□	□	□

表7　产学研技术创新战略联盟产出情况调查表

终级评价指标	重要性							
	极重要	非常重要	很重要	稍微重要	普通	稍微不重要	很不重要	非常不重要	极不重要
联盟创新成果产出绩效	□	□	□	□	□	□	□	□
人才培养产出绩效	□	□	□	□	□	□	□	□
经济效益产出绩效	□	□	□	□	□	□	□	□

表8　产学研技术创新战略联盟资金投入情况调查表

终级评价指标	重要性							
	极重要	非常重要	很重要	稍微重要	普通	稍微不重要	很不重要	非常不重要	极不重要
R&D资金总额	□	□	□	□	□	□	□	□
科技经费投入总额	□	□	□	□	□	□	□	□

表 9　产学研技术创新战略联盟人员投入情况调查表

终级评价指标	重要性								
	极重要	非常重要	很重要	稍微重要	普通	稍微不重要	很不重要	非常不重要	极不重要
技术带头人总数	☐	☐	☐	☐	☐	☐	☐	☐	☐
R&D 人员总数	☐	☐	☐	☐	☐	☐	☐	☐	☐
科技活动人员总数	☐	☐	☐	☐	☐	☐	☐	☐	☐

表 10　产学研技术创新战略联盟科研设施投入情况调查表

终级评价指标	重要性								
	极重要	非常重要	很重要	稍微重要	普通	稍微不重要	很不重要	非常不重要	极不重要
用于信息网络建设的科研设施总价值	☐	☐	☐	☐	☐	☐	☐	☐	☐
投入运行的科研装备总价值	☐	☐	☐	☐	☐	☐	☐	☐	☐
用于科研基地建设的科研设施总价值	☐	☐	☐	☐	☐	☐	☐	☐	☐

表 11　产学研技术创新战略联盟运作满意度情况调查表

终级评价指标	重要性								
	极重要	非常重要	很重要	稍微重要	普通	稍微不重要	很不重要	非常不重要	极不重要
联盟执行过程满意度	☐	☐	☐	☐	☐	☐	☐	☐	☐
联盟执行状况满意度	☐	☐	☐	☐	☐	☐	☐	☐	☐

表 12　产学研技术创新战略联盟合作创新环境情况调查表

终级评价指标	重要性								
	极重要	非常重要	很重要	稍微重要	普通	稍微不重要	很不重要	非常不重要	极不重要
区域科技中介服务机构数	☐	☐	☐	☐	☐	☐	☐	☐	☐
区域创新网络的完善程度	☐	☐	☐	☐	☐	☐	☐	☐	☐
科技中介服务机构的服务能力	☐	☐	☐	☐	☐	☐	☐	☐	☐
地方政府对产学研合作的支持程度	☐	☐	☐	☐	☐	☐	☐	☐	☐
地方政府科技投入经费年增长率	☐	☐	☐	☐	☐	☐	☐	☐	☐
科技三项费用财政支出	☐	☐	☐	☐	☐	☐	☐	☐	☐
区域产学研结合融资平台建设	☐	☐	☐	☐	☐	☐	☐	☐	☐
区域产学研结合创新服务平台建设	☐	☐	☐	☐	☐	☐	☐	☐	☐
产学研结合的政策法规支持	☐	☐	☐	☐	☐	☐	☐	☐	☐

表 13   产学研技术创新战略联盟主体间沟通交流的密切程度情况调查表

终级评价指标	重要性								
	极重要	非常重要	很重要	稍微重要	普通	稍微不重要	很不重要	非常不重要	极不重要
核心成员间开展技术论坛会的次数	☐	☐	☐	☐	☐	☐	☐	☐	☐
核心成员间交流会的次数	☐	☐	☐	☐	☐	☐	☐	☐	☐
核心成员间研发项目首期	☐	☐	☐	☐	☐	☐	☐	☐	☐

表 14   产学研技术创新战略联盟创新成果产出绩效情况调查表

终级评价指标	重要性								
	极重要	非常重要	很重要	稍微重要	普通	稍微不重要	很不重要	非常不重要	极不重要
新产品数	☐	☐	☐	☐	☐	☐	☐	☐	☐
重大改进产品数	☐	☐	☐	☐	☐	☐	☐	☐	☐
制定新标准数	☐	☐	☐	☐	☐	☐	☐	☐	☐
技术诀窍数	☐	☐	☐	☐	☐	☐	☐	☐	☐
技术文档数	☐	☐	☐	☐	☐	☐	☐	☐	☐
技术创新提案数	☐	☐	☐	☐	☐	☐	☐	☐	☐
专利申请授权数	☐	☐	☐	☐	☐	☐	☐	☐	☐
科技论文的合著数量	☐	☐	☐	☐	☐	☐	☐	☐	☐
联盟主体研发项目或课题数量	☐	☐	☐	☐	☐	☐	☐	☐	☐
科技奖励数	☐	☐	☐	☐	☐	☐	☐	☐	☐

表 15   产学研技术创新战略联盟人才培养产出绩效情况调查表

终级评价指标	重要性								
	极重要	非常重要	很重要	稍微重要	普通	稍微不重要	很不重要	非常不重要	极不重要
联盟主体学生培养数量	☐	☐	☐	☐	☐	☐	☐	☐	☐
学生培养质量	☐	☐	☐	☐	☐	☐	☐	☐	☐
学位点建设水平	☐	☐	☐	☐	☐	☐	☐	☐	☐
实习基地建设水平	☐	☐	☐	☐	☐	☐	☐	☐	☐

表 16　产学研技术创新战略联盟经济效益产出绩效情况调查表

终级评价指标	重要性								
	极重要	非常重要	很重要	稍微重要	普通	稍微不重要	很不重要	非常不重要	极不重要
新产品市场占有率	☐	☐	☐	☐	☐	☐	☐	☐	☐
新产品利润贡献率	☐	☐	☐	☐	☐	☐	☐	☐	☐
单位产品成本降低率	☐	☐	☐	☐	☐	☐	☐	☐	☐
联盟技术转让或者专利许可收入	☐	☐	☐	☐	☐	☐	☐	☐	☐

同时，请对影响产学研技术创新战略联盟绩效的各项指标的重视度进行评价，并在□中划勾☑。详见表 17 至表 29。

表 17　西部地区产学研技术创新战略联盟绩效指标重视度调查表

终级评价指标	重视度			
	同等重要	重视某单项指标	重视某多项指标	重视指标表现整体
联盟运行投入情况		☐	☐	
联盟运行过程	☐	☐	☐	☐
联盟产出情况		☐	☐	

表 18　产学研技术创新战略联盟运行投入情况指标重视度调查表

终级评价指标	重视度			
	同等重要	重视某单项指标	重视某多项指标	重视指标表现整体
投入运行的资金总额		☐	☐	
投入运行的全体员工总数	☐	☐	☐	☐
投入运行的科研设施总价值		☐	☐	

表 19　产学研技术创新战略联盟运行过程情况指标重视度调查表

终级评价指标	重视度			
	同等重要	重视某单项指标	重视某多项指标	重视指标表现整体
联盟运作满意度		☐	☐	
联盟合作创新环境	☐	☐	☐	☐
联盟 R&D 的强度		☐	☐	
联盟主体间沟通交流的密切程度		☐	☐	

表 20　产学研技术创新战略联盟产出情况指标重视度调查表

终级评价指标	重视度			
	同等重要	重视某单项指标	重视某多项指标	重视指标表现整体
联盟创新成果产出绩效		☐	☐	
人才培养产出绩效	☐	☐	☐	☐
经济效益产出绩效		☐	☐	

表 21　产学研技术创新战略联盟资金投入情况指标重视度调查表

终级评价指标	重视度			
	同等重要	重视某单项指标	重视某多项指标	重视指标表现整体
R&D 资金总额	☐	☐	☐	☐
科技经费投入总额		☐	☐	

表 22　产学研技术创新战略联盟人员投入情况指标重视度调查表

终级评价指标	重视度			
	同等重要	重视某单项指标	重视某多项指标	重视指标表现整体
技术带头人总数		☐	☐	
R&D 人员总数	☐	☐	☐	☐
科技活动人员总数		☐	☐	

表 23　产学研技术创新战略联盟科研设施投入情况指标重视度调查表

终级评价指标	重视度			
	同等重要	重视某单项指标	重视某多项指标	重视指标表现整体
用于信息网络建设的科研设施总价值		☐	☐	
投入运行的科研装备总价值	☐	☐	☐	☐
用于科研基地建设的科研设施总价值		☐	☐	

表 24　产学研技术创新战略联盟运作满意度情况指标重视度调查表

终级评价指标	重视度			
	同等重要	重视某单项指标	重视某多项指标	重视指标表现整体
联盟执行过程满意度		☐	☐	
联盟执行状况满意度	☐	☐	☐	☐

表 25　产学研技术创新战略联盟合作创新环境情况指标重视度调查表

终级评价指标	重视度			
	同等重要	重视某单项指标	重视某多项指标	重视指标表现整体
区域科技中介服务机构数		☐	☐	
区域创新网络的完善程度		☐	☐	
科技中介服务机构的服务能力		☐	☐	
地方政府对产学研合作的支持程度		☐	☐	
地方政府科技投入经费年增长率	☐	☐	☐	☐
科技三项费用财政支出		☐	☐	
区域产学研结合融资平台建设		☐	☐	
区域产学研结合创新服务平台建设		☐	☐	
产学研结合的政策法规支持		☐	☐	

表 26　产学研技术创新战略联盟主体间沟通交流的密切程度情况指标重视度调查表

终级评价指标	重视度			
	同等重要	重视某单项指标	重视某多项指标	重视指标表现整体
核心成员间开展技术论坛会的次数		☐	☐	
核心成员间交流会的次数	☐	☐	☐	☐
核心成员间研发项目首期		☐	☐	

表 27　产学研技术创新战略联盟创新成果产出绩效情况指标重视度调查表

终级评价指标	重视度			
	同等重要	重视某单项指标	重视某多项指标	重视指标表现整体
新产品数		☐	☐	
重大改进产品数		☐	☐	
制定新标准数		☐	☐	
技术诀窍数		☐	☐	
技术文档数	☐	☐	☐	☐
技术创新提案数		☐	☐	
专利申请授权数		☐	☐	
科技论文的合著数量		☐	☐	
联盟主体研发项目或课题数量		☐	☐	
科技奖励数		☐	☐	

表 28　产学研技术创新战略联盟人才培养产出绩效情况指标重视度调查表

终级评价指标	重视度			
	同等重要	重视某单项指标	重视某多项指标	重视指标表现整体
联盟主体学生培养数量	☐	☐	☐	☐
学生培养质量		☐	☐	
学位点建设水平		☐	☐	
实习基地建设水平		☐	☐	

表 29　产学研技术创新战略联盟经济效益产出绩效情况指标重视度调查表

终级评价指标	重视度			
	同等重要	重视某单项指标	重视某多项指标	重视指标表现整体
新产品市场占有率	☐	☐	☐	☐
新产品利润贡献率		☐	☐	
单位产品成本降低率		☐	☐	
联盟技术转让或者专利许可收入		☐	☐	

感谢您对本次评价问卷调查工作的支持与配合！
祝贵机构蒸蒸日上，宏图大展！